序　言

为了帮助考生顺利通过银行业专业人员职业资格考试，我们根据最新考试大纲和指定参考教材精心制作了银行业专业人员职业资格考试辅导系列。

1. 银行业法律法规与综合能力(中级)过关必做1200题(含历年真题)
2. 银行业法律法规与综合能力(中级)历年真题与考前押题详解
3. 个人理财(中级)过关必做1200题(含历年真题)
4. 个人理财(中级)历年真题与考前押题详解
5. 公司信贷(中级)过关必做1000题(含历年真题)
6. 公司信贷(中级)历年真题与考前押题详解
7. 个人贷款(中级)过关必做1000题(含历年真题)
8. 个人贷款(中级)历年真题与考前押题详解
9. 风险管理(中级)过关必做1000题(含历年真题)
10. 银行管理(中级)过关必做1000题(含历年真题)

本书是银行业专业人员职业资格考试科目“个人理财(中级)”过关必做习题集。本书遵循最新个人理财(中级)考试大纲的章目编排，共分为11章，根据最新版《个人理财(中级)》教材内容及相关法律法规精心编写了约1200道习题，包括历年机考真题。所选习题基本涵盖了考试大纲规定需要掌握的知识内容，侧重于选编常考重难点习题，并对大部分习题进行了详细的分析和解答。

购书即可享受大礼包增值服务。手机扫码(本书封面右上角)领取本书大礼包。具体包括：本书电子书(手机版、电脑版)。

与本书相配套，圣才学习网提供银行业专业人员职业资格考试视频课程、电子书、题库。

圣才学习网(www.100xuexi.com)是一家为全国各类考试和专业课学习提供名师视频课程、电子书、题库等全方位教育服务的综合性学习型视频学习网站，拥有近100种考试(含418个考试科目)、194种经典教材(含英语、经济、管理、证券、金融等共16大类)，合计近万小时的面授班、网授班课程。

资格考试：www.100xuexi.com(圣才学习网)
考研辅导：kaoyan.100xuexi.com(圣才考研网)

圣才学习网编辑部

银行业专业人员职业资格考试辅导系列

个人理财(中级)

过关必做1200题(含历年真题)

(第2版)

主编：圣才学习网

www.100xuexi.com

中国石化出版社

内容提要

本书是银行业专业人员职业资格考试科目“个人理财（中级）”过关必做习题集。本书遵循最新个人理财（中级）考试大纲的章目编排，共分为11章，根据最新版《个人理财（中级）》教材内容及相关法律法规精心编写了约1200道习题，包括历年机考真题。所选习题基本涵盖了考试大纲规定需要掌握的知识内容，侧重于选编常考重难点习题，并对大部分习题进行了详细的分析和解答。

圣才学习网（www.100xuexi.com）提供银行业专业人员职业资格考试辅导方案【视频课程、电子书、题库等】。购书即可享受大礼包增值服务【本书电子书（手机版、电脑版）】。手机扫码（本书封面右上角）领取本书大礼包。

图书在版编目(CIP)数据

个人理财(中级)过关必做1200题:含历年真题/圣才学习网主编. —2版. —北京:中国石化出版社,2019.5(2021.5重印)
银行业专业人员职业资格考试辅导系列
ISBN 978-7-5114-5300-6

Ⅰ.①个… Ⅱ.①圣… Ⅲ.①私人投资-银行业务-中国-资格考试-习题集 Ⅳ.①F832.48-44

中国版本图书馆CIP数据核字(2019)第070138号

中国石化出版社出版发行

地址:北京市东城区安定门外大街58号
邮编:100011 电话:(010)57512500
发行部电话:(010)57512575
http://www.sinopec-press.com
E-mail:press@sinopec.com
武汉市盛宏源印务有限公司印刷
全国各地新华书店经销

*

787×1092毫米 16开本 14.5印张 361千字
2019年5月第2版 2021年5月第2次印刷
定价:58.00元

目 录

第一章　家庭收支和债务管理

一、单选题(下列选项中只有一项最符合题目要求，请将正确选项的代码填入括号内)

1. 下列各类家庭支出中属于其他支出的是(　　)。[2018 年 10 月真题]

A. 家庭日常支出　　B. 理财支出

C. 专项支出　　D. 礼金支出

【解析】其他支出是指不包括于家庭生活支出或理财支出的支出类别，如罚款、礼金支出以及其他偶然事件发生的支出，如捐款等。

2. 小王开车去银行给父母汇款，因银行门口停车位已满，小王决定暂时停在路边，打算办完汇款后马上开走，等业务办理完毕后发现，车上已被贴条，要求小王到相关部门缴纳罚款。上述情况中涉及到的家庭支出是(　　)。[2017 年 10 月真题]

A. 理财支出、其他支出

B. 家庭生活支出、理财支出

C. 家庭生活支出、理财支出、其他支出

D. 家庭生活支出、其他支出

【解析】家庭支出主要分为三大类：①家庭生活支出，包括家庭日常生活支出和专项支出两个部分。家庭日常生活支出包括在衣、食、住、行、娱乐休闲、医疗等方面的支出；专项支出包括子女教育和按揭贷款还款、信用卡还款、赡养支出等。②理财支出，包括因为投资或理财活动的相关支出，如贷款投资资产和项目的利息支出、保障保费支出、投资理财咨询支出等。③其他支出，是指上述两大类支出不包括的支出类别，如罚款、礼金支出以及其他偶然事件发生的支出，如捐款等。

3. 某位客户的平均月支出 10000 元，一般而言紧急预备金额度最低不应低于(　　)元。[2017 年 10 月真题]

A. 30000　　B. 24000　　C. 20000　　D. 10000

【解析】理财师通常会要求客户建立紧急预备金账户，并保持较高的流动性；紧急预备金额度通常为家庭月支出的 3 ~ 6 倍为宜，以抵御家庭收入突然中断或突发性大笔支出的风险。本题紧急预备金额度范围为 30000 ~ 60000 元。

4. 小王单位的同事外出遇险，因医疗费用高昂，其生活困难，工会组织大家为该同事募捐以解燃眉之急，小王出了 1000 元，这部分支出属于(　　)。[2017 年 10 月真题]

A. 赡养支出　　B. 理财支出　　C. 生活支出　　D. 其他支出

【解析】家庭支出主要分为三大类，包括了家庭生活支出、理财支出和其他支出。其中，其他支出是指家庭生活支出和理财支出不包括的支出类别，如罚款、礼金支出以及其他偶然事件发生的支出，如捐款等。

1D　2D　3A　4D

5. 理财师小王观察某客户上年度的自由结余占比为60%。针对这种情况，小王的最优建议是(　　)。[2017年6月真题]

A. 建议客户加大储蓄力度

B. 结合客户理财需求，建议适当配置理财基金

C. 由于客户资金充沛，建议客户提高财务融资杠杆

D. 根据客户意愿行事

【解析】关于家庭结余的支配项目包括了专项结余和自由结余两大类。专项结余包括定期定额投资(如基金定投、零存整取等)，储蓄型保险保费，还贷本金等。自由结余是总结余减去专项结余总额，这是未经处理的结余额度，自由结余占总结余的比率过高，往往体现出较低的理财积极性；同时自由结余也是可以用于实现短期理财目标的资金。本题中客户的自由结余占比较高，理财积极性低，因而理财师应当建议适当配置理财基金，增加专项结余占比。

6. 小王领取了年终奖后，打算在海南岛买两套房产，一套供父母在冬天居住，改善父母的生活，另外一套打算委托小区物业出租，计划以后房产升值卖出赚钱。这两套房产的性质(　　)。[2016年11月真题]

A. 均为自用性资产

B. 均为投资性资产

C. 分别为自用性资产和投资性资产

D. 分别为投资性资产和自用性资产

【解析】普通家庭的资产通常被分为三大类：①自用性资产，指的是客户当前用于维护家庭生活品质的资产，包括增值型的资产，譬如自用住房、空置或者用于度假的(不产生收入)的房产、艺术品收藏等；②流动性资产，是客户用于家庭日常开销和紧急情况的准备金，典型的家庭流动性资产是现金、银行活期存款；③投资性资产，指能够产生利息收入或资本利得的资产中，扣除自用性资产后的资产，包括股票、基金投资、投资性房产、债券等。

7. 对客户家庭财务状况进行分析，首先要对复杂的信息进行标准化整理，即根据客户所提供的信息制作(　　)。[2015年10月真题]

A. 资产负债表和收入支出表

B. 现金流量表和收入支出表

C. 收入支出表和报税表

D. 资产负债表和损益表

【解析】了解客户和掌握客户的财务状况是理财师提供理财规划服务的前提和保证，而客户财务状况的主要内容与家庭收支和债务情况有关。在对客户家庭收支和债务管理的相关信息进行分类后，理财师需要通过制作专业化表格的形式，比较直观地表现出这些信息的内容和结构。这些报表主要分为收入支出表和资产负债表。

8. 下列属于流动性资产的是(　　)。[2015年10月真题]

A. 债券投资

B. 小额消费信贷

C. 基金投资

D. 活期存款

【解析】典型的家庭流动性资产包括现金和银行活期存款。AC两项属于投资性资产；B项属于负债。

5B　6C　7A　8D

9. 在家庭收支表中，下列属于工作收入的是(　　)。[2015 年 10 月真题]

A. 企事业单位的承包经营所得　　B. 财产租赁和转让所得

C. 财产继承所得　　D. 特许使用权使用费所得

【解析】家庭收入的分类主要包括：工作收入、投资收入和其他收入三大类。工作收入是指家庭成员通过工作、劳务等获得的可支配收入，即完税后的收入，包括了家庭成员的工资收入、年终奖、劳务收入、稿酬、个人经营所得等。其中个人经营所得包括了个体工商户的生产、经营所得，企事业单位的承包经营、承租经营所得等。BD 两项属于投资收入；C 项属于其他收入。

10. 收入结构的分析通常能显示一个家庭的(　　)。

A. 财务保障现状　　B. 当前主要收入来源

C. 收入稳定性　　D. 潜在风险

【解析】收入结构的分析通常能显示一个家庭的当前主要收入来源，帮助理财师评估客户家庭收入的稳定性和潜在的风险，对客户家庭财务保障现状分析、保险规划乃至综合理财规划等都具有非常重要的现实意义。

11. 其他收入是家庭收入的三大类别之一，下列属于其他收入的是(　　)。

A. 红利所得　　B. 年终奖

C. 财产继承　　D. 特许权使用费所得

【解析】中奖、中彩以及其他偶然性质的所得，如来自他人的财务支持(如父母或者离异配偶的抚养费)或财产继承、赠与等均属于其他收入。AD 两项属于投资收入；B 项属于工作收入。

12. (　　)不属于投资收入。

A. 企事业单位的承包经营所得　　B. 资产增值

C. 财产转让所得　　D. 特许权使用费所得

【解析】投资收入通常是指家庭的财产性收入，其中包括了特许权使用费所得，利息、股息、红利所得，资产增值，财产租赁和财产转让所得等。A 项属于工作收入。

13. 自用性资产是客户用于(　　)的资产。

A. 维护家庭生活品质　　B. 家庭日常开销

C. 紧急预备金　　D. 满足其人生不同阶段理财需求

【解析】普通家庭的资产通常被分为三大类：①自用性资产，指的是客户当前用于维护家庭生活品质的资产；②投资性资产，指客户为未来人生不同阶段理财需求进行准备的最主要的财务安排；③流动性资产，是客户用于家庭日常开销和紧急情况的准备金。

14. (　　)属于增值性的自用性资产。

A. 投资性房产　　B. 股票　　C. 银行活期存款　　D. 艺术品收藏

【解析】自用性资产包括增值性的资产和非增值性的资产。其中，增值性资产包括自用住房、空置或者用于度假(不产生收入)的房产、艺术品收藏等。AB 两项属于投资性资产；C 项属于流动性资产。

9A　10B　11C　12A　13A　14D

15. 家庭拥有大量现金会面临资产缩水的风险，一般而言，以(　　)的家庭生活支出额作为现金储备水平标准。

A. 1个月　　B. 1～2个月　　C. 4个月　　D. 3～6个月

【解析】在为客户准备资产负债表时应注意对流动性资产的现金部分的分析调整。一般而言，以3～6个月的家庭生活支出额作为现金储备水平标准。

16. 关于家庭收入支出表，说法错误的是(　　)。

A. 通常以月度为单位

B. 需有表头

C. 金额和占比分别标明单位“元”，或者“万元”和百分比

D. 可对家庭财务信息中的收支管理信息进行分类和整理

【解析】收入支出表通常以年度为单位(也可以用季度、月度)。

17. 财务自由度主要是通过(　　)表现出来。

A. 工作收入/生活支出　　B. 理财收入/生活支出

C. 理财收入/理财支出　　D. 工作收入/理财支出

【解析】财务自由度主要是通过理财收入除以生活支出额度(理财收入/生活支出)表现出来的。财务自由度越接近1或者大于1，表明理财收入已基本能够覆盖生活支出，则财务自由度就越高。

18. 家庭的应急能力指标通过(　　)进行衡量。

A. 流动性资产额度除以家庭月支出　　B. 总资产额度除以家庭月支出

C. 总资产额度除以家庭生活支出　　D. 流动性资产额度除以家庭生活支出

【解析】家庭的应急能力是收支管理中的一项重要指标。这项指标是通过资产负债表中的流动性资产额度除以家庭月支出(收入支出表中的总支出额度除以12)而得到的家庭紧急预备金月数而进行衡量的。

19. 对普通家庭而言，资产负债率超过(　　)就属于偏高了。

A. 25%　　B. 40%　　C. 50%　　D. 60%

【解析】一般来说，资产负债率超过50%，对普通家庭而言就属于偏高了。

20. 融资比率等于(　　)。

A. 投资性负债/投资性资产　　B. 总负债/总资产

C. 投资性负债/总资产　　D. 总负债/投资性资产

【解析】融资比率指标(投资性负债/投资性资产)体现了客户家庭的理财积极程度。

21. 债务负担率超过(　　)时，会影响客户家庭的生活品质。[2020年10月真题]

A. 25%　　B. 40%　　C. 50%　　D. 60%

【解析】债务负担率(统计年度的本息支出/税后工作收入)体现出到期需支付的债务本息与同期收入的比值，根据经验法则，如果该比率超过40%，对生活品质可能会产生影响。

15D　16A　17B　18A　19C　20A　21B

22. 家庭收支管理以(　　)作为管理对象。

A. 资产负债　　B. 流动负债　　C. 现金流　　D. 自有结余

【解析】家庭收支管理是以现金流作为管理对象，运用财务管理的思想与方法，围绕家庭收入活动、支出活动与理财活动而建立的管理体系。

23. 与其他短期理财目标相关的现金流支出预算属于(　　)。

A. 日常生活支出预算　　B. 特殊用途支出预算

C. 专项支出预算　　D. 其他支出预算

【解析】支出预算项目通常包括但不限于日常生活支出预算项目和专项支出预算，与其他短期理财目标相关的现金流支出预算属于专项支出预算。

24. 在借贷金额方面，家庭债务管理力主(　　)。

A. 量入为出　　B. 量力而行

C. 保证较多的结余　　D. 保证生活的品质

【解析】在借贷金额方面，家庭债务管理力主“量力而行”，‘量力而行”的核心就是对未来的还贷能力以及借贷活动对家庭财务的影响的评估。

25. 在客户家庭拥有不同种类的债务时，理财师应当帮助客户寻求(　　)的可能性。

A. 资产配置　　B. 债务重组　　C. 破产重组　　D. 债务清偿

【解析】在客户家庭拥有不同种类的债务时，比如既有房贷，又有短期消费性负债，或者其他途径的债务，其平均负债利率较高，理财师应当帮助客户寻求债务重组的可能性。

26. 汽车金融公司贷款的首付比例一般为(　　)。

A. 10% ~30%　　B. 20% ~30%　　C. 20% ~40%　　D. 10% ~40%

【解析】汽车金融公司贷款的首付比例一般为20% ~30%，且弹性较大，还可以选择一定比例的尾款；贷款年限一般不超过5年；贷款放款速度较快，通常几个小时，最多几天就可以办理；但贷款利率较高，5年期利率高达8%。

27. 贷款安全比率的合理区间(包括房贷)是(　　)。

A. 小于50%　　B. 小于30%　　C. 小于40%　　D. 小于20%

【解析】贷款安全比率是债务负担率的细分指标，等于每月本息支出除以每月现金收入。它的合理区间为：①如果包括房贷，应小于50%；②如果不包括房贷，应小于30%。

28. 下列家庭收入中属于投资收入的是(　　)。[2020年10月真题]

A. 稿酬　　B. 房屋出租收入

C. 承租经营收入　　D. 彩票中奖收入

【解析】投资收入通常是指家庭的财产性收入，其中包括特许权使用费所得，利息、股息、红利所得，资产增值，财产租赁和财产转让所得等。在一些情况下，家庭经营所得也可以列入投资收入。AC两项，稿酬和承租经营所得属于工作收入。D项，彩票中奖收入属于其他收入。

22C　23C　24B　25B　26B　27A　28B

二、多选题（下列选项中有两项或两项以上符合题目要求，请将符合题目要求选项的代码填入括号内）

1. 下列选项中，属于日常生活支出的有（　　）。[2018 年 10 月真题]
   A. 保费支出　　B. 外出就餐　　C. 交通罚款　　D. 购买衣物
   E. 理财投资

   【解析】家庭日常生活支出包括在衣、食、住、行、娱乐休闲、医疗等方面的支出。AE 两项属于理财支出；C 项属于其他支出。

2. 小王和妻子现卖出 10 年前在北京购置的一处房产，因房屋价格上涨获得的盈利属于（　　）。[2017 年 6 月真题]
   A. 投资收入　　B. 家庭经营所得　　C. 个人经营所得　　D. 其他收入
   E. 意外所得

   【解析】家庭收入的分类主要包括：工作收入、投资收入和其他收入三大类。其中，投资收入通常是指家庭的财产性收入，其中包括了特许权使用费所得，利息、股息、红利所得，资产增值，财产租赁和财产转让所得等。在一些情况下，家庭经营所得也可以列入投资收入。

3. 下列属于工作收入的有（　　）。[2016 年 6 月真题]
   A. 财产转让　　B. 财产继承　　C. 稿酬　　D. 个人经营所得
   E. 承包经营所得

   【解析】工作收入指家庭成员通过工作、劳务等获得的可支配收入，即完税后的收入，包括了家庭成员的工资收入、年终奖、劳务收入、稿酬、个人经营所得等。其中个人经营所得包括了个体工商户的生产、经营所得，企事业单位的承包经营、承租经营所得等。而财产转让与继承分别属于家庭收入分类中的投资收入和其他收入。

4. 家庭资产负债表对家庭财务状况信息进行整理，主要反映了（　　）的情况。[2015 年 10 月真题]
   A. 投资性资产　　B. 家庭生活支出　　C. 流动性资产　　D. 理财收入
   E. 自用性资产

   【解析】家庭资产负债表包括了资产、负债、净资产三大部分的内容。总资产减去总负债即家庭的净资产。普通家庭的资产通常被分为三大类：自用性资产、投资性资产和流动性资产。相应地，负债也因此被分为自用性负债、投资性负债和消费性负债。BD 两项由家庭收入支出表反映。

5. 工作收入包括（　　）。
   A. 工资收入　　B. 财产租赁所得　　C. 稿酬　　D. 年终奖
   E. 个人经营所得

   【解析】工作收入指家庭成员通过工作、劳务等获得的可支配收入，即完税后的收入，包括家庭成员的工资收入、年终奖、劳务收入、稿酬、个人经营所得等。B 项，财产租赁所得属于投资收入。

1BD　2AB　3CDE　4ACE　5ACDE

6. 家庭支出包括(　　)。

A. 按揭贷款还款　　B. 家庭日常生活支出

C. 理财支出　　D. 专项支出

E. 罚款

【解析】家庭支出主要分为三大类，包括了家庭生活支出、理财支出和其他支出。其中，家庭生活支出包括家庭日常生活支出和专项支出两个部分。按揭贷款还款属于专项支出；罚款属于其他支出。

7. 下列关于家庭结余的说法，正确的有(　　)。

A. 生活结余是指工作收入减去家庭生活支出后的盈余部分

B. 理财结余是指税后工作收入减去相应的日常生活支出和专项支出后的盈余部分

C. 自由结余占总结余的比率过高，往往体现出较高的理财积极性

D. 专项结余占总结余的比率通常表现出客户的理财积极程度

E. 自由结余可以用于实现短期理财目标

【解析】B 项，家庭结余分为生活结余和理财结余两个部分，其中理财结余是指所有的理财性收入减去理财性支出得到的盈余部分；C 项，自由结余是总结余减去专项结余总额，这是未经处理的结余额度，自由结余占总结余的比率过高，往往体现出较低的理财积极性。

8. 专项结余包括(　　)。

A. 基金定投　　B. 生活结余　　C. 理财结余　　D. 储蓄型保险保费

E. 还贷本金

【解析】家庭结余分为生活结余和理财结余两个部分。家庭结余的支配项目包括了专项结余和自由结余，其中，专项结余包括定期定额投资(如基金定投、零存整取等)，储蓄型保险保费，还贷本金等。

9. 自用性资产的特征有(　　)。

A. 增值性资产可能增值，但当期不产生收入

B. 非增值性资产可以用于维护生活品质

C. 可用于近期支出和短期债务的偿还

D. 可以提供使用价值

E. 可以变卖套现

【解析】C 项，可用于近期支出和短期债务的偿还属于流动性资产的特征。

10. 流动性资产主要以现金的方式存在，主要有(　　)的特征。

A. 可以提供使用价值　　B. 流动性强

C. 利息收入低　　D. 可以变卖套现

E. 安全性高

【解析】流动性资产的主要特征：①流动性强；②安全性高；③利息收入低；④可用于近期支出和短期债务的偿还。AD 两项属于自用性资产的主要特征。

6ABCDE　7ADE　8ADE　9ABDE　10BCE

11. 消费贷款属于消费性负债，常见于家庭(　　)等。

A. 购买大型家电　B. 理财支出　C. 房屋装修　D. 出国旅游

E. 还贷支出

【解析】消费贷款属于消费性负债，常见于家庭购买大型家电、房屋装修、出国旅游等。消费贷款作为家庭信用管理的一部分，有利于提高家庭资金的使用效率，减少资金的闲置。

12. 关于投资性资产，说法正确的有(　　)。

A. 是客户最重要的财务资源

B. 主要目的为长期的收益和资本利得

C. 长期资本升值和收益有一定的预见性

D. 不具有流动性

E. 可以变卖套现

【解析】D 项，投资性资产具有一定的流动性；E 项，可以变卖套现属于自由性资产的主要特征。

13. 以下属于不可配置投资性资产的有(　　)。

A. 合伙企业的股权　B. 保单现金价值

C. 房地产　D. 个人养老金账户余额

E. 私家车

【解析】投资性资产通常可分为两类：①可配置投资性资产，包括流动性相对较强的证券类投资、储蓄或房地产等资产；②不可配置投资性资产，包括流动性较差、一时无法变现的投资性资产，如未上市公司或合伙企业的股权、保单现金价值、住房公积金和个人养老金账户余额等。C 项属于可配置投资性资产；E 项属于自用性资产。

14. 资产负债表体现了客户家庭在统计截至日期的(　　)。

A. 资产分类及其与总资产的占比情况　B. 净资产额度

C. 资产额度　D. 负债分类及其与总负债的占比情况

E. 负债额度

【解析】资产负债表体现了客户家庭在统计截止日期的下列内容：①资产分类、额度及其与总资产的占比情况；②负债分类、额度及其与总负债的占比情况；③净资产额度。

15. 关于家庭收支状况的分析，说法正确的有(　　)。

A. 紧急预备金额度通常为家庭月支出的 2 ~ 3 倍

B. 如果统计年度出现“其他收入”，则应该考虑排除“其他收入”后，当年收支是否能够得以平衡或出现盈余

C. 包括收支盈余情况分析、财务自由度的分析、收入支出结构分析和应急能力分析

D. 工作收入的占比越大，说明家庭对工作收入的依赖性就越大

E. 自由结余占比越大，客户的结余使用效率越高

【解析】A 项，紧急预备金额度通常为家庭月支出的 3 ~ 6 倍为宜；E 项，通常而言，自

11ACD　12ABC　13ABD　14ABCDE　15BCD

由结余占比越大，客户的结余使用效率越低。

16. 进行负债结构分析时可以使用的比率有(　　)。

A. 平均负债利率　　B. 消费负债比率

C. 债务负担率　　D. 自用性负债比率

E. 投资性负债比率

【解析】负债结构分析是通过资产负债表中的各类负债占比的情况来了解客户家庭的负债结构。AC 两项用于对偿债能力的分析。

17. 制定收入预算的过程中，理财师应关注(　　)。

A. 尽量对比较确定的收入项目进行预测

B. 尽量囊括所有的收入项目

C. 对收入的增长率抱谨慎态度

D. 关注收入现金流入的时间点

E. 关注收入现金流入的来源

【解析】在制定收入预算的过程中，理财师应关注以下几点：①尽量对比较确定的收入项目进行预测；②对收入的增长率抱谨慎态度，理财师要尽可能地抱以谨慎的态度，甚至假设没有相关的增长率；③关注收入现金流入的时间点。

18. (　　)支出预算属于专项支出预算。

A. 子女教育　　B. 医疗　　C. 保费　　D. 家政服务

E. 普通娱乐休闲

【解析】专项支出预算包括：①子女教育或财务支持支出预算；②赡养支出预算；③旅游支出预算；④其他爱好支出预算；⑤保费支出预算；⑥本息还贷支出预算；⑦私家车购买或更换及保养支出预算；⑧家居装修支出预算；⑨与其他短期理财目标相关的现金流支出预算等。BDE 三项属于日常生活支出预算。

19. 制定家庭各项收支预算的内容有(　　)。

A. 制定收入预算　　B. 制定各项支出预算

C. 收支预算调整　　D. 明确下个阶段的各项预算

E. 家庭收支的过程管理

【解析】理财师制定家庭各项收支预算的内容具体包括：①制定收入预算；②制定各项支出预算；③根据收支预算进行相应的调整，并明确下个阶段的各项预算；④家庭收支的过程管理。

20. 借贷前的决策包括(　　)。

A. 借贷目的　　B. 借贷活动对家庭财务影响的评估

C. 还款计划　　D. 借贷渠道的选择

E. 借贷金额

【解析】借贷前的决策包括了以下几个方面的内容：①借贷目的；②借贷金额、期限和产品(包括借贷渠道的选择)；③借贷活动对家庭财务影响的评估；④还款计划及信用

16BDE　17ACD　18AC　19ABCDE　20ABCDE

管理措施。

21. 家庭债务管理中，关于借贷活动的决策，说法正确的有(　　)。

A. 需了解客户的借贷目的

B. 以未来的还贷能力为出发点

C. 对客户家庭财务进行全面评估

D. 为杠杆投资设计止损机制

E. 定期分析债务的量化管理

【解析】家庭债务管理包括了借贷活动的决策、债务的量化管理这两个方面的内容。E项属于债务量化管理的内容。

22. 公积金贷款的优点有(　　)。

A. 利率较低

B. 贷款额度通常能够满足多数借款人的贷款需求

C. 贷款期限短

D. 审批手续收费低廉

E. 贷款额度没有上限

【解析】选择房贷时，首先应考虑住房公积金贷款。住房公积金贷款的优势较多，比如利率较低，且贷款额度通常也能够满足多数借款人的贷款需求。

23. 关于金融机构贷款审核及其利率的特点，下列说法正确的有(　　)。

A. 理财师应进一步深入了解客户其他资产的情况，优先偿还担保贷款

B. 信用贷款利率较低

C. 信用贷款无须担保，以借款人本身的信用作为贷款审核依据

D. 信用贷款期限较短，金额较低

E. 担保贷款通常贷款期限较长，贷款金额较高，利率较低

【解析】A项，理财师应进一步深入了解客户其他资产的情况，由担保贷款(如房贷)中获得更大的额度，优先偿还短期信用贷款；B项，信用贷款由于无须担保，是以借款人本身的信用作为贷款审核依据的，利率较高。

24. 债务量化管理的重点有(　　)。

A. 财务自由度分析

B. 定期分析债务结构的合理性并提供调整建议

C. 债务重组

D. 还款计划及信用管理措施

E. 通过家庭收支管理保证还贷活动的持续性

【解析】家庭债务管理包括了借贷活动的决策、债务的量化管理。债务的量化管理重点包括以下三个方面的内容：①定期分析债务结构的合理性并提供调整建议；②债务重组；③通过家庭收支管理保证还贷活动的持续性。A项是家庭收支管理状况分析的重点内容；D项是借贷活动的决策过程中，借贷前的决策的内容。

25. 下列关于债务管理中的主要相关指标，说法错误的有(　　)。

A. 负债比率 = 总负债/总资产

21ABCD　22AB　23CDE　24BCE　25BD

B. 融资比率 = 投资性负债/总资产
C. 平均负债利率应低于基准贷款利率的 1.2 倍
D. “债务负担率”比“贷款安全比率”更符合客户家庭的实际情况
E. 如果不包括房贷，贷款安全比率的合理区间为 30% 以下

【解析】B 项，融资比率 = 投资性负债/投资性资产；D 项，贷款安全比率是债务负担率的细分指标，从收支管理角度考虑，更加符合客户家庭的实际情况。

26. 关于家庭债务管理状况的分析，下列说法正确的有(　　)。
A. 消费负债比率占比较高，说明家庭的生活品质已经到了一定的水平
B. 偿债能力分析包括平均负债利率分析和债务负担率分析
C. 杠杆投资的风险较大，对家庭债务管理的要求相对较高
D. 平均负债利率的合理区间为基准贷款利率的 30% 以下
E. 家庭债务管理状况的分析是理财师提供相关专业建议的基础和前提

【解析】A 项，根据经验法则，当投资性负债比率占比较高或者只有投资性负债，说明家庭的生活品质已经达到了一定的水平；D 项，如果平均负债利率高于基准贷款利率的 20% 以上，理财师一方面需提醒客户关注自己的财务负担，另一方面则可根据实际情况，在负债管理计划中提出债务重组的建议。

26BCE

第二章　财富保障与规划

一、单选题（下列选项中只有一项最符合题目要求，请将正确选项的代码填入括号内）

1. 对于普通家庭而言，潜在的家庭风险中对客户影响最大的是（　　）。［2018 年 10 月真题］

A. 人身风险　　B. 信用风险　　C. 财产风险　　D. 投资风险

【解析】家庭面临的风险主要有人身风险、财产风险及投资风险等，其中对家庭影响最大的是人身风险。

2. 随着通胀预期增加，客户找到理财经理小王，希望能够推荐一款具有抵御通胀影响的寿险产品，小王应推荐该客户购买（　　）。［2018 年 6 月真题］

A. 保额递减定期寿险　　B. 定额定期寿险

C. 定额不定期寿险　　D. 保额递增定期寿险

【解析】保额递增定期寿险的保险金额会随着时间的推移而增加。该类保险通常被作为一种附加险，用来抵御通货膨胀对保单持有人支付能力的不利影响。该类保险的保额通常根据权威的生活费用调整指数（如消费者价格指数）来进行调整。当物价指数上升时保额自动增加，如果物价指数回落，保额则保持不变。

3. 李某为自己投保一份人寿险，保额 100 万元。指定其妻为受益人，李某有一子 9 岁，李某的母亲 60 岁且自己单独生活。若李某因故身亡，则该份保险金依法处理的方式为（　　）。［2016 年 11 月真题］

A. 李某的妻子获得 50 万元，其余 50 万元由李某的孩子，母亲和妻子平分

B. 李某的妻子获得 50 万元，其余 50 万元由李某的孩子，母亲平分

C. 李某的妻子获得 100 万元

D. 李某的妻子，孩子和母亲平分 100 万元保险金

【解析】受益人是指人身保险合同中由被保险人或者投保人指定的享有保险金请求权的人，投保人、被保险人可以为受益人。受益人领取的保险金归受益人独立享有，不能作为被保险人的遗产处理。本题案例中李某已指定其妻为受益人，保险金由其妻独立享有。

4. 人寿保险包括（　　）等险种。［2015 年 10 月真题］

A. 收入保障保险　　B. 特定意外伤害保险

C. 护理保险　　D. 生存保险和两全寿险

【解析】人身保险是以人的寿命和身体为保险标的的保险，包括人寿保险、年金保险、健康保险、意外伤害保险等保险业务。人寿保险可以简单划分为普通型人寿保险和新型人寿保险，普通型人寿保险按照保险金给付条件的不同可以区分为死亡保险、生存保险和两全寿险；常见的新型人寿保险包括投资连结保险、分红寿险和万能寿险。AC 两项属于健康保险；B 项属于意外伤害保险。

1A　2D　3C　4D

5. 属于家庭财产保险中一般可保财产的是(　　)。[2015 年 10 月真题]

A. 朋友寄存在家的一把红木椅子　　B. 一盆花

C. 一包现金　　D. 一把红木椅子

【解析】家庭财产保险简称家财险，凡存放、坐落在保险单列明的地址，属于被保险人自有的家庭财产，都可以向保险人投保家庭财产保险。保险公司对家庭财产进行区分，将家庭财产分为一般可保财产、特保财产和不可保财产三类。一把红木椅子属于室内装修、装饰及附属设施，是可保财产。A 项，朋友寄存在家的一把红木椅子不属于被保险人自有的家庭财产；B 项，花的价值无法鉴定，是不可保财产；C 项，现金属于不可保财产。

6. 某被保险人投保 100 万元的财产保险，在保险期限内，由于第三者的责任导致被保险人的财产损失 50 万元，被保险人从第三者那里获得赔款 40 万元，同时被保险人又向保险人要求赔付 50 万元，对此保险人的处理方式是(　　)。[2017 年 6 月真题]

A. 不予赔付　　B. 赔 10 万元　　C. 赔 50 万元　　D. 赔 40 万元

【解析】保险的补偿原则是指当被保险人发生损失时，通过保险人的补偿使被保险人的经济利益恢复到原来水平，被保险人不能因损失而得到额外收益的原则。保险补偿原则包含两个基本含义：①只有保险事故发生造成保险标的毁损致使被保险人遭受经济损失时，保险人才承担损失补偿的责任；②被保险人可获得的补偿量，仅以其保险标的遭受的实际损失为限，即保险人的补偿恰好能使保险标的在经济上恢复到保险事故发生之前的状态，而不能使被保险人获得多于损失的补偿，尤其是不能让被保险人通过保险获得额外的利益，这是保险补偿原则的量的限定。本题中，保险人实际损失 50 万元，已获第三者赔偿 40 万元，按补偿原则，保险公司只需赔付 10 万元。

7. (　　)是对企业、家庭或个人正面临的和潜在的风险加以判断、归类和对风险性质进行鉴定的过程。

A. 风险识别　　B. 风险估测　　C. 风险评价　　D. 评估风险管理效果

【解析】风险识别是对企业、家庭或个人正面临的和潜在的风险加以判断、归类和对风险性质进行鉴定的过程。即对尚未发生的、潜在的和客观存在的各种风险系统、连续地进行识别和归类，并分析产生风险事故的原因。

8. 赵兰特别喜欢自己活泼可爱的小侄女，打算在她 12 岁生日时为其侄女投保一份定额寿险，没想到保险公司拒保，其拒保的理由是(　　)。

A. 赵兰违反了最大诚信原则　　B. 赵兰侄女年龄太小

C. 赵兰对其侄女不具有保险利益　　D. 赵兰违反了损失补偿原则

【解析】保险的基本原则之一是保险利益原则。根据《保险法》第十二条规定，人身保险的投保人在保险合同订立时，对被保险人应当具有保险利益。投保人对下列人员具有保险利益：①本人；②配偶、子女、父母；③前项以外与投保人有抚养、赡养或者扶养关系的家庭其他成员、近亲属；④与投保人有劳动关系的劳动者；⑤被保险人同意投保人为其订立合同的，视为投保人对被保险人具有保险利益。本题中，赵兰女士对其侄女是不具有保险利益的，所以会遭到保险公司的拒保。

5D　6B　7A　8C

9. 王先生的自行车刹车闸已损坏，但是为了不耽误上班使用，王先生抱着侥幸的心理继续骑车上班，这种行为从风险管理的角度考虑是存在风险的，自行车刹车闸的损坏属于(　　)。

A. 风险事故　B. 损失　C. 风险载体　D. 风险因素

【解析】风险因素是指促使某一特定风险事故发生或增加其发生的可能性或扩大其损失程度的原因或条件，是风险事故发生的潜在原因，是造成损失的间接原因。本题中，自行车刹车闸损坏增加了王先生摔倒受伤的可能性，属于风险因素。

10. 邱先生在购买保险的时候，发现保险合同中所载明的风险一般是在(　　)的基础上可测算的且当事人双方均无法控制风险事故发生的纯粹风险。

A. 大数法则　B. 高等数学

C. 利息理论和数理统计　D. 概率论和利息理论

【解析】保险的基于原理之一是大数法则。大数法则是指当有规律性重复一件事的次数越多，所得的预估发生率就会越接近真实的发生率。

11. 一个保险事故的发生可能具有多种原因，这些原因具有一定的先后顺序，下列对于近因原则解释正确的是(　　)。

A. 近因是指时间上最接近的原因

B. 确定近因的方法只有执果索因

C. 近因是指空间上最接近的原因

D. 近因是对保险标的损失持续地起决定或有效作用的原因

【解析】近因原则是判断风险事故与保险标的的损失直接的因果关系，从而确定保险赔偿责任的一项基本原则。对于单一原因造成的损失，单一原因即为近因；对于多种原因造成的损失，持续地起决定或有效作用的原因为近因。

12. 唐先生在学习《保险法》的时候，了解到保险合同的履行是建立在事件可能发生也可能不发生的基础上的，这体现的是保险合同的(　　)。

A. 射幸性　B. 双务性　C. 附和性　D. 单务性

【解析】保险合同是射幸合同，这种合同的效果在订立时是不确定的，保险人赔偿义务的实际履行带有偶然性。按照保险合同约定，当未来保险事故发生时，由保险人承担损失赔偿或给付保险金责任。由于保险人所承保的保险标的的风险事故是不确定的，而投保人购买保险仅支付较少量的保费，保险标的一旦发生保险事故，被保险人所能获得的赔偿或给付将是保费支出的数十倍甚至数百倍或更多。

13. 以(　　)作为标准进行分类，保险可以分为财产保险和人身保险。

A. 保险标的　B. 保险性质　C. 实施方式　D. 承保

【解析】以保险标的作为分类标准，保险可以分为财产保险和人身保险；按承保划分，保险可以分为原保险、共同保险、重复保险和再保险；按照实施方式分类，保险可以分为自愿保险和强制保险两种形式。

14. 我国对保险人的告知形式采用(　　)方式。

9D　10A　11D　12A　13A　14C

A. 无限告知　　　　　　　　　　　　B. 询问回答

C. 明确列明与明确说明相结合　　　　D. 明确列明

【解析】按照惯例投保人的告知形式有无限告知和询问回答告知两种，保险人的告知形式有明确列明和明确说明两种。在国际保险市场上，一般只要求保险人做到明确列明保险合同的主要内容。我国则对保险人的告知形式采用明确列明与明确说明相结合的方式，要求保险人对保险合同的主要条款尤其是责任免责条款不仅要明确列明，还要明确说明。

15. 下列关于弃权与禁止反言的说法不正确的是(　　)。

A. 弃权通常是指保险人放弃合同解除权与抗辩权

B. 禁止反言意味着无论是保险人还是投保人，如果弃权，将来均不得重新主张

C. 代理人的弃权行为不视为保险人的弃权行为，保险人可拒绝承担责任

D. 弃权与禁止反言常因保险代理人的原因产生

【解析】C 项，从保险代理关系看，保险代理人是以保险人的名义从事保险活动的，其在授权范围内的行为所产生的一切后果应由保险人来承担。所以，代理人的弃权行为即视为保险人的弃权行为，保险人不得为此拒绝承担责任。

16. 文先生为女儿投保了一份意外伤害保险，受益人为文先生的妻子，则该保险合同的当事人是(　　)。

A. 文先生、文先生的妻子　　　　　B. 文先生、文先生的女儿

C. 文先生的女儿、保险公司　　　　D. 文先生、保险公司

【解析】保险合同是投保人与保险人约定保险权利义务关系的协议，保险合同的当事人包括：①投保人，又称要保人，是指与保险人订立保险合同，并按照保险合同负有支付保险费义务的人；②保险人，又称承保人，是指与投保人订立保险合同，并承担赔偿或者给付保险金责任的保险公司。本案中投保人为文先生，保险人为保险公司。

17. 保险合同与一般合同相比较，保险合同具有其特殊性，因此是一种特殊类型的合同，下列四项中不属于保险合同的特殊性的特点为(　　)。

A. 双务合同　　B. 附合合同　　C. 最大诚信合同　　D. 实定合同

【解析】保险合同的特殊性包括：①保险合同是有偿合同；②保险合同是保障合同；③保险合同是有条件的双务合同；④保险合同是附合合同；⑤保险合同是射幸合同；⑥保险合同是最大诚信合同。

18. 小何与朋友合伙购买了一辆卡车，小何负责驾驶与经营，他为车投保了第三者责任险和车损险，并指定自己为受益人。不久，小何在一次交通意外中死亡，车辆全损，则(　　)。

A. 保险公司不赔，因为小何与朋友合伙购车

B. 保险公司赔付，因为小何负责驾驶经营，有可保利益

C. 保险公司不赔，因为小何已死亡

D. 保险公司赔付，保险金给小何的朋友

15C　16D　17D　18B

【解析】保险利益是保险合同有效成立的要件，保险合同有效必须建立在投保人对保险标的具有保险利益的基础上。题中小何与朋友合伙买车且负责驾驶与经营，具有可保利益，保险合同成立，保险公司应该理赔。

19. 小董与朋友到华山旅游，结果不幸跌下山崖，导致右腿骨折，在山下等待救援时因天气寒冷感染肺炎死亡，在其死亡后，小董的母亲发现了一份意外险保单，则(　　)。

A. 不赔，肺炎是意外险的除外责任

B. 赔一部分，因为小董不全因为意外死亡

C. 全赔，因为是意外导致其感染肺炎

D. 不赔，因为是寒冷导致其感染肺炎

【解析】对于多种原因造成的损失，持续地起决定或有效作用的原因为近因。如果该近因属于保险责任范围内，保险人就应当承担保险责任。该题中，意外为近因，保险公司仍然承担偿付责任。

20. 某企业以500万元的固定资产价值为投保对象，向甲保险公司投保了250万元的财产险，同时该企业又以同样的固定资产向乙保险公司投保了500万元财产险。则该企业的保险方式属于(　　)。

A. 原保险　　B. 再保险　　C. 共同保险　　D. 重复保险

【解析】重复保险，指投保人对于同一个保险标的、同一保险利益，在同一期间就同一保险责任，分别向两家或两家以上的保险公司订立且保额总和超过保险价值的保险合同。根据《保险法》规定，财产保险中，重复保险的保险金额总和超过保险价值的，各保险公司的赔偿金额的总和不得超过保险价值。

21. 在保险中，以生存为给付条件、时间间隔相等定期给付生存保险金的保险称为(　　)。

A. 投资连结险　　B. 万能保险　　C. 分红保险　　D. 年金保险

【解析】年金保险是指以生存为给付保险金条件，并按约定的时间间隔分期给付生存保险金的人身保险。目前在保险市场上，年金保险多数为养老金保险，就是以养老保障为目的的年金保险。

22. 于某由江西老家进京打工，从事建筑工作，月收入1200元，家中母亲年迈，没有收入来源，于某最需要的保险产品为(　　)。

A. 长期重大疾病保险　　B. 人身意外伤害保险

C. 万能保险　　D. 养老保险

【解析】人身意外伤害保险是指被保险人因遭受意外伤害，而导致身体残疾、死亡或保险合同约定的其他事故时，保险公司按照合同约定的残疾给付比例支付残疾保险金、或者按规定的保险金额支付身故保险金、或其他事故的保险金额支付保险金的一种人身保险产品。于某属于低薪阶层，其收入是家庭的主要收入来源，人身意外伤害保险最适合于某购买。

23. 刘某作为医师刚刚开始执业，由于从事的治疗是新技术，受到客户质疑的可能性较大。刘某最需要的保险产品为(　　)。

19C　20D　21D　22B　23D

A. 普通医疗保险　　B. 长期重大疾病保险

C. 产品责任保险　　D. 职业责任保险

【解析】职业责任保险承保各种专业技术人员因工作上的疏忽或过失致使他人遭受损害的经济赔偿责任。专业技术人员包括医生、律师、会计师、工程师、设计师等，职业责任保险一般由提供专业技术服务的单位如医院、设计院、会计师事务所或律师事务所等向保险公司投保。

24. 客户对保险"禁止反言"的原则通常很难理解，保险公司在解释这一概念时应注意强调这一原则在保险实践中主要用于约束(　　)。

A. 投保人　　B. 被保险人　　C. 保险人　　D. 受益人

【解析】禁止反言也称"禁止抗辩"，是指保险合同一方既然已放弃他在合同中的某种权利，将来不得再向他方主张这种权利。事实上，无论是保险人还是投保人，如果弃权，将来均不得重新主张。但在保险实践中，它主要用于约束保险人。

25. 补偿原则集中体现了保险的宗旨。坚持这一原则对于维护保险双方的正当权益、防止被保险人通过保险补偿而得到额外利益、避免道德风险的发生具有重要意义。但也有一些保险产品不适用于该原则，如(　　)。

A. 财产损失保险　　B. 人寿保险　　C. 责任保险　　D. 信用保证保险

【解析】保险补偿原则主要适用于财产保险以及其他补偿性保险合同，对人寿保险合同则一般不适用。

26. 理财规划的各部分是相互联系的，其中某些产品的设计要同时考虑多个规划的需要。比如年金保险产品除了是风险管理和保险规划的重要工具，还是(　　)规划经常需要考虑的。

A. 现金　　B. 消费支出　　C. 子女教育　　D. 退休养老

【解析】年金保险是指以生存为给付保险金条件，并按约定的时间间隔分期给付生存保险金的人身保险。目前在保险市场上，年金保险多数为养老金保险。

27. 在以下保险中：①定期寿险；②生存保险；③两全寿险；④年金保险，只有在保险期限内才提供死亡给付的保险是(　　)。

A. ①②　　B. ①　　C. ②③　　D. ④

【解析】定期寿险具有固定的保险期限，只有当被保险人在保险期限内死亡，且此时保险合同还有效时，保险公司才会向受益人支付保险金。生存保险是指以被保险人的生存为给付保险金条件的人寿保险；两全寿险是指无论被保险人在保险期间死亡或在保险期届满时仍然生存，保险人均给付保险金的人寿保险；年金保险是以生存为给付保险金条件，并按约定的时间间隔分期给付生存保险金的人身保险。

28. 保险合同当事人对合同条款有争议时，法院或仲裁机关要做出有利于(　　)的解释。

A. 投保人　　B. 被保险人和受益人

C. 保险人　　D. 独立第三方

【解析】根据我国《保险法》第三十条的规定，采用保险人提供的格式条款订立的保险合

24C　25B　26D　27B　28B

同，保险人与投保人、被保险人或者受益人对合同条款有争议的，应当按照通常理解予以解释。对合同条款有两种以上解释的，人民法院或者仲裁机构应当作出有利于被保险人和受益人的解释。

29. 造成损失的间接原因是(　　)。

A. 风险事故　B. 风险因素　C. 风险损失　D. 风险载体

【解析】风险因素是指促使某一特定风险事故发生或增加其发生的可能性或扩大其损失程度的原因或条件，是风险事故发生的潜在原因，是造成损失的间接原因。

30. (　　)使风险的可能性转化为现实性。

A. 风险因素　B. 风险事故　C. 潜在风险　D. 风险损失

【解析】风险事故是指造成人身伤害或财产损失的偶发事件，是造成损失的直接的或外在的原因。风险只有通过风险事故的发生，才能导致损失。

31. 在保险实务中，下列不属于间接损失的是(　　)。

A. 财产本身损失　B. 额外费用损失

C. 收入损失　D. 责任损失

【解析】损失是指标的物因某种特定事件的发生导致经济单位或个人非故意的、非预期的、非计划的经济价值的减少。损失通常包括直接损失和间接损失两种形态。直接损失是指与风险事故有必然因果关系的、在量上可以确认或界定的损失。间接损失是指风险事故的发生触发了新的风险事故，或改变了风险事故的既定状态，而导致的损失。

32. 下列关于风险事故的说法不正确的是(　　)。

A. 风险事故是指由人身风险引起的偶然事件

B. 事件可能发生，也可能不发生，两种可能同时存在，缺一不可

C. 一些偶然事件虽然可以判断，但究竟何时发生，很难预料

D. 事件的发生是意外的，排除当事人的故意行为及保险标的的必然现象

【解析】A 项，风险事故是指造成人身伤害或财产损失的偶发事件，是造成损失的直接的或外在的原因。

33. (　　)是指投保人根据合同约定，向保险人支付保险费，保险人对于合同约定的可能发生的事故因其发生所造成的财产损失承担赔偿保险金责任，或者当被保险人死亡、伤残、疾病或者达到合同约定的年龄、期限等条件时承担给付保险金责任的行为。

A. 商业保险　B. 人身保险　C. 财产保险　D. 责任保险

【解析】B 项，人身保险是以人的寿命和身体为保险标的的保险；C 项，财产保险是指以财产及其有关利益为保险标的的保险；D 项，责任保险是以被保险人对第三者的财产损失或人身伤害依照法律应负的赔偿责任为保险标的的保险。

34. 下列哪一项不属于人身保险？(　　)

A. 人寿保险　B. 责任保险　C. 健康保险　D. 意外伤害保险

【解析】人身保险是以人的寿命和身体作为保险标的的一种保险，包括人寿保险、年金

29B　30B　31A　32A　33A　34B

保险、健康保险、意外伤害保险等保险业务。B 项，责任保险属于财产保险。

35. 人寿保险是以被保险人的(　　)为保险标的的保险。

A. 身体　　B. 死亡　　C. 寿命　　D. 寿命或身体

【解析】人寿保险是以被保险人的寿命作为保险标的，以被保险人的生存或死亡为给付保险金条件的一种人身保险。而人身保险是以人的寿命和身体为保险标的的保险。

36. 下列关于责任保险的说法正确的是(　　)。

A. 属于狭义的财产保险范畴

B. 以合同的权利人和义务人约定的经济信用为保险标的

C. 以被保险人对第三者的财产损失或人身伤害依照法律应负的赔偿责任为保险标的

D. 责任保险中的责任指侵权责任

【解析】责任保险是以被保险人对第三者的财产损失或人身伤害依照法律应负的赔偿责任为保险标的的保险，它属于广义的财产保险范畴。根据承保的责任范围不同可以将责任保险区分为公众责任保险、产品责任保险、雇主责任保险、职业责任保险和宠物犬主责任险。

37. (　　)是指当义务人不履约而使权利人遭受损失时，由保险人提供经济赔偿的一种保险。

A. 财产保险　　B. 人身保险　　C. 信用保险　　D. 保证保险

【解析】信用保险是以各种信用风险为保险标的的保险。当义务人不履约而使权利人遭受损失时，由保险人提供经济赔偿。信用保险的主要业务种类包括：商业信用保险、出口信用保险和投资保险。

38. (　　)是指保险人与投保人之间直接签订保险合同而建立保险关系的一种保险。

A. 重复保险　　B. 共同保险　　C. 再保险　　D. 原保险

【解析】原保险是保险人与投保人之间直接签订保险合同而建立保险关系的一种保险。A 项，重复保险是指投保人以同一保险标的、同一保险利益、同一保险事故分别与两个或两个以上保险人订立保险合同且保险金额总和超过保险价值的一种保险；B 项，共同保险(也称“共保”)是由几个保险人联合直接承保同一保险标的、同一风险、同一保险利益的保险；C 项，再保险(也称“分保”)是保险人将其所承保的风险和责任的一部分或全部，转移给其他保险人的一种保险。

39. 有 A、B、C 三家保险公司，A、B 两家为财产保险公司，C 为再保险公司，某企业引进了一套价值 5000 万元的机器设备，若该企业准备为这套设备投保财产保险，那么在下列方案中，该企业最合理的选择是(　　)。

A. 向 A 公司投保 5000 万元

B. 向 A、B 公司分别投保 5000 万元

C. 向 C 公司投保 5000 万元

D. 向 A、C 公司分别投保 2000 万元和 3000 万元

【解析】A 项为足额投保，此方案可行；B 项为重复保险；CD 两项不可行，该企业不能

35C　36C　37C　38D　39A

向再保险公司投保，再保险公司只接受保险公司的保险业务。

40. (　　)是指保险双方当事人通过签订保险合同，或是需要保险保障的人自愿组合、实施的一种保险。

A. 财产保险　　B. 法定保险　　C. 自愿保险　　D. 社会保险

【解析】商业保险按照实施方式可分为强制保险和自愿保险。自愿保险是在自愿原则下，投保人与保险人双方在平等的基础上，通过订立保险合同而建立的保险关系。

41. 下列关于自愿保险的说法不正确的是(　　)。

A. 投保人可以自由决定是否投保、向谁投保

B. 保险人可以根据情况自愿决定是否承保、怎样承保

C. 产生于国家或政府的法律效力

D. 投保人可以选择所需保障的类型、保障范围、保障程度和保障期限等

【解析】自愿保险是在自愿的原则下，投保人与保险人双方在平等的基础上，通过订立保险合同而建立的保险关系。C 项是强制保险(法定保险)的特征。

42. (　　)的保险关系产生于国家或政府的法律效力。

A. 共同保险　　B. 自愿保险　　C. 法定保险　　D. 普通保险

【解析】商业保险按照实施方式可分为强制保险和自愿保险。强制保险(又称“法定保险”)是由国家(政府)通过法律或行政手段强制实施的一种保险。

43. 保险的(　　)主要是指通过经济补偿，减少社会摩擦，减轻政府压力，并促进社会各领域正常运转和有序发展。

A. 社会管理功能　　B. 保障功能

C. 资金融通功能　　D. 防灾减损功能

【解析】保险的“社会管理功能”是指通过经济补偿，减少社会摩擦，减轻政府压力，并促进社会各领域正常运转和有序发展。商业保险作为社会保障体系的重要补充，其社会管理功能主要体现在以下几个方面：①提供多层次保障需求，完善社会保障制度；②减少社会摩擦，协调社会关系，维护社会安定团结；③调节资金配置，降低金融机构的运营风险；④加强信用管理，保证经济活动的顺利进行。

44. (　　)是商业保险的承保对象。

A. 雇佣劳动者　　B. 工薪劳动者

C. 自愿按照合同缴纳保险费的人　　D. 法律法规规定的社会劳动者

【解析】商业保险法律关系的确立，是投保人与保险人根据意思自治原则，在平等互利、协商一致的基础上通过自愿订立保险合同来实现的。

45. 在保险合同关系中，对当事人要求遵循的(　　)原则远比一般民事活动严格。

A. 保险利益　　B. 补偿　　C. 近因　　D. 诚信

【解析】保险合同当事人订立合同及在合同有效期内，应依法向对方提供足以影响对方作出订约与履约决定的全部实质性重要事实，同时信守合同订立的约定与承诺。否则，

40C　41C　42C　43A　44C　45D

受到损害的一方，按民事立法规定可以此为由宣布合同无效，或解除合同，或不履行合同约定的义务或责任，甚至对因此而受到的损害还可要求对方予以赔偿。由于保险信息的不对称性和保险合同的特殊性，保险活动中对诚信原则的要求更为严格，要求做到最大诚信。

46. 下列关于实质性重要事实的说法正确的是(　　)。
A. 指保险人认为重要的事实
B. 指被保险人认为重要的事实
C. 以某一个特定保险人的看法为标准
D. 对保险人而言，是指那些影响谨慎的保险人承保决策的每一项事实

【解析】实质性重要事实是指那些影响保险双方当事人作出是否签约、签约条件、是否继续履约、如何履约的每一项事实。对保险人而言，是指那些影响谨慎的保险人承保决策的每一项事实；对于投保人而言，则是指那些会影响善意的投保人作出投保决定的事实，如有关保险条款、费率以及其他条件等。

47. 下列关于保证的说法不正确的是(　　)。
A. 是影响保险合同效力的重要因素
B. 保险合同中均存在默示保证
C. 保险保证必须是保险合同的一部分
D. 保险合同保证义务的履行主体是投保人或被保险人

【解析】保证是指保险人和投保人在保险合同中约定，投保人或被保险人在保险期限内担保对某种特定事项的作为或不作为或担保其真实性。保证通常分为明示保证和默示保证。

48. 在海上保险中，保险人已经知道被保险轮船改变航道而没有提出解除合同，而后因改变航道而发生的保险事故造成的损失，保险人就需要对其作出赔偿。这在保险中通常被称为(　　)。
A. 不可抗辩条款　　B. 禁止反言
C. 弃权　　D. 不可抗力

【解析】禁止反言也称“禁止抗辩”，是指保险合同一方既然已放弃他在合同中的某种权利，将来不得再向他方主张这种权利。

49. 下列关于保险标的与保险利益之间关系的说法不正确的是(　　)。
A. 保险利益就是指保险标的
B. 投保人对保险标的具有保险利益是保险合同有效的基础
C. 保险标的是保险利益产生的物质载体
D. 保险利益体现了保险标的与投保人或被保险人的经济利益关系

【解析】保险利益是构成保险法律关系的一个要件。保险利益是保险合同有效成立的要件，保险合同有效必须建立在投保人对保险标的具有保险利益的基础上。

50. 保险公司一般不接受以会计账册为标的物的投保，其原因在于所有人在会计账册上所

46D　47B　48B　49A　50B

具有的利益是(　　)。

A. 不具有利害关系的利益　　B. 非经济上有价的利益

C. 不确定的利益　　D. 不合法的利益

【解析】会计账册不是实际物资，是难以鉴定其价值的财产，属于不保财产。

51. 下列各项符合保险利益构成要件的是(　　)。

A. 违反法律规定或损害社会公共利益而产生的利益

B. 政治利益

C. 根据有效的租赁合同所产生的租金收益

D. 刑事责任

【解析】保险利益是构成保险法律关系的一个要件。保险利益是保险合同有效成立的要件，保险合同有效必须建立在投保人对保险标的具有保险利益的基础上。保险利益的具体构成须满足三个要件：①可保利益必须是合法利益；②可保利益必须是有经济价值的利益；③可保利益必须是可以确定的和能够实现的利益。

52. 下列关于近因的认定与保险责任确定的说法错误的是(　　)。

A. 单一原因致损，且该原因属于被保风险，则保险人负赔偿责任

B. 多种原因致损，且多种原因均属被保风险，则保险人负赔偿责任

C. 连续发生的多项原因致损，若前因属于被保风险，但后因属于除外责任的，保险人不负赔偿责任

D. 在一连串连续发生的原因中，有一项新的独立的原因介入，使原有的因果关系链断裂并直接导致损失，该新介入的独立原因为近因，如果该近因属保险责任范围内的风险，则保险公司应对所致的损失予以赔付

【解析】近因原则的含义为只有在导致保险事故的近因属于保险责任范围内时，保险人才应承担保险责任。对于单一原因造成的损失，单一原因即为近因。对于多种原因造成的损失，持续地起决定或有效作用的原因为近因。如果该近因属于保险责任范围内，保险人就应当承担保险责任。

53. 小高以自己的房屋为抵押向银行贷款。银行贷给他 35 万元，同时为抵押的房屋投保了 35 万元的 1 年期房屋火险。按照约定，贷款人半年后偿还了 15 万元。不久，该保险房屋发生重大火灾事故，则银行可以得到的赔偿金额是(　　)万元。

A. 10　　B. 15　　C. 20　　D. 30

【解析】被保险人可获得的补偿量，仅以其保险标的遭受的实际损失为限，即保险人的补偿恰好能使保险标的在经济上恢复到保险事故发生之前的状态，而不能使被保险人获得多于损失的补偿，尤其是不能让被保险人通过保险获得额外的利益，这是保险补偿原则的量的限定。题目中银行实际损失为向小高贷款的总额 35 万元减已偿还的 15 万元，即 20 万元。

54. 陈波的妻子在保险公司为其购买了 15 万元的终身保险。陈波在保险期间不幸因交通事故身亡。按照有关法律规定，肇事司机应该赔偿其家属 5 万元。陈波的妻子持保单向

51C　52C　53C　54A

保险公司索赔，保险公司对该案件的正确处理方式是(　　)。

A. 赔偿 15 万元

B. 先赔偿 15 万元，然后再向肇事司机追偿 5 万元赔款

C. 赔偿 10 万元

D. 不赔，因为不属于保险责任

【解析】保险补偿原则主要适用于财产保险以及其他补偿性保险合同，对人寿保险合同则一般不适用。肇事司机赔偿后不影响被保险人向保险公司索赔，因此保险公司应赔偿死亡赔偿金 15 万元。

55. 保险合同具有双务合同的特征，这就意味着保险合同双方当事人(　　)。

A. 都必须遵守最大诚信

B. 相互享有权利、承担义务

C. 被保险人的行为限定在保险人规定的范围内

D. 并不必然履行给付义务

【解析】保险合同是有条件的双务合同。在保险合同中，被保险人要得到保险人对其保险标的给予保障的权利，就必须向保险人交付保险费；而保险人收取保险费，就必须承担保险事故发生或合同届满时的赔付义务，双方的权利和义务是彼此关联的。

56. 保险合同作为一种附合合同，在订立合同时做出是否同意的意思表示的一方是(　　)。

A. 保险人　　B. 投保人　　C. 代理人　　D. 受益人

【解析】保险合同是典型的附合合同，因为保险合同的基本条款由保险人事先拟定并经监管部门审批。投保人即使需要变更合同的某项内容，也只能采纳保险人事先准备的附加条款。

57. 寿险合同属于(　　)。

A. 给付性保险合同　　B. 补偿性保险合同

C. 足额保险合同　　D. 不足额保险合同

【解析】寿险属于人身保险。人身保险合同是给付性合同，即根据投保人的实际需要和支付保险费的能力确定一个保险金额，当危险事故发生或保险期限届满时，由保险人按照事先约定的保险金额承担给付保险金责任。

58. 下列哪一项不是合格的投保人应当具备的条件？(　　)

A. 投保人必须具有相应的权利能力与行为能力

B. 投保人必须对保险标的具有保险利益

C. 投保人需符合保险合同规定的健康标准

D. 投保人应承担支付保险费的义务

【解析】投保人又称要保人，是指与保险人订立保险合同，并按照保险合同负有支付保险费义务的人。投保人应当具备以下三个条件：①必须具有相应的权利能力和行为能力；②对保险标的必须具有保险利益；③应承担支付保险费的义务。

59. (　　)是指其财产或者人身受保险合同保障，享有保险金请求权的人。

55B　56B　57A　58C　59C

A. 保险人　　B. 投保人　　C. 被保险人　　D. 受益人

【解析】被保险人是指其财产或者人身受保险合同保障，享有保险金请求权的人。被保险人的具体含义包括：①被保险人是受保险合同保障的人，即保险事故发生时遭受损失的人；②被保险人是享有保险金请求权的人。

60. 对于受益人来说，(　　)是索赔和获得保险保障的最高限额。

A. 可保利益　　B. 保险价值　　C. 保险金额　　D. 保险费

【解析】保险金额是指保险人承担赔偿或者给付保险金责任的最高限额。保险金额既是计算保险费的依据，也是保险合同双方当事人享有权利承担义务的重要依据，因此必须在保险合同中明确规定。

61. 下列各项不属于保险人的法律特征的是(　　)。

A. 是保险基金的组织、管理和使用人

B. 履行赔偿损失或者给付保险金义务

C. 是依法成立并允许经营保险业务的保险公司

D. 享有保险金请求权

【解析】保险人具有以下三个法律特征：①保险人是保险基金的组织、管理和使用人，在保险事故发生时依保险合同履行赔偿或者给付保险金责任；②保险人是履行赔偿损失或者给付保险金义务的人；③保险人应当是依法成立并允许经营保险业务的保险公司。D 项，被保险人是享有保险金请求权的人。

62. 根据《保险法》规定，人身保险合同投保人解除合同，已缴足二年以上保险费的，保险人应当(　　)。

A. 退还保险费

B. 按照合同约定在扣除手续费后，退还保险费

C. 发出终止合同书，但不退还保险费

D. 退还保险单的现金价值

【解析】根据《保险法》，保险公司在以下情况出现时，应当按照合同约定向投保人退还保单的现金价值：①保险公司根据规定解除保险合同，且投保人已经交足二年以上保险费；②以死亡为给付保险金条件的合同，自合同成立之日起二年内被保险人自杀；③被保险人故意犯罪导致其自身伤残或死亡，且投保人已经交足二年以上保险费；④投保人解除合同，且已经交足二年以上保险费。此外，《保险法》还规定，投保人、受益人故意造成被保险人死亡、伤残或疾病的，保险公司不承担给付保险金的责任。

63. 保险人接受被保险人提出的委付，并按保险金额全数赔付后，依法对保险标的所取得的权利属于(　　)。

A. 保管权　　B. 使用权　　C. 所有权　　D. 占有权

【解析】物上代位是指保险标的遭受保险责任范围内的损失，保险人按保险金额全数赔付后，依法取得该项标的的所有权。

64. 冬天下雪高速公路上结冰，交通部门将会对高速公路实施必要的封路措施，因为路上

60C　61D　62D　63C　64D

结冰有可能导致风险事故、产生损失，关于损失的说法正确的是(　　)。

A. 损失是必然发生的　　B. 损失是预期的经济价值的减少

C. 损失只包括直接损失　　D. 损失可以用货币来计量

【解析】损失是指标的物因某种特定事件的发生导致经济单位或个人非故意的、非预期的、非计划的经济价值的减少。损失通常包括直接损失和间接损失两种形态。直接损失是指与风险事故有必然因果关系的、在量上可以确认或界定的损失。间接损失是指风险事故的发生触发了新的风险事故，或改变了风险事故的既定状态而导致的损失。

65. 关于人身保险的保险金额，下列说法正确的是(　　)。

A. 根据保险价值确定

B. 不能超过投保人保险标的的保险价值

C. 由投保人和保险人双方约定的，法律一般不作限制

D. 如果投保人以保险价值全额投保，保险金额与保险价值相等

【解析】人身保险的保险金额是由投保人和保险人双方约定的，法律一般不作限制，只受投保人本身支付保险费能力的制约。

66. 李某在某保险公司为其名贵手表投保，在保险合同履行过程中，李某为了尽快获取保险金，谎称其手表被人偷走，请求保险公司给付保险赔偿金，后保险公司经过调查发现其手表并没有丢失，而是被李某藏了起来，据此，保险公司可以(　　)。

A. 解除合同，退还保险费

B. 解除合同，不退还保险费

C. 不得解除合同，但可以相应降低保险金

D. 不得解除合同，但投保人应当赔偿保险人因此遭受的损失

【解析】根据《保险法》规定，投保人故意不履行如实告知义务的，保险人对于合同解除前发生的保险事故，不承担赔偿或者给付保险金的责任，并不退还保险费。

67. 下列(　　)不属于人身保险给付保险金的条件。

A. 被保险人死亡、伤残、疾病　　B. 个体经营破产风险

C. 达到合同约定的年龄　　D. 达到合同约定的期限

【解析】根据保险合同的基本原则和约定，对于保险人来讲，属于人身保险的，按照保险标的的不同，对被保险人死亡、伤残、疾病等保险事故发生，或者对被保险人达到合同约定的年龄、期限时，承担给付保险金责任。

68. 再保险的基本职能是(　　)。

A. 转移风险　　B. 防止风险的发生

C. 抵御风险　　D. 避免风险

【解析】再保险(也称“分保”)是保险人将其所承保的风险和责任的一部分或全部，转移给其他保险人的一种保险。

69. 人身保险合同中，关于受益人的规定，下列说法错误的是(　　)。

A. 被保险人或投保人都可以指定受益人

65C　66B　67B　68A　69B

B. 投保人只能指定一人为受益人

C. 投保以死亡为给付条件的保险时，被保险人和受益人不得为同一人

D. 根据投保人的投保情况，投保人、被保险人可以为受益人

【解析】受益人是指人身保险合同中由被保险人或者投保人指定的享有保险金请求权的人，受益人可以是一个人或数人。受益人为数人的，须确定受益顺序和受益份额；未确定受益份额的，受益人按照相等份额享有受益权。

70. 2013 年 1 月，陈甲以其 7 岁的儿子陈乙为被保险人投保了一份 5 年期的人寿保险，未指定受益人。2015 年 6 月，陈乙因病住院，由于医院的医疗事故致使陈乙残疾。按照保险法的规定，下列选项中不正确的是(　　)。

A. 陈甲既可以向医院索赔也可以同时要求保险公司承担责任

B. 保险公司应向陈甲支付保险金，并且不得向医院追偿

C. 陈甲投保时无须陈乙的书面同意

D. 如陈乙不幸死亡，则推定陈甲为受益人

【解析】受益人如未指定，被保险人的法定继承人即为受益人。本题中未指定保险合同的受益人，因此保险金应当作为被保险人陈乙的遗产由其法定继承人继承，不得推定陈甲为受益人。

71. 甲企业向乙企业买了一批货物，约定由乙企业负责运送，甲企业负责对货物投保，甲企业根据约定与某保险公司签订了保险合同。货物运输过程中，乙企业运送货物的船舶与丙公司的船只发生碰撞，导致货物和船只均受损，经调查，本次碰撞事故丙公司船舶负主要责任，对此，下列说法错误的是(　　)。

A. 甲企业有权请求保险公司赔偿保险金

B. 甲企业有权要求丙公司赔偿损害

C. 乙企业有权请求保险公司赔偿保险金

D. 保险公司赔偿保险金后，享有对丙公司的追偿权

【解析】被保险人和受益人享有保险金请求权。乙企业既不是被保险人，又不是保险合同的受益人，无权请求保险公司支付保险金。

72. 某客户周先生今年 32 岁，妻子 28 岁，二人均在国有企业工作，享受健全的社会保险与公共医疗，他们还有一个 1 岁半的孩子，周先生年收入为 160000 元，周太太年收入约为 80000 元。关于周先生家庭建立保险规划，下列做法中错误的是(　　)。

A. 周先生家庭需要补充的商业保险最好不要超过年缴保费 24000 元

B. 优先保障一岁半的孩子

C. 优先保障收入较高的周先生

D. 周先生的保费支出应高于妻子的保费支出

【解析】成长期的客户家庭责任感逐渐形成，夫妻双方也正处于收入高峰期，对子女、对父母都承担着责任，可选择保障性高的终身寿险、附加定期寿险、意外险、重疾险和医疗险。另外，可以购买适量的两全寿险储备孩子的教育费用以及自己年老以后的养老金。建议成家立业期客户的保险组合应为终身寿险 + 重疾险 + 意外险 + 医疗险。

70D　71C　72B

73. 小李购买了某公司的终身寿险，终身寿险的本质特征是无论被保险人何时死亡，保险公司都要支付死亡保险金。下列关于终身寿险的描述错误的是(　　)。

A. 不具有固定的保险期限

B. 终身寿险不具有保单现金价值

C. 无论被保险人何时死亡，保险人都要给付保险金

D. 现金价值的存在使终身寿险具有了储蓄的功能

【解析】终身寿险具有保单现金价值。保险单现金价值又称“解约退还金”或“退保价值”，是指被保险人要求解约或退保时，寿险公司应该返还的金额。

74. 万能寿险是在传统寿险的基础上发展起来的，具有许多传统寿险不具备的特征。下列选项中不属于万能寿险的特征的是(　　)。

A. 保费支付灵活

B. 保单面额可适时调整

C. 运作机制完全透明

D. 在保单存续期间，投保人不可以从万能账户中领取部分账户价值，供自己支配使用

【解析】万能寿险是一种产品运作机制完全透明、可灵活缴纳保费、可随时调整保险保障水平，且将保障和投资功能融为一体的保险产品，具有如下特点：①在投保人缴纳首期保险费后，可以自由决定保费的支付金额和支付时间；②客户可以根据自身在不同阶段的需求和支付能力调高或调低保险金额和死亡给付方式；③在保单存续期间，在满足一定条件的情况下，投保人可以按照自己的需要从万能账户中领取部分账户价值，供自己支配使用。

75. 在分红寿险的红利分配方式中，属于增额红利的是(　　)。

A. 现金给付　　B. 抵交保费　　C. 购买缴清保额　　D. 增加保单保额

【解析】分红寿险的红利分配方式有两种：①现金红利分配，包括直接领取现金、抵交保费、累积生息和购买缴清保额等；②增额红利分配，是指以增加保单保额的方式来进行红利分配。

76. 比较来看，定期寿险对以下(　　)人群是最必要和合适的保险产品。

A. 收入较高、保险需求较高　　B. 收入较高、保验需求较低

C. 收入较低、保险需求较高　　D. 收入较低、保验需求较低

【解析】由于定期寿险提供的仅是固定期限内单纯的风险保障，因此在保险金额相同的情况下，相比其他寿险产品，定期寿险的保费相对较低，特别适合缴费能力不高，而又有较高保险保障需求的人士购买。

77. 下列(　　)不属于医疗保险中的医疗费用。

A. 家庭健康护理费用　　B. 外科手术费用

C. 住院费用　　D. 重大疾病治疗费

【解析】医疗保险是指以保险合同约定的医疗行为的发生为给付保险金条件，为被保险人接受诊疗期间的医疗费用支出提供保障的保险。这里的医疗费用包括门诊费用、药

73B　74D　75D　76C　77D

费、住院费用、护理费用、医院杂费、手术费用及检查费用等。D 项，重大疾病属于疾病保险的范畴。

78. 下列关于定期寿险说法错误的是(　　)。

A. 如果被保险人在保险期限结束时仍然生存，保险公司不承担保险责任

B. 定期保单具有终身有效的性质

C. 只有当被保险人在保险期限内死亡，且此时保险合同还有效时，保险公司才会向受益人支付保险金

D. 可在保险合同中约定合同生效至被保险人的某一特定年龄(如 65 周岁)为保险期限

【解析】定期寿险具有固定的保险期限，如在保险合同中约定保险期限为 5 年、10 年或 15 年；或者在保险合同中约定合同生效至被保险人的某一特定年龄(如 65 周岁)为保险期限。终身寿险不具有固定的保险期限，它是为被保险人提供终身保障的保险产品。

79. 普通终身寿险是需要终身缴纳保费的终身寿险。下列关于普通终身寿险说法正确的是(　　)。

A. 普通终身寿险提供的是一种永久性保障

B. 每年所缴纳的保费相对较高

C. 普通终身寿险需一次性交付保险费

D. 适合缴费能力高的年轻人

【解析】B 项，由于缴费年限相对比较长，因此每期缴纳的保费相对较低；C 项，普通终身寿险是指终身分期交付保险费的终身寿险；D 项，普通终身寿险适合缴费能力不高又希望通过长期缴费来获得保险保障和积累资金的人。

80. 关于健康保险，下列说法不正确的是(　　)。

A. 收入保障保险的保险金给付条件为保险人因合同约定的疾病或意外伤害而导致工作能力丧失

B. 医疗保险的给付方式为费用补偿型

C. 疾病保险的给付方式，一般是在被保险人确诊重大疾病后立即一次性支付保险金额

D. 护理保险是指按照保险合同约定为被保险人日常生活能力障碍引发护理需要提供保障的保险

【解析】B 项，医疗保险的给付方式包括费用补偿型和定额给付型两种方式。

81. 张先生夫妇投保了某夫妻同为被保险人和受益人的联合寿险，关于该险种，以下说法不正确的是(　　)。

A. 夫妻中有一人死亡或保单到期是构成保险公司给付保险金的条件

B. 任何一人死亡时，保险即终止

C. 也称最后生存者寿险

D. 张先生夫妇投保此寿险的保费比两个人分别买同类人寿保险更经济

【解析】联合寿险，以家庭成员或特定经济利益人员两人或以上为被保险人，以其中任何一人死亡为条件，由保险人给付保险金的险种。C 项，第二生命寿险(也称最后生存

78B　79A　80B　81C

者寿险)，即以两个被保险人都死亡才给付保险金的险种。

82. 以下关于终身寿险的说法错误的是(　　)。

A. 终身寿险的本质特征是无论被保险人何时死亡，保险公司都将支付死亡保险金

B. 保单现金价值来源于所缴保费的积累值

C. 终身寿险具有储蓄价值

D. 终身寿险可以分为普通终身寿险、限期缴费终身寿险以及趸交终身寿险

【解析】B 项，保单现金价值来源于所缴保费的积累值与保险成本积累值之间的差额。

83. 下列关于机动车辆第三者责任保险的说法正确的是(　　)。

A. 保险责任仅限于车主本人驾驶车辆的情况下发生的损失

B. 酒后驾车导致的第三者责任损失，保险人不负责赔偿

C. 副驾驶位置上的人员在交通事故中发生的损失，也在保险责任范围内

D. 是一种强制保险

【解析】机动车商业第三者责任保险承保被保险人或其允许的合格驾驶人员在使用被保险车辆过程中，因发生意外事故致使第三者遭受人身伤亡或财产直接损毁而依法或依据保险合同应承担经济赔偿责任，超过机动车交通事故责任强制保险各分项赔偿限额以上的部分。该险种可以被认为是机动车交通事故责任强制保险的补充。

84. 一般情况下，个人年金要比联合及生存者年金的保费(　　)。

A. 高　　B. 低　　C. 相等　　D. 无法确定

【解析】个人年金是指以一个被保险人的生存为年金给付条件的年金保险；联合及生存者年金是指以两个或两个以上被保险人中至少还有一人生存为年金给付条件的年金保险。从总体上看，由于联合及生存者年金要比个人年金支付的时间长，它的保费也要比后者高得多。

85. 王先生夫妇年龄相差不大，打算购买年金型的保险。则王先生夫妇购买(　　)比较合适。

A. 最后生存者年金　　B. 共同生存年金

C. 最后死亡者年金　　D. 共同死亡年金

【解析】最后生存者年金是指以两个或两个以上被保险人中至少还有一人生存为年金给付条件的年金保险。这种年金的给付将持续到最后一个被保险人死亡为止，且给付金额保持不变。

86. 沈先生在理财规划师的介绍下，刚刚购买了两全寿险，关于此种保险的说法不正确的是(　　)。

A. 被保险人在保险期间死亡或在保险期届满时仍然生存，保险人均给付保险金

B. 缴费期限越长，年缴保费越便宜

C. 缴费期限变长，合计总缴保费会高于短期缴费方式

D. 可以被认为是终身寿险和生存保险的结合

【解析】D 项，两全寿险可以被认为是定期寿险和生存保险的结合。

82B　83B　84B　85A　86D

87. 理财规划师在为客户进行保险规划时，应该让客户知道保险在家庭理财中的功能，下列(　　)是保险最主要的职能。

A. 财务安全保障　B. 储蓄功能　C. 财产安排　D. 遗产规划

【解析】保险可以给一个家庭提供财务安全保障，在家庭失去主要收入来源的情况下，依靠保险的保障功能依然能够维持家人的稳定生活。除此之外，家庭配置保险产品，还可以实现储蓄投资、财产安排、遗产规划等目的。

88. 关于健康保险，下列说法错误的是(　　)。

A. 健康保险按照保险期限分为长期健康保险和短期健康保险

B. 长期健康保险，是指保险期间超过1年或者保险期间虽不超过1年但含有保证续保条款的健康保险

C. 长期健康保险保险期间不得低于3年

D. 短期健康保险，是指保险期间为1年以及1年以下且不含有保证续保条款的健康保险

【解析】C项，长期健康保险保险期间不得低于5年。

二、多选题(下列选项中有两项或两项以上符合题目要求，请将符合题目要求选项的代码填入括号内)

1. 下列关于保险利益的论述，正确的有(　　)。[2016年6月真题]

A. 保险利益必须是合法的，在法律上是可以主张的利益

B. 保险利益是构成保险法律关系的一个要件

C. 保险利益必须是确定的

D. 精神创伤、政治打击等不构成保险利益

E. 保险利益必须是经济上的利益，其价值可以货币形式来衡量

【解析】保险利益是构成保险法律关系的一个要件。保险利益是保险合同有效成立的要件，保险合同有效必须建立在投保人对保险标的具有保险利益的基础上，具体构成须满足三个要件：①可保利益必须是合法利益；②可保利益必须是有经济价值的利益；③可保利益必须是可以确定的和能够实现的利益。

2. 保险代理人在评估客户保费支出预算时，常用的评估方法有(　　)。[2015年10月真题]

A. 遗属需求法　B. 20%法则　C. 倍数法则　D. 资产比例法

E. 生命价值法

【解析】保险代理人在评估客户保费支出预算时，常用的评估方法有：①倍数法则，是以家庭收入的简单倍数关系粗略估算保险需求的经验法则，最常用的是"十一法则"；②生命价值法，又称净收入弥补法，是以家庭成员的生命价值为依据，来确定家庭寿险保额的基本方法；③遗属需求法，是通过计算未来所必需的累计支出费用来估算保险需求的基本方法，它从需求的角度考虑一个家庭在其主要收入来源消失后，为恢复或维持原有的生活水平所产生的资金缺口。

3. 下列有关联合年金的表述，错误的有(　　)。[2015年10月真题]

87A　88C　▎　1ABCDE　2ACE　3ABC

A. 两个或两个以上保险人至少有一个生存作为年金给付条件的年金保险
B. 两个或两个以上被保险人，只有一个生存作为年金给付条件的年金保险
C. 两个或两个以上被保险人至少有一个生存作为给付条件的，且给付金额不发生变化的年金保险
D. 该类年金保险给付条件较高，因此保费较低
E. 两个或两个以上被保险人生存作为给付条件的，且有一个死亡即停止给付的年金保险

【解析】联合年金是指以两个或两个以上被保险人的生存为年金给付条件的年金保险。在年金给付过程中，只要任一被保险人死亡，年金给付即告终止。由于该类年金保险年金给付条件较高，因此保费较低。但受高给付条件限制市场认同度并不高。

4. 风险是指损失发生的不确定性，这种不确定性包括(　　)三层含义。
A. 损失发生与否不确定　　B. 发生时间不确定
C. 发生地点不确定　　D. 损失的程度不确定
E. 风险事件不确定

【解析】风险，简单来说就是损失发生的不确定性，这种不确定性包括损失发生与否不确定、发生时间不确定和损失的程度不确定三层含义。一般人们通常把风险理解成自然灾害和意外事故。

5. 下列关于商业保险与社会保险的说法，正确的有(　　)。
A. 商业保险法律关系的确立，是投保人与保险人根据意思自治原则，在平等互利、协商一致的基础上通过自愿订立保险合同来实现的
B. 社会保险是通过法律强制实施的
C. 社会保险以盈利为目的
D. 社会保险包括财产保险和人身保险
E. 商业保险以保险费的多少来加以差别保障

【解析】商业保险与社会保险相比较，具有以下三个特点：①自愿性，商业保险法律关系的确立，是投保人与保险人根据意思自治原则，在平等互利、协商一致的基础上通过自愿订立保险合同来实现的，而社会保险则是通过法律强制实施的；②营利性，商业保险是一种商业行为，经营商业保险业务的公司无论采取何种组织形式都是以营利为目的，而社会保险则是以保障社会成员的基本生活需要为目的；③从业务范围及赔偿保险金和支付保障金的原则来看，商业保险既包括财产保险又包括人身保险，投入相应多的保险费，在保险价值范围内就可以取得相应多的保险金赔付，体现的是多投多保、少投少保的原则，而社会保险则仅限于人身保险，并不以投入保险费的多少来加以差别保障，体现的是社会基本保障原则。

6. 下列关于保险合同法律特征的说法，不正确的是(　　)。
A. 保险合同是单务合同　　B. 保险合同是非标准合同
C. 保险合同是要式合同　　D. 保险合同是最大诚信合同
E. 人身保险合同是补偿性合同

4ABD　5ABE　6ABE

【解析】A 项，保险合同是双务合同，双方当事人相互享有权利，又相互负有义务；B 项，保险合同是附和合同，这种合同在订立时，由保险人提出合同的内容，投保人只能做出同意或者不同意的选择，因此也称为格式合同或标准合同；E 项，人身保险合同是给付性合同，即根据投保人的实际需要和支付保险费的能力确定一个保险金额，当危险事故发生或保险期限届满时，由保险人按照事先约定的保险金额承担给付保险金责任，财产和责任保险合同是补偿性合同。

7. 下列属于财产保险的有(　　)。

A. 意外伤害保险　B. 信用保险　C. 责任保险　D. 健康保险

E. 保证保险

【解析】按照保险标的的不同，保险可以分为财产保险和人身保险。前者是以财产及其有关利益为保险标的的保险，可分为财产损失保险、责任保险、信用保险等；后者是以人的寿命和身体为保险标的的保险，可分为人寿保险、年金保险、健康保险、意外伤害保险等保险业务。

8. 下列属于风险的组成因素的是(　　)。

A. 风险条件　B. 损失　C. 风险因素　D. 收益

E. 风险事故

【解析】一般认为，风险是由风险因素、风险事故和损失三个因素组成的。

9. 根据风险因素性质的不同，可以将其分为有形风险因素和无形风险因素两种类型。其中，无形风险因素包括(　　)。

A. 经济风险因素　B. 道德风险因素　C. 政治风险因素　D. 心理风险因素

E. 社会风险因素

【解析】有形风险因素是指某一标的本身所具有的足以引起风险事故发生或增加损失机会或加重损失程度的因素。无形风险因素是与人的心理或行为有关的风险因素，包括道德风险因素和心理风险因素。

10. 风险管理技术主要包括哪些方法？(　　)

A. 自留风险　B. 分散风险　C. 保险转移　D. 非保险转移

E. 消除风险

【解析】风险管理技术主要包括以下方法：①回避风险；②预防风险；③自留风险；④转移风险。保险是转移风险的一种。

11. 风险管理的基本程序包括(　　)。

A. 风险识别　B. 风险估测

C. 风险评价　D. 选择风险管理技术

E. 评估风险管理效果

【解析】风险管理的基本程序分为风险识别、风险估测、风险评价、选择风险管理技术和评估风险管理效果五个环节。

7BCE　8BCE　9BD　10ACD　11ABCDE

12. 下列属于保险合同的存在形式的是(　　)。

A. 有保险人签署承诺的投保单　　B. 暂保单

C. 批单　　D. 保险协议书

E. 保险缴费单

【解析】保险合同的存在形式包括：①有保险人签署承诺的投保单；②暂保单；③保险单；④保险凭证；⑤批单；⑥保险协议书。

13. 下列可能是财产保险的被保险人的是(　　)。

A. 财产的所有者　B. 财产的经营者　C. 财产的使用者　D. 财产的抵押者

E. 财产的管理者

【解析】财产保险的被保险人是对保险财产具有保险利益的人，如所有权人、经营管理人、使用权人、抵押权人等。

14. 下列属于财产损失保险的是(　　)。

A. 运输工具保险　B. 工程保险　C. 两全寿险　D. 投资连结保险

E. 家庭财产保险

【解析】财产损失保险是以各类有形财产为保险标的的财产保险，主要业务种类包括：企业财产保险、家庭财产保险、运输工具保险、货物运输保险、工程保险、特殊风险保险和农业保险等。CD 两项属于人身保险。

15. 在保险活动中，规定最大诚信原则主要是由于(　　)。

A. 保险经营中信息的不对称性　　B. 保险合同的附合性

C. 保险经营中的风险性　　D. 保险合同的射幸性

E. 保险合同的双务性

【解析】在保险活动中，之所以规定最大诚信原则，主要归因于保险信息的不对称性和保险合同的特殊性，而特殊性具体表现为保险合同的附合性与射幸性。

16. 下列关于保险活动的说法，正确的有(　　)。

A. 投保人与保险人对有关保险的重要信息的拥有程度是对称的

B. 就单个保险合同而言，保险人承担的保险责任远远高于其所收取的保费

C. 保险人应履行其对保险条款的告知与说明义务

D. 保险合同保证义务的履行主体是投保人或被保险人

E. 某商店在投保企财险时，在合同内承诺不在店内放置危险品，此项承诺即为告知

【解析】A 项，在保险经营中，无论是保险合同订立时还是保险合同成立后，投保人与保险人对有关保险的重要信息的拥有程度是不对称的；E 项，保证是保险人接受承保或承担保险责任所需投保人或被保险人履行某种义务的条件。因此，该项承诺为保证。

17. 最大诚信原则的内容包括(　　)。

A. 告知　B. 保证　C. 弃权　D. 禁止反言

E. 信用

【解析】最大诚信原则的内容包括：①告知；②保证；③弃权与禁止反言。

12ABCD　13ABCDE　14ABE　15ABD　16BCD　17ABCD

18. 《保险法》规定保险利益原则的作用在于(　　)。

A. 可以减少道德风险的发生　　B. 可以保障投保人的利益

C. 可使危险因素相对稳定　　D. 限制赔偿程度

E. 有消除赌博的可能性

【解析】保险利益原则作为《保险法》的一项基本原则，有它的重要作用：①可以减少道德风险的发生；②可使危险因素相对稳定；③限制赔偿程度；④有消除赌博的可能性。

19. 重复保险必须具备哪些条件？(　　)

A. 同一保险标的　　B. 同一可保利益

C. 同一保险期间　　D. 保险金额总和低于保险标的价值

E. 不同保险事故

【解析】重复保险必须具备的条件有：①同一保险标的及同一可保利益；②同一保险期间；③同一保险事故；④与数个保险人订立数个保险合同，且保险金额总和超过保险标的价值。

20. 重复保险的分摊方式不包括(　　)。

A. 比例责任分摊方式　　B. 承保责任分摊方式

C. 超额责任分摊方式　　D. 顺序责任分摊方式

E. 限额责任分摊方式

【解析】重复保险有三种分摊方式：①比例责任分摊方式；②顺序责任分摊方式；③限额责任分摊方式。

21. 关于禁止反言，下列表述正确的有(　　)。

A. 禁止反言主要用于约束保险人

B. 禁止反言是单方法律行为

C. 禁止反言是指保险合同一方既然已经放弃其在合同中的某种权利，将来就不得再向他方主张这种权利

D. 禁止反言又称为禁止抗辩

E. 禁止反言主要用于约束被保险人

【解析】禁止反言又称"禁止抗辩"，是指保险合同一方既然已放弃他在合同中的某种权利，将来就不得再向他方主张这种权利。在保险实践中，禁止反言主要用于约束保险人。弃权与禁止反言的限定，不仅可约束保险人的行为，要求保险人为其行为及其代理人的行为负责，同时也维护了被保险人的权益，有利于保险双方权利、义务关系的平衡。

22. 下列哪些选项属于保险的基本原理？(　　)

A. 大数法则　　B. 风险分散原则　　C. 风险转移原则　　D. 风险选择原则

E. 风险规避原则

【解析】保险的基本原理有：①大数法则，指当有规律性重复一件事的次数越多，所得的预估发生率就会越接近真实的发生率；②风险分散原则，即不要把鸡蛋放在同一个

18ACDE　19ABC　20BC　21ACD　22ABD

篮子里；③风险选择原则，指保险人在承保时，对投保人所投保的风险种类、风险程度和保险金额等要有充分和准确的认识，并作出承保或拒保或者有条件承保的选择。

23. 下列选项中属于普通型人寿保险的是(　　)。
A. 定期寿险　　B. 终身寿险　　C. 两全寿险　　D. 生存保险
E. 分红寿险

【解析】普通型人寿保险是最常见和最普遍的人寿保险，按照保险金给付条件的不同可以区分为死亡保险、生存保险和两全寿险。其中，死亡保险根据保险期限的不同可以进一步区分为定期寿险和终身寿险。

24. 终身寿险根据缴费方式的不同可以分为(　　)。
A. 普通终身寿险　　B. 限期交费终身寿险
C. 趸交终身寿险　　D. 新型终身寿险
E. 分次缴清终身寿险

【解析】终身寿险根据缴费方式的不同可以分为普通终身寿险、限期交费终身寿险、趸交终身寿险。

25. 下列关于新型人寿保险的说法，正确的是(　　)。
A. 新型人寿保险包括分红寿险、投资连结保险和万能寿险
B. 分红寿险的红利来自于保险公司的利差益(损)
C. 投资连结保险中投资风险由客户和保险公司共同承担
D. 万能寿险的投资账户一般不提供最低收益保证
E. 万能寿险的保额可以调整

【解析】B项，分红寿险的红利是保险公司经营的盈余，盈余的来源是多方面的，但最为主要的来源包括三个方面，即利差益(损)、死差益(损)和费差益(损)；C项，投资连结保险中投资账户价值随资产投资的业绩变化而变化，投资风险完全由客户承担；D项，与投资连结保险不同，万能寿险的投资账户通常提供最低收益保证。

26. 下列属于普通意外伤害保险的是(　　)。
A. 团体人身意外伤害保险　　B. 乘坐交通工具时发生的意外伤害
C. 学生团体平安保险　　D. 个人平安保险
E. 由煤气爆炸引起的意外伤害

【解析】按保险风险可将人身意外伤害保险分为：普通意外伤害保险、特定意外伤害保险。普通意外伤害保险所承保的是在保险期间内发生的各种意外伤害风险。目前在我国开办的团体人身意外伤害保险、学生团体平安保险、个人平安保险等都属于该类保险。特定意外伤害保险所承保的是特定时间、特定地点或特定原因而导致的人身意外伤害风险。如在乘坐交通工具时发生的意外伤害、在建筑工地上发生的意外伤害、由煤气爆炸引起的意外伤害等。

27. 信用保险主要包括(　　)。
A. 商业信用保险　B. 银行信用保险　C. 出口信用保险　D. 进口信用保险

23ABCD　24ABC　25AE　26ACD　27ACE

E. 投资保险

【解析】信用保险主要包括商业信用保险、出口信用保险和投资保险。其中商业信用保险主要承保的是国内经济活动的风险，进一步可以细分为贷款信用保险、赊销信用保险和预付信用保险。出口信用保险和投资保险主要承保的是出口信贷和海外投资等国际经济活动的风险。

28. 保险公司对家庭财产进行区分，将家庭财产分为一般可保财产、特保财产和不可保财产三类。下列属于一般可保财产的是(　　)。

A. 自有居住房屋

B. 个体劳动者存放在室内的营业器具、工具、原材料和商品

C. 室内家庭财产

D. 金银、珠宝、首饰、古玩、货币、古书、字画等珍贵财物

E. 室内装修、装饰及附属设施

【解析】客户在投保家庭财产保险时首先要确定自己的财产是否属于可保财产。可保财产包括：①自有居住房屋；②室内装修、装饰及附属设施；③室内家庭财产。B 项属于特保财产；D 项属于不可保财产。

29. 机动车辆保险包括基本险和附加险两部分，其中，基本险包括(　　)。

A. 机动车辆损失险

B. 机动车交通事故责任强制保险

C. 机动车商业第三者责任保险

D. 全车盗抢险

E. 车上货物掉落责任险

【解析】机动车辆保险包括基本险和附加险两部分，其中，基本险包括机动车辆损失险、机动车交通事故责任强制保险和机动车商业第三者责任保险。DE 两项属于机动车辆附加险。

30. 理财师在帮助客户制定财富保障规划的时候，要把握哪些基本原则？(　　)

A. 风险分散原则

B. 风险转嫁原则

C. 量入为出原则

D. 量力而行原则

E. 成本最小原则

【解析】理财师在帮助客户制定财富保障规划的时候，要把握两个基本原则：①风险转嫁的原则，根据客户的保险需求，选择合适的保险产品，将风险转嫁出去；②量力而行的原则，一般而言，家庭投保的险种越多，保障范围越大，保险金额越高，保险期限越长，保费需求越高。

31. 财富保障规划的目的包括(　　)。

A. 风险保障的目的

B. 储蓄投资的目的

C. 财产安排的目的

D. 合理避税的目的

E. 遗产规划的目的

【解析】保险可以给一个家庭提供财务安全保障，在家庭失去主要收入来源的情况下，依靠保险的保障功能依然能够维持家人的稳定生活。除此之外，家庭配置保险产品，

28ACE　29ABC　30BD　31ABCE

还可以实现储蓄投资、财产安排、遗产规划等目的。

32. 下列关于客户保费支出预算的计算方法的表述，正确的是(　　)。
A. 如果考虑投资分红险种，建议年保费支出控制在年收入的20%以内
B. 生命价值法需要从个人未来所有收入中扣除个人全部税费
C. 个人年龄越大，在职期则越长
D. 生命价值法比倍数法则更能反映不同的家庭或个人的差异化保险需求
E. 遗属需求法是通过计算未来所必需的累计支出费用来估算保险需求的基本方法
【解析】C项，个人年龄越大，在职期则越短，反之，则在职期越长。

33. 影响车险保费的浮动系数的因素包括(　　)。
A. 折扣系数
B. 平均行驶里程系数
C. 客户忠诚度系数
D. 多险种投保优惠系数
E. 耗油量系数
【解析】一般来说，会有多种因素影响车险保费的浮动系数，主要包括折扣系数、平均行驶里程系数、客户忠诚度系数、多险种投保优惠系数等。

34. 在进行家庭财产保险规划时需要重点考虑普通家庭财产保险的规划，以还原保险的本质功能。具体包括(　　)。
A. 合理确定保险金额
B. 避免为财产重复投保
C. 根据不同角色选购保险产品
D. 避免遗漏重要财产
E. 根据家庭收入水平选购保险产品
【解析】家庭财产保险种类繁多，但本质上都是普通家庭财产保险与其他功能组成的复合险种。因此在进行家庭财产保险规划时需要重点考虑普通家庭财产保险的规划，以还原保险的本质功能，包括：①合理确定保险金额；②避免为财产重复投保；③根据不同角色选购保险产品。

三、案例分析题(下列选项中至少有一项符合题目要求，请将正确选项的代码填入括号内)

1. 吴先生是一家公司的经理，今年35岁，妻子是小学老师，今年28岁，女儿3岁，刚刚上幼儿园。吴先生最近想购买寿险及健康险，于是找到理财经理进行咨询，吴先生家庭年收入40万元，年消费支出30万元，夫妻预计30年后退休，假设通货膨胀率为4%。[2018年6月真题]

(1)理财经理告诉吴先生，人寿保险有普通型人寿保险和新型人寿保险，下列属于普通型人寿保险的是(　　)。
A. 终身寿险　　B. 分红寿险　　C. 万能寿险　　D. 投资连结保险
【解析】普通型人寿保险是最常见和最普遍的人寿保险，按照保险金给付条件的不同可以区分为死亡保险、生存保险和两全寿险。死亡保险根据保险期限的不同可以进一步区分为定期寿险和终身寿险。BCD三项属于新型寿险。

(2)万能寿险与投资连结保险不同，万能寿险的投资账户通常提供(　　)。
A. 最低保证收益　　B. 一般保证收益　　C. 风险保证收益　　D. 最高保证收益

32ABDE　33ABCD　34ABC　▎　1(1)A　(2)A

【解析】目前市场上常见的新型人寿保险包括分红寿险、投资连结保险和万能寿险。与投资连结保险不同，万能寿险的投资账户通常提供最低收益保证。

(3)健康保险是指由保险公司对被保险人因健康原因或者医疗行为的发生给付保险金的保险，通常不包括(　　)。

A. 年金保险　　B. 疾病保险

C. 护理保险　　D. 失能收入损失保险

【解析】健康保险主要包括医疗保险、疾病保险、失能收入损失保险、护理保险以及医疗意外保险等。A 项，年金保险是指以生存为给付保险金条件，按约定的时间间隔分期给付生存保险金的人身保险。

(4)按照生命周期理论，吴先生家庭属于成长期，其重点配置保险险种最合理的是(　　)。

A. 重疾险 + 住院险 + 住院津贴险

B. 意外伤害险 + 定期寿险 + 住院医疗

C. 终身寿险 + 重疾险 + 意外险 + 医疗险

D. 意外伤害险 + 意外医疗保险

【解析】成长期的客户家庭责任感逐渐形成，夫妻双方也正处于收入高峰期，对子女、对父母都承担着责任，可选择保障性高的终身寿险、附加定期寿险、意外险、重疾险和医疗险。另外，可以购买适量的两全寿险储备孩子的教育费用以及自己年老以后的养老金。建议成家立业期客户的保险组合应为终身寿险 + 重疾险 + 意外险 + 医疗险。

(5)按倍数法计算，吴先生家庭所需要的寿险保额最合理的保额约为(　　)万元。

A. 50　　B. 100　　C. 120　　D. 80

【解析】倍数法则是以家庭收入的简单倍数关系粗略估算保险需求的经验法则。倍数法则中最常用的是"十一法则"，即家庭需要的寿险保额约为家庭年净收入的十倍，家庭保费支出约占家庭年净收入的十分之一。吴先生家庭的净收入为 $40-30=10$(万元)，因此家庭所需的寿险保额为 $10\times10=100$(万元)。

2. 张先生夫妻目前均40 岁，预计退休年龄均为60 岁，儿子 12 岁，目前读初一。家庭年税后收入为 30 万元，张先生 20 万元，妻子刘女士 10 万元。家庭目前有房屋(市值)100 万元，汽车(折旧)10 万元，目前储蓄 15 万元，家庭无负债，家庭年生活费用开支为 12 万元。其中，张先生个人年生活支出为 4 万元，张先生家庭的理财目标有：准备应急基金 6 万元，教育基金现值 30 万元，退休基金夫妻二人计 120 万元。

根据以上材料回答(1) ~ (4)题。[2015 年 10 月真题]

(1)假定张先生目前去世的话，遗属退休前生活费用支出的现值为 160 万元，不考虑妻子收入的因素下，通过遗属需求法，张先生的寿险保障需求为(　　)。(不考虑通胀及收入增加等问题)

A. 301 万元　　B. 311 万元　　C. 191 万元　　D. 141 万元

【解析】张先生的寿险保障需求 $=(6+30+120+160)-(100+10+15)=191$(万元)。

---

(3)A　(4)C　(5)B　2(1)C

(2)使用生命价值法计算寿险保额时的步骤为(　　)。

①以适当的贴现率计算预期净收入的现值

②明确个人的在职期或服务期

③用年收入减除税及消费等总开支，计算净收入

④估算个人未来在职期的年收入现值

A. ②④③①　　B. ①③②④　　C. ④②③①　　D. ③①②④

【解析】生命价值法又称净收入弥补法，是以家庭成员的生命价值为依据，来确定家庭寿险保额的基本方法。生命价值法主要分为以下几个步骤：①明确个人的在职期或服务期。个人年龄越大，在职期则越短，反之，在职期则越长。②估算个人未来在职期的年收入现值。个人在职期越短，未来工作收入的现值就越小，应有的保额也就越低。反之则越高。③计算净收入，用年收入减除税及消费等总开支。总支出占总收入的比例越大，净收入就越小，所需的保额也越低，反之则相反。④计算生命价值，以适当的贴现率计算预期净收益的现值。贴现率越高，生命价值越低，应有保额也越低，反之则相反。

(3)假设张先生已经购买了某寿险产品，最近由于一些突发事件，除了家庭已有的紧急准备金外还需要一笔资金，那么以下最优的解决方案是(　　)。

A. 用已投保的寿险保单进行保单贷款

B. 将国家基本养老账户中属于个人的部分提取出来应急

C. 将已投保的寿险保单进行退保领取退保金

D. 将房屋进行逆按揭

【解析】B项，张先生还不到退休年龄，无法从国家基本养老账户中提取属于其个人的部分；C项，退保成本较高，不宜进行退保；D项，逆按揭是指将自住物业抵押给银行，每月从银行领取一定的生活开支，以保障退休生活的一种按揭形式，适合退休后生活无保障人群，不适合作为突发事件的应急资金使用。

(4)对于张先生家庭，理财师小王给出了整体的保险规划方案，下列说法正确的是(　　)。

A. 孩子还有6年就要开始动用教育金，应选择初始费用低且较为稳健的投资工具

B. 考虑到家庭的未来，该方案应该优先考虑子女的寿险需求和双方父母的寿险需求

C. 小王所属的保险机构最近主推投连险，因此小王主要向张先生家庭推荐该保险

D. 经济下滑的情况下，理财师不应该给张先生家庭配备过多的寿险产品，以免该家庭财产遭受冲击造成损失

【解析】B项，张先生的孩子还小，应优先考虑孩子的教育费用，而不是寿险需求；C项，理财师应根据客户的理财目标和家庭的财务状况推荐合适的理财产品，不能为了自己所属机构的利益推荐理财产品；D项，并不是所有的寿险产品的价值都会受到经济形势的影响。

3. 2015年，张先生在国家扩大内需政策的鼓舞下，购买了一辆价值10万元的小轿车。深知交通事故风险的张先生找到甲财产险公司为其爱车投保了一份保险金额为5万元的财

---

(2)A　(3)A　(4)A

产险。投保后不久，张先生感觉投保金额太低，于是他又找到乙、丙财产险公司为其爱车投保了财产险，保险金额分别为10万元和15万元，这样张先生就“放心了”。

根据以上材料回答(1)~(4)题。

(1)假如张先生的爱车发生事故，并且全损，张先生最多可以获得(　　)万元的赔偿。

A. 5　　B. 10　　C. 15　　D. 20

【解析】补偿原则是指当被保险人发生损失时，通过保险人的补偿使被保险人的经济利益恢复到原来水平，被保险人不能因损失而得到额外收益的原则。

(2)接上题，对于财产保险的赔偿，下列说法正确的是(　　)。

A. 应遵循投保多少补偿多少的原则

B. 应遵循损失多少补偿多少的原则

C. 应遵循“多投多赔，少投少赔”的原则

D. 应保证保险人不能获利的原则

【解析】保险补偿原则包含两个基本含义：①只有保险事故发生造成保险标的毁损致使被保险人遭受经济损失时，保险人才承担损失补偿的责任；②被保险人可获得的补偿量，仅以其保险标的遭受的实际损失为限，即保险人的补偿恰好能使保险标的在经济上恢复到保险事故发生之前的状态，而不能使被保险人获得多于损失的补偿。

(3)假如张先生的爱车发生事故，并且全损，按照我国《保险法》的规定，甲、乙、丙财产保险公司应各赔偿(　　)。

A. 3.33万元、3.33万元、3.33万元　　B. 2.5万元、5万元、2.5万元

C. 1.67万元、3.33万元、5万元　　D. 5万元、10万元、15万元

【解析】重复保险的分摊方式主要有三种：①比例责任分摊方式，即各保险人按其所承担的保险金额与总保险金额比例分摊保险赔偿责任，各保险人承担的赔款 = 损失金额 × 该保险人承保的保险金额/各保险人承保的保险金额总和；②限额责任分摊方式；③顺序责任分摊方式。我国对于重复保险采用比例责任分摊的方式，因此甲、乙、丙财产保险公司应各赔偿1.67万元、3.33万元、5万元。

(4)假如张先生的爱车发生事故，损失6万元，按照顺序责任制的赔偿方式，甲、乙、丙财产保险公司应各赔偿(　　)。

A. 2万元、2万元、235元　　B. 5万元、1万元、0万元

C. 1万元、2万元、3万元　　D. 3万元、6万元、12万元

【解析】顺序责任分摊方式是指由先出单的保险人首先负责赔偿，后出单的保险人只有在承保的标的损失超过前一保险人承保的保额时，才依次承担超出的部分。所以甲财产保险公司赔偿5万元，剩余1万元损失由乙公司赔偿。

4. 时先生，现年32岁，某公司业务经理，年薪5万元。妻子冯女士，某公司文秘，年薪4万元。女儿两岁。二人结婚三年但是积蓄不多，年结余大致在2万元左右，女儿马上要上幼儿园，预计支出会进一步增加。二人结婚时购置新房一套。除社保外，二人没有其他商业保险。

3(1)B　(2)B　(3)C　(4)B

根据以上材料回答(1)～(3)题。

(1)时先生想投保一份寿险，从时先生的家庭财务状况分析，他应该购买(　　)。

A. 定期寿险　　B. 万能寿险　　C. 变额寿险　　D. 终身寿险

【解析】万能寿险是一种产品运作机制完全透明、可灵活缴纳保费、可随时调整保险保障水平，且将保障和投资功能融为一体的保险产品。

(2)如果时先生为其女儿购买了一份健康险，并在保单上签字，则该份保险(　　)。

A. 无效，必须有其女儿亲自签名方生效

B. 无效，因不具备可保利益

C. 有效，因为父母可以代子女在保单上签字

D. 有效，因为其女儿未成年，所以父母可以代子女在保单上签字

【解析】健康保险是指由保险公司对被保险人因健康原因或者医疗行为的发生给付保险金的保险。D项，被保险人为未成年的，可由其监护人在健康保险保单上签字。

(3)冯女士投保了一份不含死亡保障的健康保险，则这份健康保险的标的是(　　)。

A. 冯女士的身体　　B. 冯女士的生命

C. 冯女士的身体和生命　　D. 冯女士的身体、生命和财产

【解析】健康保险是指由保险公司对被保险人因健康原因或者医疗行为的发生给付保险金的保险。

5. 投保人张某驾车外出，突然汽车失控，造成多人受伤。

根据以上材料回答(1)～(3)题。

(1)此案例中，风险因素是指(　　)。

A. 汽车失控　　B. 车祸　　C. 多人受伤　　D. 驾车外出

【解析】风险因素是指促使某一特定风险事故发生或增加其发生的可能性或扩大其损失程度的原因或条件，是风险事故发生的潜在原因，是造成损失的间接原因。本案例中，汽车失控是风险因素。

(2)此案例中，风险事故指的是(　　)。

A. 汽车失控　　B. 车祸　　C. 多人受伤　　D. 驾车外出

【解析】风险事故是指造成人身伤害或财产损失的偶发事件，是造成损失的直接的或外在的原因。风险只有通过风险事故的发生，才能导致损失。本案例中，汽车失控是风险因素，车祸是风险事故，多人受伤是风险损失。

(3)汽车被撞坏，属于(　　)损失。

A. 责任　　B. 收入　　C. 直接　　D. 间接

【解析】风险损失是指标的物因某种特定事件的发生导致经济单位或个人非故意的、非预期的、非计划的经济价值的减少。损失通常包括直接损失和间接损失两种形态。直接损失是指与风险事故有必然因果关系的、在量上可以确认或界定的损失。间接损失是指风险事故的发生触发了新的风险事故，或改变了风险事故的既定状态而导致的损失。本案例中，汽车被撞坏属于直接损失。

4(1)B　(2)D　(3)A　5(1)A　(2)B　(3)C

6. 李某从朋友处借来一辆汽车，因怕车出问题，故去办理保险。在保险公司职员询问汽车状况时，李某并未如实回答。

根据以上材料回答(1)～(2)题。

(1)李某对此辆汽车(　　)可保利益。

A. 具有　　B. 不具有　　C. 具有附带的　　D. 视情形而定

【解析】保险利益的构成具有三个要件：①可保利益必须是合法利益，保险利益作为投保人或被保险人享有的利益，必须是符合法律法规，符合社会公共利益，为法律认可并受到法律保护的利益；②可保利益必须是有经济价值的利益；③可保利益必须是可以确定和能够实现的利益。在本案例中，李某对从朋友处借来的汽车没有可保利益。

(2)李某未如实回答保险公司职员询问事项，违反了(　　)。

A. 如实告知义务　　B. 说明义务　　C. 谨慎义务　　D. 保密义务

【解析】告知是保险双方的义务。具体而言，是投保人对已知或应知的与风险和标的有关的实质性重要事实向保险人作口头或书面的申报；保险人也应将对投保人利害相关的重要条款内容据实告知投保人。在本案例中，李某是投保人，违反了如实告知义务。

7. 一艘装载皮革与烟叶的船舶，遭遇海难，大量海水浸入船舱，皮革腐烂。海水虽未直接接触包装烟叶的捆包，但由于腐烂皮革的恶臭，使烟叶完全变质。当时被保险人以海难为近因要求保险人全部赔付，但保险人却以烟叶包装没有水渍的痕迹为由拒赔。最后交由法院判决。

根据以上材料回答(1)～(4)题。

(1)此案例的判决主要是涉及保险适用的基本原则中的(　　)原则。

A. 补偿　　B. 近因　　C. 最大诚信　　D. 保险利益

【解析】近因原则是指只有在导致保险事故的近因属于保险责任范围内时，保险人才应承担保险责任。也就是说，保险人承担赔偿责任的范围应限于以承保风险为近因造成的损失。对于单一原因造成的损失，单一原因即为近因；对于多种原因造成的损失，持续地起决定或有效作用的原因为近因。

(2)此案例中，近因的认定与保险责任确定的关系，可根据(　　)来确定。

A. 间断发生的多项原因　　B. 连续发生的多项原因

C. 同时发生的多项原因　　D. 单一原因

(3)本案例符合下列(　　)情况。

A. 连续发生的原因中，前因不属于承保风险，后因属于承保风险

B. 连续发生的原因中，前因属于承保风险，后因不属于承保风险

C. 连续发生的原因都不属于承保风险

D. 连续发生的原因都属于承保风险

【解析】本案例中，海难导致的水渍使皮革腐烂，腐烂皮革的恶臭使烟叶完全变质。水渍属于承保风险；腐烂皮革的恶臭不属于承保风险，且是水渍的必然结果。

(4)本案中烟叶全损的近因是(　　)。

6(1)B　(2)A　7(1)B　(2)B　(3)B　(4)D

A. 烟叶包装不良　　B. 皮革腐烂

C. 皮革与烟叶同船　　D. 海难

【解析】对于多种原因造成的损失，持续地起决定或有效作用的原因为近因。即海难是烟叶全损的近因。

8. A公司为自己100万元的设备向甲保险公司投保50万元，然后就该设备同样的风险向乙保险公司投保30万元。

根据以上材料回答(1)~(2)题。

(1)若发生保险范围内的事故，设备损失40万元，则甲和乙应分别赔偿A公司(　　)。

A. 甲赔偿10万元，乙赔偿30万元　　B. 甲赔偿20万元，乙赔偿20万元

C. 甲赔偿25万元，乙赔偿15万元　　D. 甲赔偿40万元，乙赔偿0万元

【解析】财产保险的保险金额根据保险价值确定，不能超过投保人保险标的的保险价值。如果投保人以保险价值全额投保，保险金额与保险价值相等；如果投保人以保险价值中的一部分投保，保险人赔付时一般是以保险金额与保险价值的比例赔偿。甲赔偿25万元($=40\times50/80$)，乙赔偿15万元($=40\times30/80$)。

(2)上题中，保险范围内的事故发生时，A公司进行及时抢救，相关费用为4万元，则甲和乙应分别赔偿(　　)。

A. 甲赔偿22万元，乙赔偿22万元　　B. 甲赔偿14万元，乙赔偿30万元

C. 甲赔偿40万元，乙赔偿4万元　　D. 甲赔偿27.5万元，乙赔偿16.5万元

【解析】发生保险事故时，被保险人所支付的必要的、合理的施救费用的赔偿金额在保险财产损失以外另行计算，最高不超过保险金额，若受损保险财产按比例赔偿时，该项费用也按相同比例进行赔偿。对于重复保险中的不足额保险，各承保公司应当按照所承保的比例赔付施救费用，即甲赔偿27.5万元($=25+4\times50/80$)，乙赔偿16.5万元($=15+4\times30/80$)。

9. 2011年6月何先生与王女士结婚，2014年5月王女士作为投保人为何先生投保了一份定期寿险，同时王女士为唯一受益人。二人婚后无子女，何先生的父母尚在。

根据以上材料回答(1)~(4)题。

(1)若2015年年底何先生发生交通意外不幸遇难，则(　　)可以作为受益人得到保险公司的理赔。

A. 王女士　　B. 何先生的父母

C. 王女士的父母　　D. 王女士的父母与何先生的父母

【解析】在签订保险合同之时，何先生与王女士是婚姻关系，王女士作为投保人对保险标的具有保险利益，故保险合同有效。王女士是保险合同的受益人。

(2)一个有约束力的合同必须包括合法的对价。王女士为何先生投保而与保险公司签订的定期寿险合同中，王女士支付的对价是(　　)。

A. 合同约定的保费　　B. 合同的违约金

C. 合同约定的保费的利息　　D. 保费及其利息

8(1)C　(2)D　9(1)A　(2)A

【解析】保险费是投保人向保险人支付的费用，是作为保险人按照合同约定承担赔偿或者给付保险金责任的对价。投保人给予保险人的对价是投保人向保险人支付的保险费用；保险人给予投保人的对价是保险人按照合同约定承担赔偿或给付保险金责任。

(3)若何先生发生了意外，保险公司按合同规定向王女士支付的保险金(　　)。

A. 由受益人独立享有

B. 由何先生的父母享有

C. 应当作为何先生的遗产处理

D. 由王女士和何先生的父母共同享有

【解析】受益人领取的保险金归受益人独立享有，不能作为被保险人的遗产处理。

(4)2015 年年底，王女士声称何先生遭遇了意外，向保险公司申请索赔，保险公司经调查证明何先生的死因是王女士蓄意谋杀，则保险公司应(　　)。

A. 按合同规定给予赔偿　　B. 给予部分赔偿

C. 不予赔偿　　D. 与王女士商议赔偿金额

【解析】如果受益人为谋取保险金而杀害被保险人，则该受益人的受益权丧失。

10. 财产保险是保险人对财产或其有关利益，在发生保险责任范围内的灾害事故所遭受的经济损失给予补偿的保险。财产保险中的财产，指一切物质财富，包括一切动产、不动产、固定的或在流动中的财产，以及在制造的或制成的，因而财产保险的范围很广泛，除了人身保险以外的各种保险均可列入其中。财产保险的保险标的也有其特点。如工厂机器设备因火灾受损而被迫停工停产引起的生产利润及各项有关费用的损失等，都属财产保险标的。

根据以上材料回答(1)~(3)题。

(1)财产保险的保险标的是(　　)。

A. 有形财产　　B. 物质财产

C. 财产的相关利益　　D. 财产及其有关利益

【解析】财产保险是以财产及其有关利益为保险标的的保险。包括财产损失保险、责任保险、信用保险等保险业务。

(2)财产保险的保险标的(　　)。

A. 必须是可以用货币衡量其价值的有形财产

B. 必须是可以用货币衡量其价值的财产或利益

C. 有些可以用货币衡量其价值，有些则不能

D. 是现存的财产或利益

【解析】可保利益必须是有经济价值的利益，可以用货币衡量。

(3)财产保险对保险标的的保障功能表现为(　　)。

A. 经济补偿　　B. 利益的保护　　C. 行政管制　　D. 法律制裁

【解析】与寿险提供保障功能不同，财险更多的是起到财产损失补偿功能。

---

(3)A　(4)C　10(1)D　(2)B　(3)A

11. 市民李某喜迁新居，想安装一台淋浴热水器。他跑遍市场，咨询数家后，决定选择某厂生产的上过责任保险的品牌。最近耳濡目染不少家用淋浴器发生意外事故，厂家推说是顾客安装不当，安装公司又说是产品质量不过关，谁也不愿负责，倒霉的只能是消费者。李某想：我买你上了保险的品牌，找专业公司来安装，严格按说明书操作，万一有意外，也算有办法讨回公道。于是他这么做了，结果用得很放心。

根据以上材料回答(1)～(3)题。

(1)李某购买的热水器投保的是(　　)。

A. 产品责任保险　　B. 公众责任保险

C. 职业责任保险　　D. 雇主责任保险

【解析】产品责任保险承保因产品缺陷致使用户或消费者遭到人身伤亡或财产损失时，依法应由该产品的制造、销售或修理商承担的经济赔偿责任。

(2)案例中，责任保险的被保险人是(　　)。

A. 安装公司　　B. 李某　　C. 生产厂家　　D. 保险公司

【解析】责任保险是以被保险人对第三者的财产损失或人身伤害依照法律应负的赔偿责任为保险标的的保险。在本案例中，保险人是保险公司，被保险人是生产厂家，李某是第三者。

(3)案例中，责任保险的保险标的是(　　)。

A. 赔偿责任　　B. 财产利益　　C. 厂家信用　　D. 人的生命

【解析】责任保险的保险标的并不是具体的物质财产，而是被保险人在法律上应负的民事损害赔偿责任。

12. 某运输公司有从事营运的客车、货车若干辆。某日因骤降暴雨造成路面积水，行车困难，该运输公司一辆在长江大桥上行驶的货车与相向驶来的一辆轿车相撞，造成双方车辆损失严重和轿车车上人员伤亡。该运输公司货车上虽然侥幸无人员伤亡，但由于车辆损失严重，无法继续履行其承运合同，因而，不得不临时租赁一辆货车。

根据以上材料回答(1)～(2)题。

(1)根据风险管理中损失的定义，构成该公司损失的是(　　)。

A. 财产损毁　　B. 折旧

C. 公司信誉降低　　D. 公司职工对车祸的恐惧

【解析】损失是指标的物因某种特定事件的发生导致经济单位或个人非故意的、非预期的、非计划的经济价值的减少。本案例中，该公司的损失主要是财产损毁。

(2)此案中运输公司另租货车的租金支出属于(　　)。

A. 直接损失　　B. 间接损失　　C. 无形损失　　D. 有形损失

【解析】损失是指标的物因某种特定事件的发生导致经济单位或个人非故意的、非预期的、非计划的经济价值的减少。损失通常包括直接损失和间接损失两种形态。直接损失是指与风险事故有必然因果关系的、在量上可以确认或界定的损失。间接损失是指风险事故的发生触发了新的风险事故，或改变了风险事故的既定状态，而导致的损失。

11(1)A　(2)C　(3)A　12(1)A　(2)B

本案例中，运输公司另租货车的租金支出属于间接损失。

13. 张先生夫妇两人今年都已经40岁，他们有一个女儿10岁，张先生的父母与其同住。张先生请理财规划师为其调整家庭的风险管理和保险规划。

根据以上材料回答(1)~(3)题。

(1)张先生有基本医疗保险，而张夫人没有。针对这些情况，理财规划师需要立刻为该家庭增加的保险产品为(　　)。

A. 张先生的人寿保险　　B. 张先生的意外伤害保险

C. 张夫人的商业医疗保险　　D. 张夫人的责任保险

【解析】成熟期的人作为家庭的经济支柱，应当为自己构筑充分的保障。张夫人没有基本医疗保险，需要另行购买商业医疗保险作为有效的补充。

(2)张先生夫妇希望一方死亡后，另一方仍然维持他或者她想要的生活水平。理财规划师应该建议夫妇俩购买(　　)。

A. 财产保险　　B. 人寿保险　　C. 人身保险　　D. 意外伤害保险

【解析】人寿保险是以被保险人的寿命作为保险标的，以被保险人的生存或死亡为给付保险金条件的一种人身保险。通过购买人寿保险重点保障了可能对家庭造成巨大损失的风险，通过死亡保险金的给付可以使夫妻另一方仍然维持他(她)想要的生活水平。

(3)由于工作需要，张先生经常出差。针对这一情况，理财规划师应该建议张先生购买(　　)。

A. 财产保险　　B. 人寿保险　　C. 人身保险　　D. 意外伤害保险

【解析】意外伤害保险是以被保险人的身体为保险标的，以意外伤害而致被保险人身故或残疾为给付保险金条件的一种人身保险。针对张先生经常出差情况，通过购买意外伤害保险，将意外风险转移给保险公司。

14. 李先生，某公司高级经理，月税前收入为8000元；秦女士，银行职员，月税前收入为4500元。他们的孩子刚满2周岁。目前李先生一家与秦女士的父母住在一起，两位老人每月有1500元的收入。每月家庭生活开支为4000元。李先生夫妻两人均参加了社会保险，两位老人也有社会医疗保险，但全家人都没有购买商业保险。

根据以上材料回答(1)~(2)题。

(1)如果为李先生夫妇家庭设计风险管理与保险规划，下列说法不正确的是(　　)。

A. 风险管理与保险规划的侧重点在于使家庭资产增值

B. 为李先生家做的风险管理与保险规划要注重用最小的成本使全家获得最大的安全保障

C. 类似李先生这样的家庭需要用商业保险来完善风险管理与保险规划，而不是只依靠社会保险

D. 李先生家的风险管理与保险规划中的商业保险可以考虑重大疾病险、意外伤害保险和定期寿险

【解析】A项，风险管理的基本目标是以最小成本获得最大安全保障。

13(1)C　(2)B　(3)D　14(1)A

(2)以下关于李先生家庭保险规划设计的说法正确的是(　　)。

A. 李先生的保额应该低于秦女士

B. 应该优先给孩子买保险，再考虑李先生夫妇的保险保障

C. 应该优先给秦女士的父母买保险，再考虑李先生夫妇的保险保障

D. 可以用预留较高医疗基金的方式替代为秦女士父母买保险的规划

【解析】A项，李先生是家庭收入的主要创造者，李先生对家庭收入的影响最大，所以李先生的保额应高于秦女士；B项，李先生夫妇的孩子刚满2周岁，应优先考虑李先生夫妇的保险保障；C项，秦女士的父母有退休收入而且参加了社会医疗保险，他们面临的风险比李先生夫妇要小，应优先给李先生夫妇买保险，再考虑秦女士的父母的保险保障。

15. 邹明，40岁，月工资8000元，参加了社会保险；妻子37岁，无工作收入；儿子13岁；一家三口目前月平均支出为2500元。邹明的父亲67岁，母亲62岁。由于父母亲单位有较好的福利，暂不需要邹明的经济支援。

根据以上材料回答(1)~(4)题。

(1)邹明的父亲为孙子投保了一份教育储蓄两全保险，受益人为邹明，则(　　)。

A. 保险合同成立，该合同的受益人不是邹明的父亲

B. 保险合同成立，邹明的儿子还未成年

C. 保险合同不成立，该合同需要经过邹明儿子的同意

D. 保险合同不成立，邹明的父亲对邹明的儿子不具有保险利益

【解析】根据保险利益原则的内容，投保人对下列人员具有保险利益：①本人；②配偶、子女、父母；③前项以外与投保人有抚养、赡养或者扶养关系的家庭其他成员、近亲属；④与投保人有劳动关系的劳动者。订立合同时，投保人对被保险人不具有保险利益的，合同无效。邹明的父亲对邹明的儿子不具有保险利益，因此，其保险合同不成立。

(2)邹明投保了一份寿险，合同中约定如果被保险人生存至50岁，则保险公司不予给付。否则，保险公司给付受益人50万元保险金。则这一寿险属于(　　)。

A. 定期寿险　　B. 生存保险　　C. 两全寿险　　D. 终身寿险

【解析】定期寿险具有固定的保险期限。如在保险合同中约定保险期限为5年、10年或15年，或者在保险合同中约定合同生效至被保险人的某一特定年龄(如65周岁)为保险期限。只有当被保险人在保险期限内死亡，且此时保险合同还有效时，保险公司才会向受益人支付保险金。

(3)下列关于邹明三口之家的保险规划说法正确的是(　　)。

A. 邹太太无工作收入，因此不需要为其投保

B. 需要为邹明优先投保

C. 邹明的儿子是家庭的希望，需要优先考虑投保意外险和高额人寿险

D. 邹太太不外出工作，没有意外风险

【解析】邹明是家庭的经济支柱，应当为自己构筑充分的保障，需要根据家庭状况选择

(2)D　15(1)D　(2)A　(3)B

适当的健康险，建议首选重疾险，同时，需为自己购买较高额的寿险、意外险和特种疾病险，再配合住院险和津贴型保险，万一发生意外，可使孩子和家庭得到经济保障。

(4)下列说法中较为合理的是(　　)。

A. 邹明有社保，不需要投保商业保险

B. 邹太太应先投保社保，才能投保商业保险

C. 邹明的保额要比邹太太的保额高

D. 邹明一家的保费支出月平均控制在250元以内较合适

【解析】C项，邹明是家庭收入的主要创造者，对家庭影响最大，所以邹明的保额要比邹太太的保额高。

16. 某民营企业的老板杨先生，现年40岁，年收入约30万元，但不稳定。杨太太，现年38岁，某中学的特级教师，年收入在4万元左右，收入稳定，参加了社会保险。女儿杨扬今年13岁。杨先生的父亲与杨先生一家同住，现年70岁，无任何收入来源。

根据以上材料回答(1)~(7)题。

(1)杨先生一家应该优先为(　　)投保。

A. 杨先生　　B. 杨太太　　C. 杨扬　　D. 杨先生的父亲

【解析】杨先生是家庭收入的主要来源，是家庭的经济支柱，应当为自己构筑充分的保障，需要根据家庭状况选择适当的健康险，建议首选重疾险，同时，需为自己购买较高额的寿险、意外险和特种疾病险，再配合住院险和津贴型保险，万一发生意外，可使孩子和家庭得到经济保障。

(2)如果杨太太投保了一份人寿保险，则这份人寿保险的标的是(　　)。

A. 杨太太的身体　　B. 杨太太的寿命

C. 杨太太的身体和寿命　　D. 杨太太的身体、寿命和财产

【解析】人寿保险是以被保险人的寿命为保险标的，以被保险人的生存或死亡为保险事故的一种人身保险。

(3)如果杨太太投保了一份健康保险，则这份健康保险的标的是(　　)。

A. 杨太太的身体　　B. 杨太太的寿命

C. 杨太太的身体和寿命　　D. 杨太太的身体、寿命和财产

【解析】健康保险是指由保险公司对被保险人因健康原因或者医疗行为的发生给付保险金的保险，主要包括医疗保险、疾病保险、失能收入损失保险、护理保险以及医疗意外保险等。

(4)在购买保险时，一般可以简单设定保额为被保险人年收入的10倍，保费支出为其年收入的10%，这样不会影响其现有生活水平。则为杨太太投保保额应为______万元，保费支出控制在______万元以内。(　　)

A. 4；0.4　　B. 4；3.6　　C. 40；0.4　　D. 40；3.6

【解析】家庭保费支出要与家庭收入状况相匹配，杨太太投保保额应为40万元(=4×10)，保费支出控制在0.4万元(=4×10%)以内。

---

(4)C　16(1)A　(2)B　(3)A　(4)C

(5)杨先生整个家庭的年保费支出应该控制在(　　)万元以内比较合适。

A. 0.4　　B. 3　　C. 3.4　　D. 4

【解析】纯保障型保费年支出的预算应该控制在年收入的10%以内，杨先生家庭年保费支出应为$(4+30)\times 10\% = 3.4$(万元)。

(6)杨太太在为自己的女儿投保两全保险的同时，为自己住在外地的11岁的侄子也投保了一份，则杨太太订立的保险合同不成立，主要是因为(　　)。

A. 以人的生命为标的的人寿保险投保时需经被保险人同意

B. 以人的生命为标的的人寿保险投保时保额需经被保险人同意

C. 杨太太对其侄子不具有保险利益

D. 杨太太是为异地的侄子投保

【解析】根据保险利益原则的内容，投保人对下列人员具有保险利益：①本人；②配偶、子女、父母；③前项以外与投保人有抚养、赡养或者扶养关系的家庭其他成员、近亲属；④与投保人有劳动关系的劳动者。除前款规定外，被保险人同意投保人为其订立合同的，视为投保人对被保险人具有保险利益。订立合同时，投保人对被保险人不具有保险利益的，合同无效。杨太太对其侄子不具有保险利益，合同不成立。

(7)杨先生拥有的保险主要有失业保险、基本医疗保险、养老保险、机动车交通事故责任强制保险、重大疾病险，其中不属于强制保险的是(　　)。

A. 失业保险　　B. 基本医疗保险

C. 重大疾病保险　　D. 机动车交通事故责任强制保险

【解析】商业保险的种类按照实施方式分为强制保险、自愿保险。强制保险(又称"法定保险")是由国家(政府)通过法律或行政手段强制实施的一种保险。自愿保险是在自愿原则下，投保人与保险人双方在平等的基础上，通过订立保险合同而建立的保险关系。C项，重大疾病保险属于商业保险，以自愿为原则，属于自愿保险。

17. 商先生，某企业负责人；商太太，大学教师。二人均十分重视通过商业保险规避风险。根据以上材料回答(1)~(2)题。

(1)如果商太太投保了一份不含死亡保障的健康保险，则这份健康保险的标的是(　　)。

A. 商太太的身体　　B. 商太太的生命

C. 商太太的身体和生命　　D. 商太太的身体、生命和财产

【解析】健康保险是指由保险公司对被保险人因健康原因或者医疗行为的发生给付保险金的保险，主要包括医疗保险、疾病保险、失能收入损失保险、护理保险以及医疗意外保险等。目前，国内保险市场上最主要的健康保险产品为疾病保险和医疗保险，其中疾病保险最主要的是重大疾病保险。

(2)(　　)不是万能寿险的特点。

A. 保费可浮动　　B. 死亡给付金可调整

C. 账户中收入项对保单的影响可见　　D. 账户中支出项对保单的影响不可见

【解析】万能寿险是一种产品运作机制完全透明、可灵活缴纳保费、可随时调整保险保

---

(5)C　(6)C　(7)C　17(1)A　(2)D

障水平，且将保障和投资功能融为一体的保险产品。万能寿险的特点是：①在投保人缴纳首期保险费后，可以自由决定保费的支付金额和支付时间；②客户可以根据自身在不同阶段的需求和支付能力调高或调低保险金额和死亡给付方式；③在保单存续期间，在满足一定条件的情况下，投保人可以按照自己的需要从万能账户中领取部分账户价值，供自己支配使用。

第三章　教育投资规划

一、单选题(下列选项中只有一项最符合题目要求，请将正确选项的代码填入括号内)

1. 对处在家庭成长期的客户而言，下列关于教育投资的表述中不恰当的是(　　)。[2018年10月真题]

A. 教育是一种人力资本投资　　B. 投资工具应选择高风险产品

C. 子女教育是一项长期的投资　　D. 家庭财务规划中必不可少部分

【解析】教育开支属于刚性需求、弹性较小，所以教育金投资的目的不是为了获取短期的高额回报，而是着重在分散风险、安全稳健的基础上，力求长期的预期收益和教育规划目标的实现。

2. 教育保险又称教育金保险，是以为孩子准备教育基金为目的的保险。下列选项中描述错误的是(　　)。[2018年6月真题]

A. 保费豁免是教育金保险的一个优势

B. 目前市场上主流教育保险的投保年龄为出生满30天至22周岁

C. 教育金保险一般都具有投资分红功能

D. 教育金保险具有强制储蓄的功能

【解析】目前市场上主流教育保险的投保年龄为0周岁(指出生满28天且已健康出院的婴儿)至17周岁，另外也有部分保险公司的教育保险所针对的对象为出生满30天至14周岁的少儿。

3. 假定教育成本的年增长率为4%，而教育资金的年回报率为7%，则教育投资的实际报酬率为(　　)。(答案取近似数值)[2018年6月真题]

A. 1.02%　　B. 1.75%　　C. 3.00%　　D. 2.88%

【解析】实际报酬率 = (1 + 7%)/(1 + 4%) − 1 = 2.88%。

4. 在进行子女教育规划时，下列选项中一般不将其计算在规划工具中的是(　　)。[2017年10月真题]

A. 教育储蓄　　B. 国家助学贷款　　C. 教育保险　　D. 奖学金

【解析】一般而言，教育投资工具可分为短期教育投资规划工具和长期教育投资规划工具。短期教育投资规划工具主要包括商业助学贷款、国家助学贷款、出国留学贷款等。长期教育投资规划工具包括教育储蓄、银行储蓄、教育保险、基金产品、教育金信托和其他投资理财产品等。

5. 张先生提前为三岁的儿子未来的小学教育进行投资规划，下列投资中比较适合的是(　　)。[2015年10月真题]

A. 有较高风险的股票基金　　B. 平衡型基金

1B　2B　3D　4D　5B

C. 短期存款　　　　　　　　　　　　　　D. 教育金信托

【解析】在众多投资理财产品中，基金是教育投资规划比较常用的工具。基金产品作为教育投资的工具，具有品种选择多、专家理财、灵活方便和基金定期定额投资等优势。如果子女年幼、投资时间长(如5年以上)，在客户风险承受度可以接受的范围内建议多配置股票型或平衡型基金。A项风险过大不适合教育投资规划；C项属于短期投资，收益率低，甚至在通胀不断攀升的环境下，常常不能达到教育资金保值增值的目的，不符合长期教育投资规划的目标；D项，教育金信托比较适合有大额整笔资金的家庭、离异家庭以及高资产和高收入人群。

6. 关于教育投资规划的流程，以下正确的排列是(　　)。[2015年10月真题]

(1)明确客户的教育投资目标

(2)制订教育投资规划方案

(3)接触客户，建立信任关系

(4)收集、整理和分析客户的家庭财务状况

(5)教育投资规划方案的执行

(6)后续跟踪服务

A. (4)-(1)-(3)-(2)-(6)-(5)　　　B. (3)-(4)-(1)-(2)-(5)-(6)

C. (4)-(3)-(6)-(1)-(2)-(5)　　　D. (3)-(2)-(4)-(1)-(5)-(6)

【解析】教育投资规划的流程一般包括以下6个步骤：①接触客户，建立信任关系；②收集、整理和分析客户的家庭财务状况；③明确客户的教育投资目标；④制订教育投资规划方案；⑤教育投资规划方案的执行；⑥后续跟踪服务。

7. 根据教育对象不同，教育规划可以分为______和______两种。(　　)

A. 职业教育规划；子女教育规划　　　B. 职业教育规划；素质教育规划

C. 基本教育规划；素质教育规划　　　D. 义务教育规划；高等教育规划

【解析】根据教育对象不同，教育规划通常被分为职业教育规划与子女教育规划。职业教育是父母针对自身的职业晋升和个人发展而进行专业和技术方面的继续教育，如MBA、岗位技能和专业证书相关的培训学习等。子女教育规划是家庭教育理财规划的核心，子女的教育通常由基本教育与素质教育组成，基本教育的成本一般包括基础教育与高等教育等的常规费用；素质教育的成本则包括兴趣技能培训班、课外辅导班等一些校外课堂的费用。

8. 通常情况下，教育方面的投入和未来职场的收入呈(　　)关系。

A. 正相关　　　B. 负相关

C. 不相关　　　D. 先正相关后负相关

【解析】为适应市场需求，各类高校招生规模不断扩大，近年来拥有高等教育学历的劳动者增长迅速。劳动力市场统计数据也反映出一个人的教育水平或学历对其工资收入水平的影响。工资收入被认定为教育投资收益的一种体现，通常情况下，教育方面的投入和未来职场的收入呈正相关关系。

6B　7A　8A

9. 由于教育投资周期较长，大额提取往往发生在后期子女读大学期间，有的家长在前期家庭遇到临时财务困难或有其他大额消费时，难免会动用子女的教育储蓄投资。这违背了进行教育投资规划时，应遵循的(　　)原则。

A. 提前规划　　B. 从宽预计　　C. 专款专用　　D. 稳健投资

【解析】专款专用是教育金储备过程中应该遵循的重要原则。因为资源稀缺、变化多，挪用的教育金在许多时候难以如数及时补齐。因此，设立教育资金专门储蓄、投资账户，可以有效避免由于客户定力不够在遇到一些临时经济困难时，中途把教育金用于其他用途，造成子女需要继续深造的时候资金不足的情况。

10. 蒋先生准备以现有资金作为启动资金，为准备儿子的教育费用进行投资。则以下投资组合中最为合理的是(　　)。

A. 80%的股票，20%的债券型基金

B. 60%的股票，30%的股票型基金，10%的国债

C. 50%的货币型基金，50%的定期存款

D. 30%的股票型基金，40%的分红基金，30%的债券型基金

【解析】在众多投资理财产品中，基金是教育投资规划比较常用的工具。基金产品作为教育投资的工具，具有品种选择多、专家理财、灵活方便、基金定期定额投资的优势。AB 两项，由于教育开支属于刚性需求、弹性较小，所以教育金投资的目的不是获取短期的高额回报，而是着重在分散风险、安全稳健的基础上，力求长期的预期收益和教育规划目标的实现，因此理财师制定子女教育规划时并不鼓励客户投资于风险过高的股票；C 项，安全性和流动性很高，但收益性比较低。

11. 小章在选择子女教育投资规划工具前，向理财师进行了咨询，大体上来说，教育投资规划工具可划分为长期教育投资规划工具和短期教育投资规划工具。以下选项中属于短期教育投资规划工具的是(　　)。

A. 教育储蓄　　B. 国家助学贷款　　C. 教育保险　　D. 共同基金

【解析】一般而言，教育投资工具可分为短期教育投资规划工具和长期教育投资规划工具。短期教育投资规划工具主要包括商业助学贷款、国家助学贷款、出国留学贷款等。长期教育投资规划工具包括教育储蓄、银行储蓄、教育保险、基金产品、教育金信托和其他投资理财产品等。

12. 如果何先生在儿子上大学时一时资金周转存在困难，何先生想通过教育贷款的方式解决，下列四项中不属于教育贷款形式的是(　　)。

A. 商业助学贷款　　B. 国家助学贷款

C. 出国留学贷款　　D. 特殊困难贷款

【解析】教育贷款是教育费用重要的筹资渠道，我国的学生贷款政策主要包括三种贷款形式：①商业助学贷款；②国家助学贷款；③出国留学贷款。

13. 下列关于国家助学贷款的说法错误的是(　　)。

A. 由政府主导

9C　10D　11B　12D　13B

B. 由银行承担全部风险

C. 由银行、教育行政部门与高校共同操作

D. 主要用于帮助家庭经济困难的高校学生

【解析】国家助学贷款是由政府主导、财政贴息、财政和高校共同给予银行一定风险补偿金，银行、教育行政部门与高校共同操作的，帮助家庭经济困难的高校学生支付在校学习期间所需的学费、住宿费及生活费的银行贷款。

14. 下列不属于国家助学贷款基金允许使用的范围的是(　　)。

A. 学费　　B. 生活费　　C. 住宿费用　　D. 医疗费用

【解析】国家助学贷款实行专款专用原则，专款专用是指国家助学贷款基金允许用于支付学费、住宿费和生活费用，不可用于其他方面，银行通过分次发放的方式予以控制。

15. 下列各项贷款中，贷款条件最苛刻的是(　　)。

A. 一般商业性助学贷款　　B. 住房贷款

C. 汽车信贷　　D. 出国留学贷款

【解析】出国留学贷款是指商业银行向出国留学人员本人、配偶或其直系亲属发放的，用于支付出国留学人员学费、基本生活费等必需费用的个人贷款。一般来说，出国留学贷款的额度不超过国外留学学校录取通知书或其他有效入学证明上载明的报名费、一年内的学费、生活费及其他必需费用的等值人民币总和，最高不超过 50 万元人民币。但是，留学贷款相比国内住房信贷、汽车信贷条件更加苛刻，手续也比较复杂。

16. 教育储蓄是国家特设的储蓄项目，它是以(　　)方式计息。

A. 活期存款利率　　B. 存本取息

C. 一年期定期存款利率　　D. 整存整取

【解析】教育储蓄按整存整取方式计息，其中，1 年期、3 年期教育储蓄按开户日同期同档次整存整取定期储蓄存款利率计息；6 年期按开户日 5 年期整存整取定期储蓄存款利率计息。

17. 教育储蓄的主要优点不包括(　　)。

A. 无风险　　B. 规模大

C. 收益稳定　　D. 较活期存款相比，回报较高

【解析】教育储蓄 50 元起存，每户本金最高限额为两万元。

18. 如果客户选择教育储蓄作为其教育规划工具，那么，下列说法中正确的是(　　)。

A. 必须一次性存入款项

B. 存入的金额以后可以分期取出

C. 客户凭存折、身份证取款时即可享受利息税优惠

D. 教育储蓄到期支取时一次支取本息

【解析】教育储蓄开户时客户需与银行约定每次固定存入的金额，分次存入，到期一次支取本息。到期支取时，客户凭存折、身份证和户口簿(户籍证明)和学校提供正在接受非义务教育的学生身份证明(税务局印制)，一次支取本金和利息，一份“证明”只享

14D　15D　16D　17B　18D

受一次利息税优惠。

19. 教育储蓄按(　　)存款利率计息。

A. 开户日　　B. 支取日

C. 开户日和支取日平均的　　D. 开户日和支取日中较高的

【解析】1年期、3年期教育储蓄按开户日同期同档次整存整取定期储蓄存款利率计息；6年期按开户日5年期整存整取定期储蓄存款利率计息。教育储蓄在存期内遇利率调整，仍按开户日利率计息。

20. 有的教育保险提供教育金，还提供(　　)。

A. 医疗费　　B. 安家费　　C. 生育费　　D. 婚嫁金

【解析】教育金保险主要包括三种：第一种是纯粹的教育金保险，可以提供初中、高中和大学期间的教育费用；第二种是专门针对某个阶段教育金的保险，比如针对初中、高中或者大学中的某个阶段，主要以附加险的形式出现；第三种教育金保险保障范围更加广泛，不仅提供一定的教育费用，还可以提供创业、婚嫁、养老等生存金。

21. 何先生的儿子即将上小学，他就子女教育规划方面的问题向理财师进行了咨询。理财师为何先生做子女教育规划时的第一项工作为(　　)。

A. 要求何先生确定子女的教育规划目标

B. 估算教育费用

C. 了解何先生的家庭成员结构及财务状况

D. 对各种教育规划工具进行分析

【解析】作为一名专业的理财师，制订一个完善的教育投资规划方案，首先要让客户充分认识到家庭财务情况与子女的状况，并协助客户逐步确定子女教育的目标。

22. 张云预计其子10年后上大学，届时需学费55万，张云每年投资4万元于年投资报酬率6%的平衡型基金，则10年后张云筹备的学费(　　)。

A. 够，还多约2.28万　　B. 够，还多约0.8万

C. 不够，还少约2.28万　　D. 不够，还少约0.8万

【解析】计算张云10年后的投资收益总额：$PV=0$，$PMT=-4$，$i=6\%$，$n=10$，得到：$FV=52.72$(万元)；资金缺口为：$55-52.72=2.28$(万元)。

23. 关于子女教育规划的说法错误的为(　　)。

A. 后续无需进行跟踪服务

B. 子女教育资金不具备时间弹性，且金额较大

C. 子女教育通常要提前规划

D. 子女教育资金的积累可以通过投资金融产品和购买保险产品组合完成

【解析】由于教育投资规划时间较长，其间影响教育投资规划执行的因素比较多，当前的规划是根据家庭现有信息来制定的，因此在实施理财规划的过程中，理财师需要经常关注众多影响因素、及时与客户沟通并适时对整个行动方案进行调整，需要进行后续跟踪服务。

19A　20D　21C　22C　23A

24. 下列关于出国留学奖学金申请的说法，错误的是(　　)。
  A. 需要联系大学，发第一封索函
  B. 需要准备奖学金申请材料
  C. 提交申请材料后只须等待学校录取通知
  D. 奖学金的申请，从进行第一次信函联系到拿到全额奖学金往往要花费 6～10 个月的时间

【解析】C 项，申请人应当定期与学校联系，一般 1～2 周联系一次，询问材料是否齐全，是否申请已经完成，是否获准奖学金资助等。

25. 陈先生的孩子 10 年后高中毕业，陈先生希望在 10 年间筹集 20 万元作为孩子的高等教育费用，假设陈先生选择基金定投的方式筹备资金，且投资的年投资报酬率为 6%，陈先生每年年末至少需要投资(　　)万元。(答案取近似数值)[2020 年 10 月真题]
  A. 1.43　　B. 1.85　　C. 2.27　　D. 1.52

【解析】李先生每年需要投资：$PV=0$，$FV=20$，$i=6\%$，$n=10$，$PMT=-1.5173$(万元)，即每年只需要投资 1.52 万元即可筹集完费用。

二、多选题(下列选项中有两项或两项以上符合题目要求，请将符合题目要求选项的代码填入括号内)

1. 在教育投资规划中，教育金保险相较于银行储蓄的优势包括(　　)。[2016 年 11 月真题]
  A. 具有保障功能　　B. 有强制储蓄的功能
  C. 投资分红能抵御通胀影响　　D. 有保费豁免功能
  E. 支取更加灵活

【解析】教育保险既具有强制储蓄的作用又有一定的保障功能，且一般都具有投资分红功能。一旦教育金保险计划启动，就必须每年存入约定的金额，之后再获得保险公司分阶段的现金给付。教育金保险实际上是一种分阶段储蓄、集中支付的方式。保费豁免是教育金保险的一个优势。

2. 下列符合子女教育投资规划原则的有(　　)。[2016 年 6 月真题]
  A. 追求获取短期高额回报　　B. 专项积累、专款专用
  C. 提前规划、从宽预计　　D. 计划周详、稳健投资
  E. 力求长期稳定的收益

【解析】进行教育投资规划时，应注意遵循以下三项原则：提前规划、从宽预计，专项积累、专款专用，计划周详、稳健投资，以保障教育金筹备的有效与安全。教育金投资的目的不是获取短期的高额回报，而是着重在分散风险、安全稳健的基础上，力求长期的预期收益和教育规划目标的实现。

3. 一个家庭决定送子女出国留学时，理财师应提醒家长关注的问题有(　　)。[2017 年 10 月真题]
  A. 子女的语言能力
  B. 家庭经济条件

24C　25D　▎　1ABCD　2BCDE　3ABCDE

C. 子女对国外社会生活和学习的适应能力

D. 其他隐性风险

E. 出国留学时间安排

【解析】子女独身一人去往海外留学，必然会遇到很多问题。总体来看，理财师应该提醒家长在子女出国留学规划决策时，关注下列几个问题：①家庭经济条件；②子女对国外社会生活和学习的适应能力；③子女语言能力；④出国留学时间安排；⑤其他隐性风险。

4. 一般而言，下列符合教育支出特点的有(　　)。[2015 年 10 月真题]

A. 费用弹性较大　　B. 费用逐年增长

C. 投资周期长、金额大　　D. 支出时间相对刚性

E. 费用相对刚性

【解析】教育投资规划是针对家庭成员的教育目标制定的财务规划，包括明确教育需求、计算教育成本、选择理财产品和储蓄、投资方案等内容。教育支出具有以下特点：①教育投资周期长、金额大；②教育支出时间及费用相对刚性；③教育费用逐年增长；④不确定因素多。

5. 教育投资规划是针对家庭成员的教育目标制定的财务规划，三要包括哪些内容？(　　)

A. 明确教育需求　　B. 计算教育成本

C. 选择理财产品和储蓄、投资方案　　D. 风险估测

E. 计算资金需求和退休收入

【解析】教育投资规划是针对家庭成员的教育目标制定的财务规划，包括明确教育需求、计算教育成本、选择理财产品和储蓄、投资方案等内容。D 项是财富保障与规划中风险管理的基本程序之一；E 项是制订退休规划的流程之一。

6. 子女教育规划的极大的不确定性主要体现在(　　)。

A. 子女的资质与学习能力无法预测　　B. 子女素质教育方面的支出无法提前预知

C. 子女对学习的爱好程度无法预测　　D. 学校的收费水平不可预知

E. 将来的物价水平无法预测

【解析】子女教育规划具有极大的不确定性，意外变化情况较多。具体表现为：①子女的资质与学习能力是无法预测的，若孩子成绩优异并走向科研方向，那么家长可能需要准备硕士、博士甚至留学的费用来帮助他们深造；若孩子学习成绩并不是非常理想，而父母又希望其能够考上较好的学校，那在求学期间不免需要补习等额外费用。②素质教育方面，若子女在体育、艺术方面有天赋，父母通常会利用课余时间送子女去学习这些专业技能，用于素质培养的费用不容小觑，而这笔花费在子女出生时是无法提前预知的。

7. 下列关于教育投资规划的原则，说法正确的是(　　)。

A. 专款专用是教育金筹备过程中的首要原则

B. 教育金属于刚性支出，不具备时间弹性，而且金额大

C. 选择合适的投资工具和投资组合是成功规划教育金关键的一步

D. 教育金最好提前规划，从宽预计

4BCDE　5ABC　6AB　7BCD

E．教育金投资过程中为了战胜通货膨胀要多投资于股票等高收益产品

【解析】A 项，提前规划是教育金筹备过程中的首要原则；E 项，在教育金投资过程中不可过分保守，也不可过分激进。

8．下列教育投资规划的工具中，属于长期教育投资规划工具的有（　　）。

A．商业助学贷款　B．教育保险　C．教育储蓄　D．国家助学贷款

E．出国留学贷款

【解析】一般而言，教育投资工具可分为短期教育投资规划工具和长期教育投资规划工具。短期教育投资规划工具主要包括国家助学贷款、商业助学贷款、出国留学贷款等。长期教育投资规划工具包括教育储蓄、银行储蓄、教育保险、基金产品、教育金信托和其他投资理财产品等。

9．基金产品作为教育投资规划的工具，其优势有哪些？（　　）

A．品种选择多　B．专家理财　C．灵活方便　D．基金定期定额投资

E．强制储蓄

【解析】基金产品作为教育投资的工具，有如下优势：①品种选择多；②专家理财；③灵活方便；④基金定期定额投资。

10．下列关于基金产品的说法，正确的是（　　）。

A．基金一般分为货币型、股票型、债券型、平衡型等多种类型

B．客户可以根据自身需要如投资时间长短和自身风险偏好，选择几种基金的组合

C．购买基金产品时，客户需要关注具体买卖什么股票或债券以及何时买卖

D．客户可以根据自身教育规划需求选择投资基金的品种、金额和时间

E．定期定额投资可以在长年累月下积少成多，但是加大了原有的风险

【解析】C 项，基金由基金经理及其投研团队管理，客户只要根据不同类型基金的收益与风险特征选择适合自己的产品，不需要关注具体买卖什么股票或债券以及何时买卖；E 项，教育规划作为一个长期的理财计划，定期定额投资可以在长年累月下积少成多，并且降低原有的风险。

11．选择教育金信托的客户有（　　）。

A．有大额整笔资金的家庭　B．单亲家庭

C．贫困人群　D．离异家庭

E．高资产或高收入人群

【解析】教育金信托，比较适合以下几类客户：①有大额整笔资金的家庭；②离异家庭；③高资产或高收入人群。

12．子女教育目标的分析是制定教育投资规划的第一步，理财师需要从以下哪些方面帮助客户进行教育目标的分析？（　　）

A．确定对子女学历的基本要求　B．确定子女的兴趣与天赋

C．确定子女未来工作收入水平　D．确定子女获奖学金的额度

E．确定子女的读书地点与专业

8BC　9ABCD　10ABD　11ADE　12ABE

【解析】理财师需要从以下几个方面帮助客户进行教育目标的分析：①确定对子女学历的基本要求，主要包括大学类型、受教育程度以及是否出国留学深造；②确定子女的读书地点与专业；③确定子女的兴趣与天赋。

13. 选择留学国家需要考虑的信息有(　　)。

A. 留学国家的排名
B. 入学条件
C. 费用
D. 录取率
E. 中国学生占比

【解析】留学国家的排名不应该是唯一的选择因素，要多考虑与学习相关的信息，包括专业、入学条件、费用、所在城市、录取率、中国学生占比、住宿情况等。

14. 一般而言，教育规划可运用的金融规划工具有(　　)。[2020 年 10 月真题]

A. 教育储蓄　B. 教育金信托　C. 教育金保险　D. 国家助学贷款
E. 出国留学贷款

【解析】DE 两项，短期教育投资规划工具中，教育贷款是教育费用重要的筹资渠道，我国的学生贷款政策主要包括三种贷款形式：①国家助学贷款；②商业助学贷款；③出国留学贷款。ABC 三项，长期教育投资规划工具包括教育储蓄、银行储蓄、教育保险、基金产品、教育金信托和其他投资理财产品等。

三、案例分析题(下列选项中至少有一项符合题目要求，请将正确选项的代码填入括号内)

1. 客户陈先生，系中国行业类 500 强企业区域负责人，妻子李女士，42 岁，为家庭主妇，两人育有一个 14 岁女儿。4 年后，女儿将就读大学本科，当前本科学费和生活费全部费用为 20 万元，计划女儿本科毕业后出国留学攻读硕士，当前留学学费和生活费全部费用为 120 万元。[2018 年 10 月真题]

(1)根据 3% 的增长率，4 年后本科学费生活费将需要(　　)万元。(答案取近似数值)

A. 20　B. 21.2　C. 23.5　D. 22.5

【解析】4 年后本科学费生活费 $=20\times(1+3\%)^4=22.51$(万元)。

(2)根据 3% 的增长率，8 年后攻读硕士学费生活费将需要(　　)万元。(答案取近似数值)

A. 152　B. 120　C. 134　D. 144

【解析】8 年后攻读硕士学费生活费 $=120\times(1+3\%)^8=152$(万元)。

(3)计划用基金定投与银行理财相结合的方式储备本科阶段教育金。假设 50% 来自基金定投，50% 来自银行理财，基金定投的年化收益率为 8%，则每月末要留出(　　)元的定投资金。(答案取近似数值)

A. 1500　B. 2000　C. 1200　D. 2200

【解析】4 年后通过基金定投获得的本科阶段教育基金 $=22.5\times50\%=11.25$(万元)。计算每月末要留出的定投奖金：$PV=0$，$FV=112500$，$i=8\%/12$，$n=4\times12=48$，后付年金，$PMT=-2000$(元)。

13ABCDE　14ABCDE　▎　1(1)D　(2)A　(3)B

(4)接上题，根据上述组合方案，假设银行理财的年化收益率为4%，另外每年末需购买(　　)元银行理财产品。(答案取近似数值)

A. 15200　　B. 24000　　C. 18200　　D. 26500

【解析】4年后通过银行理财获得的本科阶段教育基金 = 22.5 × 50% = 11.25(万元)。算每年末需购买的银行理财产品：$PV = 0$，$FV = 112500$，$i = 4\%$，$n = 4$，后付年金，$PMT = -26500$(元)。

2. 康先生的儿子今年10岁，他打算8年后送儿子去英国读4年大学。已知康先生目前有生息资产20万元，并打算在未来8年内每年末再投资2万元用于儿子出国留学的费用。就目前来看，英国留学需要花费30万元，教育费用每年增长8%。资金年化投资报酬率4%。

根据以上材料回答(1)~(3)题。[2015年10月真题]

(1)康先生目前的储蓄、投资方式是否能满足儿子届时的留学目标？(　　)

A. 不能满足，资金缺口为9.73万元　　B. 能够满足，资金还富余2.76万元

C. 不能满足，资金缺口为8.60万元　　D. 刚好满足

【解析】八年后的教育费用约为：$30 \times (1 + 8\%)^8 = 55.53$(万元)；计算康先生8年后的投资收益总额：$PV = -20$，$PMT = -2$，$i = 4\%$，$n = 8$，得到：$FV = 45.80$(万元)；资金缺口为：55.53 − 45.80 = 9.73(万元)。

(2)假若有资金缺口，下列措施中能够弥补康先生教育资金缺口的是(　　)。

A. 今后每年的投资由2万元增加至3万元

B. 增加目前的生息资产至28万元

C. 提高资金的收益率至5%

D. 由每年末投入资金改为每年初投入

【解析】A项，计算康先生8年后的投资收益总额：$PV = -20$，$PMT = -3$，$i = 4\%$，$n = 8$，得到：$FV = 55.01$(万元)；资金缺口为：55.53 − 55.01 = 0.52(万元)。B项，计算康先生8年后的投资收益总额：$PV = -28$，$PMT = -2$，$i = 4\%$，$n = 8$，得到：$FV = 56.75$；资金还富余：56.75 − 55.53 = 1.22(万元)。C项，计算康先生8年后的投资收益总额：$PV = -20$，$PMT = -2$，$i = 5\%$，$n = 8$，得到：$FV = 48.65$(万元)；资金缺口为：55.53 − 48.65 = 6.88(万元)。D项，计算康先生8年后的投资收益总额：$PV = -20$，$PMT = -2$，$i = 4\%$，$n = 8$，先付年金，得到：$FV = 46.54$(万元)；资金缺口为：55.53 − 46.54 = 8.99(万元)。综上可知，只有B项的措施能弥补康先生的教育资金缺口。

(3)如果康先生自己决定将投资于开放式基金，那么(　　)的策略是合理的。

A. 每年评估基金业绩，将基金转换成历史业绩最好的股票基金

B. 应尽可能投资于多只股票基金，以分散风险

C. 随着留学日期的临近，逐渐加大指数基金的投资比重

D. 期初股票基金比重较大，随着留学日期临近，逐渐加大债券基金的比重

【解析】如果离子女上大学或大笔动用教育资金的时间较短，一般建议客户降低中、高风

---

(4)D　2(1)A　(2)B　(3)D

险类基金，多持有债券型或货币型基金。

3. 何先生的儿子今年 7 岁，预计 18 岁上大学，根据目前的教育消费，大学四年学费为 5 万元，假设学费上涨率为 6%，何先生现打算用 12000 元作为儿子的教育启动资金，这笔资金的年投资收益率为 10%。

根据以上材料回答(1)~(3)题。

(1)何先生的儿子上大学所需学费为(　　)元。

A. 78415.98　　B. 79063.21　　C. 81572.65　　D. 94914.93

【解析】11 年后上大学所需学费为：$50000\times(1+6\%)^{11}=94914.93$(元)。

(2)如果何先生没有后期投入，则儿子的大学费用缺口为(　　)元。

A. 58719.72　　B. 60677.53　　C. 65439.84　　C. 68412.96

【解析】11 年后教育启动资金的终值为：$12000\times(1+10\%)^{11}=34237.40$(元)，则大学费用缺口为：$94914.93-34237.40=60677.53$(元)。

(3)由于何先生最近需要大笔支出，因此决定把 12000 元启动资金取出应急，变更计划为每月固定存款筹备费用，假定该存款年收益率为 5%，则何先生每月需储蓄(　　)元。

A. 487.62　　B. 510.90　　C. 523.16　　D. 540.81

【解析】已求得所需教育费为 94914.93(元)，则何先生每月需储蓄：$PV=0$，$FV=-94914.93$，$i=5\%/12$，$n=11\times12=132$，得到：$PMT=-540.81$(元)。

4. 我国传统上家长对于子女的教育就比较重视。但随着教育费用越来越高，为了保证子女的上学费用，十分有必要做好子女教育规划。客户郑女士有一个在读初中三年级的女儿，就此她向理财师就子女教育规划方面的问题进行了咨询。

根据以上材料回答(1)~(8)题。

(1)教育规划方案的最终确立是在理财师对客户家庭财产状况、收入能力、承受风险能力以及子女教育目标都已明确的前提下制定的，下列(　　)不属于进行教育规划的必要步骤。

A. 分析客户的家庭财务状况　　B. 确定客户的教育投资目标

C. 后续跟踪服务　　D. 确定工作地点

【解析】教育投资规划的流程一般包括以下 6 个步骤：①接触客户，建立信任关系；②收集、整理和分析客户的家庭财务状况；③明确客户的教育投资目标；④制订教育投资规划方案；⑤教育投资规划方案的执行；⑥后续跟踪服务。

(2)在理财师的帮助下，郑女士于 2010 年 3 月 1 日参加了教育储蓄，当时约定的存期为 6 年。如果郑女士到 2016 年 3 月 2 日支取本金和利息，那么教育储蓄的计息方式为(　　)。

A. 三年期整存整取定期存款利率计息　　B. 四年期整存整取定期存款利率计息

C. 五年期整存整取定期存款利率计息　　D. 六年期整存整取定期存款利率计息

【解析】1 年期、3 年期教育储蓄按开户日同期同档次整存整取定期储蓄存款利率计息；6

3(1)D　(2)B　(3)D　4(1)D　(2)C

年期按开户日5年期整存整取定期储蓄存款利率计息。教育储蓄在存期内遇利率调整，仍按开户日利率计息。

(3)接上题，郑女士支取本金和利息时，为了享受免税待遇，不需要带的资料为(　　)。

A. 身份证　B. 户籍证明　C. 学校证明　D. 家庭情况证明

【解析】教育储蓄到期支取时，客户凭存折、身份证和户口簿(户籍证明)和学校提供正在接受非义务教育的学生身份证明(税务局印制)，一次支取本金和利息，一份“证明”只享受一次利息税优惠。

(4)如果理财师向郑女士推荐教育保险，关于教育保险，下列说法不正确的是(　　)。

A. 相对而言变现能力较低　B. 每户本金最高限额为2万元

C. 教育保险具有强制储蓄功能　D. 投保人出意外，保费可豁免

【解析】教育保险是储蓄性的险种，既具有强制储蓄的作用又有一定的保障功能。教育金保险实际上是一种分阶段储蓄、集中支付的方式。一旦投保的家长遭受不幸，身故或者全残，保险公司将豁免所有未缴保费，子女还可以继续得到保障和资助。B项为教育储蓄的特点。

(5)如果郑女士的女儿还有四年上大学，目前大学及硕士费用12万元，以5%的学费上涨率计算，到郑女士的女儿上大学时，其大学和硕士期间共需(　　)元的学费。

A. 128632.75　B. 128794.15　C. 132670.25　D. 145860.75

【解析】到郑女士的女儿上大学时，其大学和硕士期间需要的学费为$120000 \times (1+5\%)^4 = 145860.75$(元)。

(6)如果郑女士以2万元作为教育金的初始资金，以6%的投资报酬率计算，那么到女儿上大学时，这笔钱可以积累至(　　)元。

A. 24694.45　B. 25167.91　C. 25249.54　D. 26714.78

【解析】2万元教育初始资金4年后的终值$=20000 \times (1+6\%)^4 = 25249.54$(元)。

(7)如果郑女士每月初固定拿出一笔资金进行定投，则郑女士每月需投(　　)元，方可弥补教育金缺口。

A. 1925.31　B. 1967.12　C. 2179.54　D. 2218

【解析】教育金缺口为$145860.75 - 25249.54 = 120611.21$(元)；$PV=0$，$FV=120611.21$，$i=6\%/12=0.5\%$，$n=4 \times 12=48$，先付年金，$PMT=-2218$(元)。

(8)如果郑女士因急需资金，将2万元启动资金挪为他用，改为每年年末定期定投的方式积累教育金，则郑女士每年需投入(　　)元。

A. 32134.19　B. 33342.53　C. 34618.78　D. 35102.97

【解析】计算郑女士每年末应投资的金额：$PV=0$，$FV=145860.75$，$i=6\%$，$n=4$，$PMT=-33342.53$(元)。

5. 随着高等教育产业化的发展，近年来高等教育收费水平越来越高。韩女士见周围的同事都很早就开始给自己的子女准备高等教育金，也开始考虑尽早筹备儿子的高等教育费

---

(3)D　(4)B　(5)D　(6)C　(7)D　(8)B

用。韩女士的儿子今年8岁，刚上小学二年级，学习成绩一直不错，预计18岁开始读大学。由于对高等教育不太了解，同时也不太清楚教育规划的工具及其运用，因此想就有关问题向理财师咨询。

根据以上材料回答(1)~(4)题。

(1)理财师在为韩女士做规划之前，对韩女士家庭的财务信息和非财务信息进行询问。以下各项中，理财师不应涉及的是(　　)。

A. 韩女士家庭是否为单亲家庭　　B. 韩女士是否希望她的儿子出国留学

C. 韩女士的儿子有哪些爱好特长　　D. 韩女士同事的子女高等教育金筹备计划

【解析】D项，韩女士同事的子女高等教育金筹备计划不属于韩女士家庭的财务信息和非财务信息的询问范围之内。

(2)理财师告诉韩女士，由于教育储蓄的一些缺点，导致不能完全依赖教育储蓄解决子女高等教育费用。理财师建议韩女士可以考虑购买部分教育保险。与教育储蓄相比，教育保险最大的优点是(　　)。

A. 客户范围广泛　　B. 流动性强

C. 投保人出意外保费可豁免　　D. 获得免税的好处

【解析】保费豁免是教育金保险的一个优势。一旦投保的家长遭受不幸，身故或者全残，保险公司将豁免所有未缴保费，子女还可以继续得到保障和资助。

(3)以下关于教育保险的说法中，错误的是(　　)。

A. 有些教育保险可分红，投资期限较短

B. 教育保险具有强制储蓄的功能

C. 以为子女准备教育基金为目的

D. 保险金额越高，每年需要交付的保费也就越多

【解析】教育金保险一般都具有投资分红功能。由于投资期限相对较长，同时分多次给付，能够在一定程度上抵御通货膨胀的影响。

(4)考虑到大学四年的学费加生活费对于韩女士家庭而言是不小的负担，因此理财师建议韩女士采用定期定投的方式为儿子准备大学学费。因为定期定投的好处在于(　　)。

A. 可平摊建仓成本、降低投资风险

B. 没有风险

C. 各期收益是确定的

D. 在所有投资方式中，定期定投获得的收益率最高

【解析】基金定额定投具有投资标的价格低时购买数量加大、价格高时购买数量减少的自动调整功能，无论市场价格如何变化，总能获得一个比较低的平均持仓成本，一定程度上平摊了建仓的成本、降低了投资的风险。

6. 白先生的儿子今年刚上初一。白先生目前持有银行存款3万元。他现在开始着手为儿子的大学费用进行理财规划。目前大学一年的费用为10000元，通货膨胀率为6%。为此，他就有关问题咨询理财师。

5(1)D　(2)C　(3)A　(4)A

根据以上材料回答(1)~(5)题。

(1)白先生的儿子大学第一年的费用大约为(　　)元。

A. 13382　　B. 14185　　C. 14320　　D. 15036

【解析】白先生的儿子大学第一年的费用大约为：$10000\times(1+6\%)^6=14185$(元)。

(2)假设白先生将其银行存款取出进行组合投资，预计收益率为8%。那么，6年后，白先生投资的本息和为(　　)元。

A. 44577　　B. 45608　　C. 46527　　D. 47606

【解析】6年后，白先生投资的本息和为：$30000\times(1+8\%)^6=47606$(元)。

(3)白先生准备在儿子上大学的第一年就筹备好四年所有费用。假设四年费用相同。那么，6年后，白先生应准备(　　)元。

A. 53528　　B. 56740　　C. 57280　　D. 60144

【解析】$14185\times4=56740$(元)。

(4)6年后，白先生用投资所得支付儿子四年的大学费用，资金存在缺口(　　)元。

A. 8813　　B. 9089　　C. 9134　　D. 9147

【解析】$56740-47606=9134$(元)。

(5)白先生准备现在另外开立一个教育储蓄账户，每月月末存入固定金额，6年期，到期支取用于弥补资金缺口。假设银行5年期定期存款整存整取利率为5.58%，5年期定期存款零存整取利率为3.87%。那么，白先生每月月末应存入(　　)元，方能弥补资金缺口。

A. 107.10　　B. 110.67　　C. 116.20　　D. 124.74

【解析】教育储蓄存款，6年期按开户日5年期整存整取定期储蓄存款利率计息。计算白先生每月月末应存入的金额：$PV=0$，$FV=9134$，$i=5.58\%/12=0.465\%$，$n=6\times12=72$，$PMT=-107.10$(元)。

7. 李先生打算为刚上小学的儿子筹备大一的开支。他准备采用教育储蓄的方式进行。为此，他向理财师咨询有关问题。

根据以上材料回答(1)~(7)题。

(1)利用教育储蓄的最长期限，李先生应当在他儿子(　　)时开立教育储蓄账户。

A. 小学四年级　　B. 小学五年级　　C. 小学六年级　　D. 初中一年级

【解析】教育储蓄的存期分为1年、3年和6年。为了利用最长期限，李先生应在其儿子上大学一年级的六年前(即初中一年级)开立教育储蓄账户。

(2)李先生的教育储蓄账户本金最高限额为(　　)万元。

A. 1　　B. 2　　C. 5　　D. 6

【解析】教育储蓄50元起存，每户本金最高限额为2万元。

(3)在满足最长期限、本金最高限额的条件下，李先生每月固定存入(　　)元。

A. 555.55　　B. 333.33　　C. 277.78　　D. 185.19

6(1)B　(2)D　(3)B　(4)C　(5)A　7(1)D　(2)B　(3)C

【解析】$20000\div(6\times 12)=277.78$(元)。

(4)假设开户日 1 年期、2 年期、3 年期、5 年期的整存整取定期储蓄存款利率分别为 3.87%、4.41%、5.13%和5.58%。那么，李先生教育储蓄到期本息和为(　　)元。

A. 21571　　B. 22744　　C. 23007　　D. 23691

【解析】教育储蓄 6 年期按开户日 5 年期整存整取定期储蓄存款利率计息。计算李先生教育储蓄到期本息和：$PV=0$，$PMT=-277.78$，$i=5.58\%/12=0.465\%$，$n=6\times 12=72$，得到：$FV=23691$(元)。

(5)如果李先生儿子大学第一年的费用较高，约为 30000 元。那么，除定期储蓄的本息和之外，需要补充的资金缺口为(　　)元。

A. 6309　　B. 6993　　C. 7256　　D. 8439

【解析】$30000-23691=6309$(元)。

(6)如果李先生在开立教育储蓄账户的次年，开立一个与教育储蓄账户到期日相同的整存整取定期存款账户，以弥补资金缺口。假设开户日 1 年期、2 年期、3 年期、5 年期的整存整取定期储蓄存款利率分别为 3.87%、4.41%、5.13%和5.58%。那么，李先生定期存款账户应存入(　　)元。假设不考虑利息税因素。

A. 4932.76　　B. 5293.96　　C. 5493.06　　D. 6388.60

【解析】定期存款采用单利，李先生定期存款账户应存入：$6309/(1+5.58\%\times 5)=4932.76$(元)。

(7)如果李先生在开立教育储蓄账户的次年，开立一个活期储蓄存款，以弥补资金缺口。活期储蓄存款利率为 0.72%。那么，李先生活期账户应存入(　　)元。假设不考虑利息税因素。

A. 6086.11　　B. 6105.82　　C. 6246.62　　D. 6724.42

【解析】活期账户每季度算一次复利，李先生活期账户应存入：$6309/(1+0.72\%/4)^{5\times 4}=6086.11$(元)。

---

(4)D　(5)A　(6)A　(7)A

第四章　退休养老规划

一、单选题(下列选项中只有一项最符合题目要求，请将正确选项的代码填入括号内)

1. 理财师为客户制定退休规划时，下列步骤中需最先开展的是(　　)。[2018 年 10 月真题]

A. 从退休后的支出角度预测资金需求　　B. 计算资金缺口

C. 确定退休目标　　D. 制定具体投资方案

【解析】退休规划步骤主要包括：①接触客户，建立信任关系；②收集、整理和分析客户的家庭财务状况；③明确客户的退休目标；④制订退休规划方案，包括计算资金需求和退休收入、计算资金缺口、制定退休规划；⑤退休规划方案的执行；⑥后续跟踪服务。

2. 下列不是构建退休规划的首要目标的是(　　)。[2018 年 6 月真题]

A. 过理想的生活　　B. 退休后财务自由

C. 确保子女有生活保障　　D. 退休后不需要再工作

【解析】构建退休规划的首要目标是在退休后财务自由、过理想的生活，而这是以一定的经济实力为基础的。

3. 退休养老规划是理财规划中不可或缺的重要组成部分，下列说法错误的是(　　)。[2017 年 10 月真题]

A. 退休养老规划是长期理财目标

B. 退休养老规划主要由子女负责安排

C. 社会老龄化趋势严重，需要提早做退休规划

D. 退休养老规划可提前规划生活费用支出在各个时期的分配

【解析】退休养老规划是整个个人财务规划中不可缺少的部分。由于退休养老覆盖的时间长、成本高，面对的风险多，更需要人们提前预期到退休生活面临的各种风险，提前规划加以应对。

4. 下列不属于影响获得国家基本养老金因素的选项是(　　)。[2019 年 6 月真题]

A. 当地上年度在岗职工月平均工资水平

B. 本人指数化月平均缴费工资的平均值水平

C. 退休前最后一个月的工资水平

D. 缴费年限和退休年龄

【解析】基本养老金由基础养老金和个人账户养老金组成。退休时的基础养老金月标准以当地上年度在岗职工月平均工资和本人指数化月平均缴费工资的平均值为基数，缴费每满 1 年发给 1%；个人账户养老金月标准为个人账户储存额除以计发月数，计发月数根据职工退休时城镇人口平均预期寿命、本人退休年龄、利息等因素确定。

1C　2C　3B　4C

5. 孙小姐为某企业员工，2013 年和 2014 年月平均工资分别是 9500 元和 10000 元，2014 年当地职工月平均工资为 3000 元。2014 年每月孙小姐个人缴纳的基本养老金是(　　)。[2017 年 6 月真题]

A. 720　　B. 1136　　C. 960　　D. 1128

【解析】通常员工个人缴费基数是经过核定的上年度本人月平均工资，费率为 8%。同时，缴费基数最高为统筹地职工上年度月平均工资的 300%，最低为统筹地职工上年度月平均工资的 60%。所以孙小姐的缴费基数 = 3000 × 300% = 9000(元)，孙小姐月缴养老金 = 养老保险缴费基数 × 个人缴费费率 = 9000 × 8% = 720(元)。

6. 按照国际通行的标准，60 岁以上的老年人口或 65 岁以上的老年人口在总人口中的比例超过______或______，即可看作是达到了人口老龄化。(　　)[2016 年 11 月真题]

A. 10%；7%　　B. 15%；8%　　C. 5%；5%　　D. 15%；10%

【解析】人口老龄化是指老年人在总人口中的相对比例上升，按照国际通行的标准，60 岁以上的老年人口或 65 岁以上的老年人口在总人口中的比例超过 10% 或 7%，即可看作是达到了人口老龄化。

7. 在为客户进行退休规划时，预期投资回报率的设定与客户的年龄、学历、风险偏好、对投资工具的认识、风险承受能力等相关。下列关于预期投资回报率的表述，错误的是(　　)。[2015 年 10 月真题]

A. 当预期投资回报率越高时，客户需要筹备的养老金金额就越多

B. 由于退休规划中投资方式的风险不宜过大，所以对投资回报率的预期也不应过高

C. 过高估计投资回报率，有可能导致达不到养老金的累积目标

D. 随着客户的年龄逐渐增大，投资风格总体应趋于稳健，应该避免风险过大的投资行为

【解析】A 项，当预期投资回报率越高时，客户需要筹备的养老金金额就越少。

8. 以下选项中，不属于退休规划原则的是(　　)。[2015 年 10 月真题]

A. 收益最大化原则　　B. 尽早性原则

C. 谨慎性原则　　D. 平衡原则

【解析】由于退休养老在客户众多理财目标中的特殊性和艰巨性，理财师在做相关规划时应注意如下几点原则：①尽早性原则。未雨绸缪，尽早开始储备养老金，越早越轻松。通过薪金收入的累积和时间的复利效应，养老金的筹备任务会事半功倍。②谨慎性原则。理财师和客户在制定退休规划时，一定要避免过于乐观的估计。③平衡原则。制定退休规划应注意稳健性和收益性平衡。

9. 一般情况下，如果在退休前，客户已经在旅游、外出就餐、打高尔夫等休闲娱乐事项上花费不菲，那么退休以后可能会花费(　　)。

A. 更多　　B. 更少　　C. 不变　　D. 不确定

【解析】退休后客户将会享受更多的空闲，有更多的时间从事自己的业余爱好，相应费用支出也会有所增多。

5A　6A　7A　8A　9A

10. 退休者抵御通货膨胀的办法，就是维持持续______的______收入。(　　)

A. 上升；实际　　B. 上升；名义　　C. 下降；实际　　D. 下降；名义

【解析】抵御通货膨胀的办法，就是维持持续上升的名义收入，这一点仅仅通过银行存款等方式很难实现。因此退休者需要提前规划，获得高于通胀率的投资收益率，以防养老金受通胀影响不断被贬值。

11. 退休目标是指人们所追求的退休之后的一种生活状态。明确客户的退休目标需要客户决定(　　)。

A. 退休金数量、退休年龄

B. 退休年龄、退休后的生活方式和水平

C. 退休后消费支出结构、退休年龄

D. 退休后收入来源、退休后生活质量要求

【解析】明确客户的退休目标需要客户决定退休的年龄、退休后的生活方式和水平，譬如在哪里退休、退休后保持或可能培养的个人兴趣爱好、活动等。

12. 目前而言，退休收入的主要来源是(　　)。

A. 社会养老金　　B. 家庭存款　　C. 企业年金　　D. 商业保险

【解析】退休收入的主要构成包括社会养老金、家庭存款、企业年金、商业保险、其他收入等。目前而言，社会养老金仍然是退休收入的主要来源，这项收入也是计算退休金缺口的主要数据。

13. 养老金替代率是国际通用的衡量劳动者退休前后养老保障水平差异的基本标准，从国际经验上看，养老金替代率大于(　　)即可维持退休前的生活水平。

A. 50%　　B. 60%　　C. 70%　　D. 80%

【解析】从国际经验上看，养老金替代率大于70%即可维持退休前的生活水平；如果养老金替代率达到60%～70%，即可维持基本生活水平；如果养老金替代率低于50%，则生活水平会较之前有大幅下降。

14. 今年50岁的张先生计划于10年后退休，现在正在制定退休规划。已知张先生目前年开支额为10万元，投资回报率一直为6%，通胀率为3%。如果张先生的预期寿命为70岁，目前所需筹集的养老金为(　　)万元。

A. 49.51　　B. 49.67　　C. 66.19　　D. 56.83

【解析】实际收益率=[(1+名义收益率)/(1+通货膨胀率)]-1=(1+6%)/(1+3%)-1=2.91%，到60岁退休时年生活开销=10×$(1+3\%)^{10}$=13.44(万元)。客户退休后10年的总支出折现到60岁时点，*PV*(*FV*=0，*PMT*=-13.44，*i*=2.91%，*n*=10，期初年金)=118.53(万元)。退休总开支从60岁时点折算到50岁时点，*PV*(*FV*=118.53，*n*=10，*i*=6%，*PMT*=0)=66.19(万元)，即预期寿命为70岁时，王先生需要筹集66.19万元养老金。

15. 老陈计划在60岁退休的时候储备一笔资金，以确保自己一直到85岁时每个月初都能拿到3000元的生活费，如果他的收益率能够达到4%，则他需要在退休的时候储备

10B　11B　12A　13C　14C　15C

(　　)元的退休基金。

A. 495065.57　　B. 496715.79　　C. 570251.97　　D. 568357.45

【解析】老陈退休后25年的总支出折现到60岁时点，$PV(FV=0, PMT=-3000, i=4\%/12=0.3333\%, n=25\times12=300$，期初年金$)=570251.97$(元)。

16. 王先生夫妇估计需要在55岁二人同时退休时准备退休基金150万元，王先生夫妇还有20年退休，为准备退休基金，两人采取“定期定投”的方式，另外假设退休基金的投资收益率为5%，采取按年复利的形式，则每年年末需投入退休基金(　　)元。

A. 54364　　B. 45346　　C. 45634　　D. 45364

【解析】王先生夫妇每年年末需投入退休基金为：$PMT(PV=0, FV=1500000, i=5\%, n=20$，期末年金$)=-45364$(元)。

17. 马先生今年50岁，计划10年后退休。已知投资回报率一直为6%，通胀率为3%。假设马先生的预期寿命为80岁，目前年开支额为10万元。那么当马先生目前持有的生息资产的现值为100万元和80万元时，其养老金的缺口分别为(　　)。

A. 15.8639万元；35.8639万元　　B. 15.8639万元；30.8831万元

C. 30.8831万元；15.8639万元　　D. 35.8639万元；15.8639万元

【解析】实际收益率=[(1+名义收益率)/(1+通货膨胀率)]-1=(1+6%)/(1+3%)-1=2.91%，到60岁退休时年生活开销$=10\times(1+3\%)^{10}=13.44$(万元)。客户退休后20年的支出折现到60岁时点，$PV(FV=0, PMT=-13.44, i=2.91\%, n=20$，期初年金$)=207.4946$(万元)。退休总开支从60岁时点折算到50岁时点，$PV(FV=207.4946, n=10, i=6\%, PMT=0)=115.8639$(万元)。生息资产为100万元时，养老金缺口为=115.8639-100=15.8639(万元)；生息资产为80万元时，养老金缺口为=115.8639-80=35.8639(万元)。

18. 下列不属于退休养老金的主要投资方式的是(　　)。

A. 银行理财产品　　B. 债券　　C. 基金　　D. 现金

【解析】一般而言，用于退休养老金的投资要以稳健为主。有较大风险承受能力的人可以适当考虑将部分资金投资于股票、股票基金等风险收益相对较高的产品。适合养老理财的常用工具还有银行理财产品、债券、基金、贵金属、商业养老保险、信托、房产等。

19. 客户在制定退休养老规划之前往往都对自己的退休养老生活有一定的认识和打算，但是，客户的理解和认识有一些是不够科学、合理的，理财师要及时发现客户的不准确的理念并且加以提示，帮助客户树立正确的退休养老规划理念。下列属于客户对退休养老生活的科学理解的是(　　)。

A. 青年人没有必要考虑退休养老问题

B. 准备的退休基金在投资中应遵循稳健性的原则，所以储蓄的比例越大越好

C. 所有人都应该进行早期强制性储蓄，未雨绸缪，尽早规划退休生活

D. 在制定退休规划时，一定要避免过于乐观的估计

16D　17A　18D　19D

【解析】A 项不符合尽早性原则，未雨绸缪，尽早开始储备养老金，越早越轻松，故青年人也应该考虑退休养老问题；B 项，退休基金在投资中应遵循稳健性的原则，但是这并不意味着要放弃退休基金进行投资的收益；C 项，虽然越早进行退休养老规划负担越轻，有条件的人应该进行早期强制性储蓄，尽早规划退休生活，但是并不是所有的人都应该如此，有些早期生活比较困难的人可能没有进行规划的条件。

20. 准备的退休基金在投资中应寻求(　　)之间的平衡，选择合适的投资工具或投资组合。

A. 稳健性和收益性　　B. 开放性和稳健性

C. 风险性和收益性　　D. 多元性和稳健性

【解析】在进行退休规划时，应当在稳健和收益之间寻求平衡，制订科学合理的资产配置方案，选择合适的投资工具或投资组合。

21. 在制定退休规划时，应适当多估计支出，少估计收入，预估寿命时最好以当地人均寿命为基准增加(　　)岁为准。

A. 3~5　　B. 5~7　　C. 6~8　　D. 5~10

【解析】为了防止养老金筹备不足的问题，在制定退休规划时，应适当多估计支出，少估计收入，预估寿命时最好以当地人均寿命为基准增加 5~10 岁为准。

22. 新的养老保险制度实施以后参加工作的职工，如果个人缴费年限满(　　)年，在退休后可按月领取基本养老金。

A. 10　　B. 20　　C. 15　　D. 25

【解析】养老金支付是指向符合资格要求的受益人支付养老金。根据《中华人民共和国社会保险法实施细则》，职工领取养老保险金的条件是：参加职工基本养老保险的个人达到法定退休年龄，累计缴费年限(含视同缴费年限)满 15 年。

23. 个人账户养老金月标准为个人账户储存额除以计发月数，确定计发月数所依据的因素不包括(　　)。

A. 城镇人口平均预期寿命　　B. 社会平均工资

C. 利息　　D. 本人退休年龄

【解析】个人账户养老金月标准为个人账户储存额除以计发月数，计发月数根据职工退休时城镇人口平均预期寿命、本人退休年龄、利息等因素确定。

24. 关于基本养老保险，下列说法错误的是(　　)。

A. 企业职工基本养老保险制度的资金筹集来源于企业缴费和个人薪酬扣除

B. 职工应当缴纳的社会保险费由用人单位代扣代缴

C. 企业缴费比例部分，每个省、市、自治区之间不尽相同，一般在 20% 左右

D. 个人养老保险的缴费比例通常为上年度本人月平均工资的 8%

【解析】A 项，企业职工基本养老保险制度的资金筹集来源主要包含五个方面：企业缴费、个人薪酬扣除、财政支付、基金运营收入和其他补贴。其中企业缴费和个人薪酬扣除为资金筹集最为重要的来源，财政支付是指政府财政对基本养老保险的补贴。

20A　21D　22C　23B　24A

25. 老张2015年4月1日退休，那么根据我国养老政策的规定，老张属于(　　)。

A. 老人　　B. 中人　　C. 新人　　D. 不确定

【解析】以《国务院关于建立统一的企业职工基本养老保险制度的决定》(国发[1997]26号)为分界线，在该决定实施前参加工作，决定实施后退休的人群称为“中人”。

26. 企业年金不仅仅要由企业和职工个人共同缴纳，而且缴纳金额也有一定限制，某企业职工工资总额为600万元，则根据我国劳动和社会保障部颁发的《企业年金办法》规定，企业和职工个人缴费合计不超过(　　)万元。

A. 125　　B. 72　　C. 150　　D. 170

【解析】企业缴费和员工个人缴费的比例由双方协商决定。在缴费额度方面，2018年实行的《企业年金办法》规定，企业缴费每年不超过本企业职工工资总额的8%；企业和职工个人缴费合计不超过本企业职工工资总额的12%。本题中，该企业上年度职工工资总额为600万元，所以企业和职工缴费合计不超过$600 \times 12\% = 72$(万元)。

27. 关于企业年金基金的管理办法，下列叙述错误的是(　　)。

A. 在达到国家规定的退休年龄或者完全丧失劳动能力时，可以将本人企业年金个人账户资金全部或者部分购买商业养老保险产品

B. 职工未达到国家规定的退休年龄时，不可领取企业年金

C. 出国定居职工的企业年金个人账户资金，可根据本人要求一次性支付给本人

D. 职工或退休人员死亡后，其企业年金个人账户余额可以继承

【解析】根据《企业年金办法》，职工领取企业年金的条件是：在达到国家规定的退休年龄或者完全丧失劳动能力时，可以从本人企业年金个人账户中一次或定期领取企业年金，也可以将本人企业年金个人账户资金全部或者部分购买商业养老保险产品，依据保险合同领取待遇并享受相应的继承权；出国(境)定居人员的企业年金个人账户资金，可以根据本人要求一次性支付给本人；职工或者退休人员死亡后，其企业年金个人账户余额可以继承。未达到上述企业年金领取条件之一的，不得从企业年金个人账户中提前提取资金。

28. 在我国，职工可以领取企业年金的年龄(　　)。

A. 按照国家规定为55岁　　B. 按照国家规定为60岁

C. 参照国家统一规定的法定退休年龄　　D. 由企业自主决定

【解析】根据《企业年金办法》规定，职工在达到国家规定的退休年龄或者完全丧失劳动能力时，可以从本人企业年金个人账户中一次性或定期领取企业年金。按照我国现行法律法规，国家法定的企业职工退休年龄为男性年满60周岁，女工人年满50周岁，女干部年满55周岁。

29. 假设李先生上年度平均月薪为10000元，其爱人李太太上年度的平均月薪为1500元，统筹地职工上年度月平均工资为4000元，那么李先生和李太太每月应缴纳多少社会养老保险金？(　　)

A. 2400元；192元　　B. 800元；192元

25B　26B　27B　28C　29B

C. 2400 元；120 元　　D. 800 元；120 元

【解析】通常员工个人缴费基数是经过核定的上年度本人月平均工资，费率为 8%。由于基本养老保险缴费基数最高为统筹地职工上年度月平均工资的 300%，最低为统筹地职工上年度月平均工资的 60%，所以李先生的缴费基数为 10000 元，李太太的缴费基数 = 4000 × 60% = 2400（元）。则李先生月缴养老金 = 养老保险缴费基数 × 个人缴费费率 = 10000 × 8% = 800（元）；李太太月缴养老金 = 养老保险缴费基数 × 个人缴费费率 = 2400 × 8% = 192（元）。

30. 下列关于退休养老基金缺口的说法不正确的是（　　）。

A. 退休养老基金缺口是指退休后需要花费的资金和可收入的资金之间的差距

B. 养老金赤字 = 养老金总需求 - 养老金总供给

C. 养老金总需求是指在保持一定生活水平下的养老金总需求在退休时点的现值

D. 养老金总供给是指退休后社保养老金等既定养老金在退休时点的现值

【解析】退休养老基金缺口（养老金赤字）= 养老金总需求 - 养老金总供给 = *PV* 退休需求 -（*FV* 退休前资金积累 + *PV* 退休后既定养老金）。其中，"*PV* 退休需求"反映退休后在保持一定生活水平下的养老金总需求在退休时点的现值，也就是我们需要准备的养老金总需求；*FV* 退休前资金积累来自工作期间的储蓄和投资，到退休时点可以积累的资产的未来值；*PV* 退休后既定养老金来自退休后社保养老金等既定养老金在退休时点的现值，这两部分加起来即退休养老的总供给。

31. 作为整个个人财务规划中不可缺少的部分，（　　）是为了退休后能够享受自立、尊严。[2020 年 10 月真题]

A. 风险管理规划　　B. 退休养老规划

C. 投资规划　　D. 银行储蓄存款规划

【解析】老年退休是每个人都需要去面对的人生过程，退休后能够享受自立、尊严、高品质的生活是一个人一生中最重要的财务目标，因此退休养老规划是整个个人财务规划中不可缺少的部分。

32. 张先生计划在 60 岁退休时储备一笔资金，以确保自己一直到 60 岁时每个月初都能拿到 8000 元的生活费。假设投资收益率能够达到 5%/年，他需要在退休的时候至少储备（　　）万元的退休金。（答案取近似数值）[2020 年 10 月真题]

A. 140.12　　B. 121.73　　C. 121.22　　D. 138.89

【解析】假设张先生 80 岁去世，则 $n = 20 \times 12$，$FV = 0$，$i = 5\%/12$，$PMT = -8000$，$PV = 121.2202$（万元）。即张先生需要在退休的时候至少储备 121.22 万元的退休金。

二、多选题（下列选项中有两项或两项以上符合题目要求，请将符合题目要求选项的代码填入括号内）

1. 退休养老规划的重要性主要体现在（　　）。[2018 年 6 月真题]

A. 通货膨胀率居高不下　　B. 社会老龄化趋势

C. 医疗和健康费用持续增加　　D. 生活品质提高和额外支出增加

30D　31B　32C　▍　1ABCDE

E. 养老保障制度不完善

【解析】退休养老规划的重要性主要体现在以下几个方面：①社会老龄化趋势；②医疗和健康费用持续增加；③通货膨胀率居高不下；④生活品质提高和额外支出增加；⑤养老保障制度尚不完善。

2. 进行退休规划安排时，需要考虑的因素有(　　)以及预期生活方式、现有资产状况、预期投资回报率。[2016 年 11 月真题]

A. 寿命长短　　B. 教育背景　　C. 性别差异　　D. 退休年龄

E. 通货膨胀率

【解析】退休规划，即通过提供财务分析、财务规划、投资管理等一系列专业化服务，为个人客户实现退休无忧安排，维持自尊、自立、保持水准的退休生活。在进行退休规划安排时，需要考虑七方面的因素：退休年龄、寿命长短、性别差异、通货膨胀率、预期生活方式、现有资产状况、预期投资回报率。

3. 企业年金具有的特点有(　　)。[2016 年 11 月真题]

A. 年金的缴费或由企业承担，或由企业和职工共同承担

B. 企业自愿建立，国家不强制建立，不直接干预

C. 年金的缴费只由职工个人承担

D. 企业必须建立，国家强制建立，直接干预

E. 企业年金基金不属于委托人等各管理当事人的清算财产，中国是养老金信托制度的开创者

【解析】企业年金具有以下几个特点：①由企业自愿建立，国家不强制建立，不直接干预；②年金的缴费或由企业承担，或由企业和职工共同承担；③企业年金基金不属于委托人等各管理当事人的清算财产，中国是养老金信托制度的开创者。

4. 目前我国实行社会统筹和个人账户相结合的运行模式的保险形式有(　　)。[2015 年 10 月真题]

A. 基本医疗保险　　B. 失业保险　　C. 工伤保险　　D. 生育保险

E. 养老保险

【解析】目前，我国的基本社会保险包括“三险一金”：“三险”包括养老保险、医疗保险、失业保险；“一金”指的是住房公积金。其中养老保险、医疗保险和失业保险三种险是由企业和个人共同缴纳保费。

5. 企业职工基本养老保险制度的资金筹集来源主要包含(　　)几个方面。[2015 年 10 月真题]

A. 企业缴费　　B. 基金运营收入　　C. 个人薪酬扣除　　D. 财政支付

E. 其他补贴

【解析】企业职工基本养老保险制度的资金筹集来源主要包含五个方面：企业缴费、个人薪酬扣除、财政支付、基金运营收入和其他补贴。其中，企业缴费和个人薪酬扣除为资金筹集最为重要的来源。

2ACDE　3ABE　4ABE　5ABCDE

6. 下列关于我国养老保障制度的说法，正确的是(　　)。

A. 国家基本养老金计划覆盖面广泛，保障程度较高

B. 养老金缺口的解决问题对国家基本养老金计划提出了一定压力

C. 个人养老储蓄已经形成制度化

D. 现有的养老保险体系对保证退休者退休生活品质还存在较大缺口

E. 制定退休规划举足轻重，任重而道远

【解析】A 项，就我国现状而言，国家基本养老金计划覆盖面有限，保障程度也较低；C 项，个人养老储蓄还没有形成制度化，很多人没有对自己的养老问题做出财务制度安排。

7. 对于退休者个人而言，退休年龄直接影响退休规划的两个方面，即______和______。(　　)

A. 退休生活的时间长短所带来的退休费用多寡

B. 退休时身体健康状况所需要的医疗费用高低

C. 退休后所能领取的养老保险金额不同

D. 工作时长不同带来的对未来生活水平预期的不同

E. 工作时长不同带来的财富累积数量的区别

【解析】对于退休者个人而言，退休年龄直接影响退休规划的两个方面：①退休生活的时间长短所带来的退休费用多寡；②工作时长不同带来的财富累积数量的区别。

8. 一般来说，女性的退休规划应该比男性更早制定，其原因有(　　)。

A. 女性平均寿命高于男性

B. 大体上说，女性对生活质量的要求高于男性

C. 女性在工作期间平均收入低于男性

D. 女性的风险偏好程度较低，更愿意选择保守的投资理财方式

E. 女性年老后更容易生病，需要的医疗费用等比男性高

【解析】一般来说，女性的退休养老金需求高于男性，退休规划也应该更早制定。造成这一现状的原因主要有三点：①女性平均寿命高于男性；②女性在工作期间平均收入低于男性，形成收入差距，这种差距既会影响职业生涯的财富积累，也会影响到退休后相关收入的获得；③女性的风险偏好程度较低，更愿意选择保守的投资理财方式。

9. 理财师在做退休规划时需要了解客户家庭及个人的现有资产状况，其内容主要包括哪些？(　　)

A. 客户目前的家庭资产、现金流、人力资本(未来收入)等财务情况

B. 未来家庭成员的职业发展状况

C. 家庭成员的结构变化

D. 未来退休生活的收入来源

E. 家庭成员的婚姻状况

【解析】在制定退休规划前首先应对家庭及个人现有资产状况充分了解，包括两个方面：①要对客户目前的家庭资产、现金流、人力资本(未来收入)等财务情况以及未来家庭成员的职业发展状况、家庭成员的结构变化等进行评估；②了解现有资产状况有助于了解

6BDE　7AE　8ACD　9ABCD

未来退休生活的收入来源。

10. 一般来说，预期投资回报率的设定与下列哪些因素相关？(　　)

A. 客户的年龄
B. 客户的学历
C. 客户的风险偏好
D. 客户的性别
E. 客户的投资经验

【解析】一般来说，预期投资回报率的设定与客户的年龄、学历、风险偏好、对投资工具的认识、风险承受能力等相关。但总体而言，随着客户的年龄逐渐增大，投资风格总体应趋于稳健，应当避免风险过大的投资行为。

11. 退休养老需要的费用受到(　　)影响。

A. 生存寿命
B. 个人的健康状况
C. 家庭成员的健康状况
D. 医疗养老制度的改革
E. 通货膨胀率

【解析】在实际退休规划制定中，退休养老需要的费用受到生存寿命、个人和家庭成员的健康状况、医疗养老制度的改革、通货膨胀率等诸多因素的影响，很难准确估算。

12. 下列关于计算资金缺口的说法，正确的是(　　)。

A. 客户应该自筹的退休资金，即为退休规划的资金缺口
B. 退休养老基金的"大缺口"= *PV* 退休需求 - *PV* 退休后既定养老金
C. "小缺口"="大缺口"-已经积累退休养老金基金的现值
D. 养老金赤字 = 养老金总需求 - 养老金总供给
E. "小缺口"= *PV* 退休需求 -（*FV* 退休前资金积累 + *PV* 退休后既定养老金）

【解析】C 项，"大缺口"减去已经积累退休养老金在退休时刻的总价值，这样就得到了退休养老基金的小缺口，简称"小缺口"，又称"养老金赤字"。

13. 下列关于制定退休规划的说法中，正确的是(　　)。

A. 养老投资规划的制定，基于前期对客户财务状况的了解，包括现有储蓄、投资分布和风险偏好
B. 银行理财产品收益率较低，退休养老投资不宜参与
C. 随着退休年龄的临近，基金投资可以逐渐偏向中低风险的品种
D. 股票投资方面，由于股票市场风险较大，老年人不宜将过多比例的资产投资于股票市场
E. "反向按揭"住房没有风险

【解析】B 项，目前，许多银行推出不同期限的理财产品，退休养老投资可以适当参与；E 项，反按揭的方式类似于终身年金，风险在于待夫妻双方去世后金融机构仍可能享有部分处分房屋产权的权益。

14. 与社会养老保险相比，商业养老保险的特征有(　　)。

A. 品种较多
B. 缴费水平较高
C. 流动性水平较高
D. 风险收益水平较低
E. 退保成本较高

10ABC　11ABCDE　12ABDE　13ACD　14ABDE

【解析】商业养老保险是社会养老保险的有益补充，品种较多，缴费水平比社会养老保险高，相应保障水平也高。风险收益水平较低，流动性一般，退保成本较高。

15. 一般来说，客户对退休后生活乐观估计的原因包括(　　)。
A. 认为社会基本医疗保障足够承担医疗费用
B. 未充分考虑旅游、培养兴趣爱好等生活方式成本
C. 未充分考虑通货膨胀带来的资金贬值
D. 认为儿女将来的收入可覆盖其生活费用
E. 认为退休养老是很久远的事

【解析】客户对退休后生活乐观估计的原因包括：①认为退休后的社会保障、养老金计划或个人储蓄投资能够保障退休生活；②认为社会基本医疗保障足够承担医疗费用；③认为退休后生活开支会明显减少，未充分考虑旅游、培养兴趣爱好等生活方式成本；④未充分考虑通货膨胀带来的资金贬值，觉得拥有一笔看似不菲的养老金就能高枕无忧；⑤客户性格因素决定其更为关心当前生活，认为退休是很久远的事情，不愿意以影响当前生活的品质为代价规划未来。

16. 员工薪酬与退休规划有着紧密关系，主要表现在哪些方面？(　　)
A. 薪酬中的当期收入会通过个人收入分配方式为退休规划提供财务来源
B. 薪酬中的延期收入会给退休规划提供更多收入保障
C. 薪酬中的当期收入会给退休规划提供更多收入保障
D. 薪酬中的延期收入会通过个人收入分配方式为退休规划提供财务来源
E. 退休规划会影响薪酬结构的选择，进而影响员工的职业选择

【解析】员工薪酬与退休规划有着紧密关系：①员工薪酬会影响退休规划制定的多个方面。薪酬中的当期收入会通过个人收入分配方式为退休规划提供财务来源，比如税后工资的一部分可以被用于个人自筹的养老金积累；薪酬中的延期收入会给退休规划提供更多收入保障，如延期收入中的企业年金、社会保险等可以为客户提供一部分退休金，是退休生活的收入来源之一。②退休规划也会影响薪酬结构的选择，进而影响员工的职业选择。比如部分企业在薪酬构成中会给员工提供企业年金，这可能会吸引更多为退休规划筹划的员工加入企业。

17. 下列关于薪酬的说法，不正确的是(　　)。
A. 狭义的薪酬一般包括基本薪酬、奖金、津贴、福利等
B. 基本薪酬是指为员工完成特定工作技能而支付的稳定性现金报酬
C. 津贴主要是为了补偿员工特殊和额外的劳动消耗而支付给员工的补偿性薪酬
D. 奖金是根据绩效考核给予的业绩薪酬和激励薪酬
E. 福利是企业为员工提供的一种基本薪酬

【解析】B 项，基本薪酬是指为员工完成基本工作技能/能力而支付的稳定性现金报酬；E 项，福利是企业为员工提供的另一种补充性薪酬，以便为员工提供各种与生活质量保障、工作生活平衡相关的物质补偿与服务形式。

15ABCE　16ABE　17BE

18. 合理的企业年金的缴费水平应当考虑的因素包括(　　)。
A. 企业的经济承受能力
B. 企业的规模和类型
C. 企业年金的缴费水平应当为职工起到补充养老保险的作用
D. 员工的数量
E. 企业年金缴费应兼顾公平和效率

【解析】合理的企业年金的缴费水平应当考虑以下几个因素：①必须符合企业的经济承受能力。②企业年金的缴费水平应当为职工起到补充养老保险的作用，这是企业年金存在的根本价值。③企业年金缴费应兼顾公平和效率，一方面，作为单位福利的一种形式，企业年金应该尽量覆盖全体职工，并起到一定的激励作用；另一方面，又要注意公平原则，不要将差距拉得过于悬殊，打击职工的积极性。

19. 下列关于缴费确认型与待遇确定型企业年金的说法，正确的是(　　)。
A. 待遇确定型企业年金是一种完全积累类型的退休金计划
B. 两者的缴费模式相同
C. 待遇确定型企业年金风险全部由雇主承担
D. 缴费确认型企业年金养老金取决于个人账户余额
E. 两者的雇主责任和发放方式都相同

【解析】A 项，缴费确认型企业年金是一种完全积累类型的退休金计划。B 项，待遇确定型企业年金参保员工个人一般不缴费，雇主提供全部缴费；缴费确认型企业年金参保员工缴费，雇主提供匹配缴费。E 项，待遇确定型企业年金雇主提供承诺水平养老金的责任，承担积累基金投资运营的风险，发放方式为一次性发放或以年金的形式发放；缴费确认型企业年金雇主负责按事先确定的标准向企业年金计划缴费、向参保员工提供个人账户积累基金投资组合选择的专业知识培训、信息披露职责等，发放方式为一次性发放或以年金的形式发放，可能允许退休前提前提款。

20. 下列关于国家住房公积金的说法，正确的是(　　)。
A. 参保人依法履行缴费义务和使用基金购(盖)房，由政府确保支付的住房资助计划
B. 出境定居的不可以提取职工住房公积金账户内的存储余额
C. 住房公积金贷款具有“互助性、普遍性、利率低、期限长”的特点
D. 住房公积金实行“存贷结合、先贷后存、零借整还、贷款担保”的原则
E. 符合支取公积金的条件的客户，可以将公积金取出到银行办理房贷的提前还款

【解析】B 项，购买、翻建、建造、大修自住房的、离退休的、完全丧失劳动能力与单位终止劳动关系的、出境定居的、偿还购房贷款本息的、房租超出家庭工资收入规定比例的情况，都可以提取职工住房公积金账户内的存储余额；D 项，住房公积金实行“存贷结合、先存后贷、整借零还、贷款担保”的原则。

三、案例分析题(下列选项中至少有一项符合题目要求，请将正确选项的代码填入括号内)

1. 王先生今年 30 岁，在一家大公司工作，该公司效益较好，于今年成立了企业年金理事会，开始企业年金计划，要分别委托一家公司作为投资管理人，一家商业银行作为托管

18ACE　19CD　20ACE

人和账户管理人。

根据以上材料回答(1)~(5)题。[2015 年 10 月真题]

(1)关于企业年金的说法不正确的是(　　)。

A. 国家鼓励企业建立企业年金

B. 企业年金基金投资运营收益并入企业资产

C. 建立企业年金，企业应当与职工一方通过集体协商确定，并制定企业年金方案

D. 王先生若调动工作，新单位也有企业年金计划，王先生可将原年金账户资产转移至新的账户

【解析】企业年金基金投资运营收益，按净收益率计入企业年金个人账户。

(2)我国目前的企业年金计划均实行确定缴费计划(DC 计划)，下列属于退休时 DC 计划个人账户资产组成部分的是(　　)。(多选题)

A. 个人缴费　　B. 企业缴费　　C. 投资收益　　D. 社会收益

【解析】缴费确认型养老金权益的积累取决于个人余额，包括雇主缴费，员工缴费和累积基金投资收益部分。

(3)如果王先生每月缴费 500 元。公司按照 1∶1 的比例缴费，在 6% 的年平均收益率下，到 60 岁退休时，个人账户余额最接近(　　)万元。

A. 47　　B. 6　　C. 100　　D. 136

【解析】$FV(PV=0, PMT=-1000, i=6\%/12=0.5\%, n=30\times12=360)=1004515.04$(元)。

(4)接上题，如果王先生预计退休时个人账户资产应达到 150 万元，才能维持较好的生活水准，则每月应缴费(　　)元。

A. 747　　B. 1052　　C. 1200　　D. 2050

【解析】$PV=0$，$FV=1500000$，$i=6\%/12=0.5\%$，$n=30\times12=360$，$PMT=-1493.26$(元)，其中个人每月应缴费 $=1493.26/2=746.63$(元)。

(5)退休后，王先生决定将个人账户资产全部取出，在随后的资产配置中，下列(　　)是不恰当的。

A. 找理财师，寻求合理建议

B. 可以适当持有股票，以规避通货膨胀的风险

C. 不应再持有股票，以债券和现金为主

D. 应保持较好的流动性

【解析】一般而言，用于退休养老金的投资要以稳健为主。有较大风险承受能力的人可以适当考虑将部分资金投资于股票、股票基金等风险收益相对较高的产品。资产配置的原则应当是在安全的基础上保持适当的收益率。所以在退休后，王先生将个人账户资产全部取出，在随后的资产配置中也可以适当的持有股票。

2. 老王今年 52 岁，某公司中层管理人员，月税后收入 8000 元，离异，与儿子小王共同生活，小王大专毕业，现为某超市财务人员，月税后收入 3000 元，他们目前居住的两居

1(1)B　(2)ABC　(3)C　(4)A　(5)C

室市价为90万元。老王目前有60万元的储蓄，他预算60岁退休后每月生活费5000元，假设老王预期寿命为85岁，不考虑他的社保，目前的储蓄包括一些基金证券，退休前整体收益率为5%，退休后全部转化为存款，年收益率为3%。

根据以上材料回答(1)~(5)题。

(1)老王退休时的退休基金缺口为(　　)元。

A. 170544.95　　B. 167909.00　　C. 613527.25　　D. 296956.65

【解析】老王退休后的基金总需求：$PV(FV=0, PMT=-5000, i=3\%/12=0.25\%, n=25\times12=300$，期初年金$)=1057018.22$(元)；储蓄到退休时的价值：$600000\times(1+5\%)^8=886473.27$(元)。则老王的退休基金缺口为$1057018.22-886473.27=170544.95$(元)。

(2)为了弥补资金缺口，老王每月工资最多能够消费的金额为(　　)元。

A. 5478.62　　B. 2789.45　　C. 6574.28　　D. 6551.52

【解析】计算老王每月需节余的金额：$PV=0$，$FV=170544.95$，$i=5\%/12$，$n=8\times12=96$，$PMT=-1448.48$。则为了弥补资金缺口，老王每月的工资最多能消费$8000-1448.48=6551.52$(元)。

(3)考虑儿子的收入水平，老王打算帮儿子购买一套房子，以备将来结婚之用，如果将小王目前税后收入的一半拿来付月供，按照25年期，6%的贷款利率，贷款二成，则老王需要为儿子支付(　　)元的首付款。

A. 1046855　　B. 837484　　C. 1164050　　D. 931241.2

【解析】计算老王儿子还贷总额的现值：$PV(FV=0, PMT=-3000/2=-1500, i=6\%/12=0.5\%, n=25\times12=300$，期末年金$)=232810.30$(元)。则老王需要为儿子支付的首付款为：$232810.30\times80\%/20\%=931241.2$(元)。

(4)考虑到为儿子买房子需要支付上述金额，并且小王的月供压力也较大，老王决定把现有的房子卖掉，同时将其60万元的储蓄拿出一半，一共120万元，为小王支付房款，则此时，老王的退休金缺口为(　　)元。

A. 613782　　B. 676987　　C. 611145　　D. 674351

【解析】30万元储蓄到退休时的价值：$300000\times(1+5\%)^8=443236.63$(元)。则老王的退休金缺口为：$1057018.22-443236.63=613782$(元)。

(5)既然已经没有房子，老王考虑退休后回老家县城生活，这样就可以节省开支，届时每月退休生活费为2500元(含租费)，则其每月还需要向其基金投入(　　)元。(结果取整数)

A. 713　　B. 724　　C. 1250　　D. 1261

【解析】老王退休后的基金总需求：$PV(FV=0, PMT=-2500, i=3\%/12=0.25\%, n=25\times12=300$，期初年金$)=528509.11$(元)；则退休金缺口$=528509.11-443236.63=85272.48$(元)。则每月需要向其基金的投入：$PV=0$，$FV=85272.48$，$i=5\%/12$，$n=8\times12=96$，$PMT=-724.24$。所以，每月需要向其基金的投入为724元。

2(1)A　(2)D　(3)D　(4)A　(5)B

3. 王先生夫妇今年都刚过40岁，年收入20万元左右，打算60岁退休，估计夫妇退休后第一年生活费为10万元，考虑到通货膨胀的因素，夫妻俩每年的生活费用估计会以每年3%的速度增长。预计两人寿命可达80岁，并且现在拿出10万元作为退休基金的启动资金。夫妻俩均享受国家基本养老保险，退休后夫妻俩每年能拿到大约4万元退休金。夫妻俩在退休前采取较为积极的投资策略，假定回报率为6%，退休后采取较为保守的投资策略，假定回报率为3%。

根据以上材料回答(1)~(4)题。

(1)王先生夫妇在退休时需要准备(　　)万元退休养老基金。

A. 120　　B. 180　　C. 200　　D. 250

【解析】由于王先生夫妇退休后的投资年回报率与当时的通货膨胀率相同(均为3%)并且夫妇俩预计退休后还可生存20年，故退休资金需求折现至退休时约为：$(10-4)\times 20=120$(万元)。

(2)王先生夫妇目前拿出的10万元退休启动资金到他们退休时可以增值到(　　)元。

A. 321714　　B. 320714　　C. 322714　　D. 323714

【解析】王先生夫妇的10万元退休启动资金到退休时的总额为：$100000\times(1+6\%)^{20}=320714$(元)。

(3)王先生夫妇的退休养老金的缺口为(　　)元。

A. 909286　　B. 899286　　C. 889286　　D. 879286

【解析】王先生夫妇的退休养老金的缺口$=1200000-320714=879286$(元)。

(4)为了弥补退休金缺口，王先生夫妇准备每年年末投入一笔固定的资金进行退休基金的积累。如果要在退休时刚好补足退休基金缺口，则王先生夫妇每年需要往基金里投入(　　)元。

A. 20197　　B. 22636　　C. 23903　　D. 25015

【解析】计算每月需要往基金里投入的金额：$PV=0$，$FV=879286$，$i=6\%$，$n=20$，$PMT=-23903$ 元。

4. 杨女士于年初跳槽到一家跨国公司。该跨国公司为外企，杨女士认为在外企工作有很多不确定的因素，以后的生活也可能会很不稳定。所以杨女士开始考虑是否从现在开始规划自己的退休养老生活比较好。

根据以上材料回答(1)~(2)题。

(1)理财师建议杨女士现在就开始为自己的退休养老进行投资，因为现在投资负担相对更轻。为此他特地为杨女士算了一笔账：目前杨女士25岁，如果她在25岁到30岁之间每年拿出2500元用于以后的退休养老，假设投资收益率为12%，并且在31岁到65岁之间不进行额外投资，则从25岁到30岁6年之间的投资额在65岁时(岁末)可以增值到(　　)元。

A. 1071199　　B. 1124000　　C. 1263872　　D. 1186101

【解析】计算30岁时的投资收益总额：$FV(PV=0，PMT=-2500，i=12\%，n=6)=$

3(1)A　(2)B　(3)D　(4)C　4(1)A

20288(元)；在 31 岁到 65 岁之间不进行额外投资，则到 55 岁时，投资收益总额为：$20288 \times (1+12\%)^{35} = 1071199$(元)。

(2)接上题，如果杨女士在 31 岁到 65 岁之间每年拿出 2500 元用于投资，同样假设投资收益率为 12%，则从 31 岁到 65 岁(岁末)35 年间的投资在 65 岁(岁末)可以增值到(　　)元。

A. 984561　　B. 1079159　　C. 1135671　　D. 1200541

【解析】计算 31 岁到 65 岁的投资收益总额：$FV(PV=0, PMT=-2500, i=12\%, n=35)=1079159$(元)。

5. 马先生今年 40 岁，打算 60 岁退休，预计他可以活到 85 岁，考虑到通货膨胀的因素，退休后每年生活费大约需要 15 万元(岁初从退休基金中提取)。马先生拿出 15 万元储蓄作为退休基金的启动资金(40 岁初)，并打算以后每年年末投入一笔固定的资金。马先生在退休前采取较为积极的投资策略，假定年回报率为 9%；退休后采取较为保守的投资策略，假定年回报率为 6%。

根据以上材料回答(1)~(6)题。

(1)马先生退休后余年为(　　)年。

A. 24　　B. 25　　C. 26　　D. 27

【解析】根据题意，马先生打算 60 岁退休，预计可以活到 85 岁，故其退休后余年为 25 年。

(2)马先生在 60 岁的时候需要准备(　　)元退休金才能实现他的养老目标。

A. 560441　　B. 1278336　　C. 1355036　　D. 2032554

【解析】马先生退休后的基金总需求：$PV(FV=0, PMT=-150000, i=6\%, n=25$，期初年金$)=2032554$(元)。

(3)马先生拿出 15 万元储蓄作为退休基金的启动资金(40 岁初)，到 60 岁的时候这笔储蓄会变成(　　)元。

A. 840662　　B. 1255036　　C. 1355036　　D. 1555036

【解析】马先生的 15 万元储蓄到 60 岁时，投资收益总额为：$150000 \times (1+9\%)^{20} = 840662$(元)。

(4)由于马先生有 15 万元储蓄作为退休基金的启动资金，不考虑退休基金的其他来源，那么马先生在 60 岁时退休基金的缺口是(　　)元。

A. 755036　　B. 855036　　C. 960441　　D. 1191892

【解析】退休基金的缺口 $=2032554-840662=1191892$(元)。

(5)马先生每年还应投入(　　)元资金才能弥补退休基金的缺口。

A. 1055036　　B. 125536　　C. 23297　　D. 294595

【解析】为弥补退休基金的缺口，马先生每年投入资金为：$PV=0$，$FV=1191892$，$i=9\%$，$n=20$，$PMT=-23297$ 元。

---

(2)B　5(1)B　(2)D　(3)A　(4)D　(5)C

(6)若马先生将15万元的启动资金用于应付某项突发事件，则马先生需要修改自己的退休规划。若假设马先生希望保持退休后的生活水平，那么马先生需要增加每年对退休基金的投入额，新的每年的投入额是(　　)元。

A. 10506　　B. 12554　　C. 37480　　D. 39729

【解析】为弥补退休基金的缺口，马先生每年投入资金为：$PV=0$，$FV=2032554$，$i=9\%$，$n=20$，$PMT=-39729$ 元。

6. 张先生夫妇今年均已40岁，家里存款在50万元左右。他和妻子两个人每月收入大约1万元，月花费近4000元。张先生和妻子计划在10年后退休，假设他们退休后再生存30年，且他们每年花费18万元(注：这笔钱在每年年初拿出)，减掉基本养老保险和保险公司给予的保险金3万元，每年还需要15万元。假设张先生在退休前后的投资收益率均为5%。

根据以上材料回答(1)~(6)题。

(1)张先生在50岁时需准备(　　)元退休基金才能实现自己的生活目标。

A. 1614107　　B. 1721445　　C. 1998419　　D. 2421161

【解析】张先生在50岁时需准备的退休基金为：PV($FV=0$，$PMT=-150000$，$i=5\%$，$n=30$，期初年金)$=2421161$(元)。

(2)张先生50岁时的50万元的存款在退休后会变成(　　)元。

A. 338013　　B. 172144　　C. 628894　　D. 814447

【解析】张先生的50万元储蓄到60岁时总额为：$500000\times(1+5\%)^{10}=814447$(元)。

(3)张先生将现在每月的结余6000元存入银行在退休后会变成(　　)元。

A. 338013　　B. 931694　　C. 291653　　D. 94595

【解析】张先生将现在每月的结余6000元存入银行在退休后总额为：FV($PV=0$，$PMT=-6000$，$i=5\%/12$，$n=10\times12=120$)$=931694$(元)。

(4)根据上面的准备方法，张先生的退休资金的缺口为(　　)元。

A. 338013　　B. 272144　　C. 352199　　D. 675020

【解析】根据上面的准备方法，张先生的退休资金的缺口$=2421161-814447-931694=675020$(元)。

(5)如果张先生夫妇坚持退休后生活质量不下调，那么张先生夫妇需要再工作(　　)年后才能退休。(假设张先生夫妇退休后仍然再生存30年)

A. 15　　B. 10　　C. 14　　D. 20

【解析】计算为了保持退休后的生活质量不下调，张先生夫妇需要工作的时间：$PV=500000$，$FV=2421161$，$PMT=-6000$，$i=5\%/12$，得到：$n=166$(月)$=14$(年)。

(6)假设张先生如果还想在50岁退休的话，那么他需要每月追加存款(　　)元。

A. 3644　　B. 4347　　C. 4678　　D. 4912

【解析】如果张先生在50岁退休，计算他需要每月追加存款：$PV=0$，$FV=675020$，$i=$

(6)D　6(1)D　(2)D　(3)B　(4)D　(5)C　(6)B

$5\%/12$，$n=10\times12=120$，$PMT=-4347$ 元。

7. 李先生今年 35 岁，是某大学一名教师，他计划 65 岁时退休。为了在退休后仍然能够保持生活水平不变，李先生决定请理财师为其进行退休规划。综合考虑各种因素，李先生的退休规划要求如下：①预计李先生退休后每年需要生活费 11.5 万元；②按照经验寿命依据和李先生具体情况综合推算，预计李先生可以活到 82 岁；③李先生准备拿出 20 万元作为退休储备金的启动资金；④采用定期定额投资方式；⑤退休前投资的期望收益率为 6.5%；⑥退休后投资的期望收益率为 4.5%。

根据以上材料回答(1)~(9)题。

(1)初步测算李先生从现在到退休，还需要工作(　　)年。

A. 29　　B. 30　　C. 31　　D. 32

【解析】李先生今年 35 岁，计划 65 岁退休，李先生还需要工作 30 年(=65-35)。

(2)初步测算李先生退休后还能活(　　)年。

A. 14　　B. 15　　C. 16　　D. 17

【解析】李先生 65 岁退休，按照经验寿命依据和李先生具体情况综合推算，预计李先生可以活到 82 岁，所以，李先生退休后还能活 17 年(=82-65)。

(3)为了在退休后仍然能够保持较高的生活水平，在退休时退休基金的账户余额应为(　　)万元。(按先付年金模式计算)

A. 98.58　　B. 100.68　　C. 140.69　　D. 170.89

【解析】退休时其退休基金的账户余额应为：$PV(FV=0$，$PMT=-11.5$，$i=4.5\%$，$n=17$，期初年金)=140.69(万元)。

(4)李先生准备拿出 20 万元作为退休规划的启动资金，到退休时基金额度为(　　)万元。

A. 132　　B. 143　　C. 151　　D. 172

【解析】20 万元的退休规划启动资金，到退休时基金额度为：$20\times(1+6.5\%)^{30}=132$(万元)。

(5)李先生退休时的基金缺口为(　　)万元。

A. 5.58　　B. 8.69　　C. 20.58　　D. 22.58

【解析】退休时的基金缺口为：140.69-132=8.69(万元)。

(6)李先生准备拿出 20 万元作为退休规划的启动资金，同时保证退休后仍然能够保持较高的生活水平，李先生每年年末需追加投资(　　)万元。

A. 0.03　　B. 0.10　　C. 0.15　　D. 0.8

【解析】计算李先生每年年末需追加投资额：$PV=0$，$FV=8.69$，$i=6.5\%$，$n=30$，$PMT=-0.10$ 万元。

(7)李先生准备拿出 20 万元作为退休规划的启动资金，为了保证退休后能够保持较高的生活水平，李先生调整了退休规划，每年投资 5000 元，则退休时李先生的账户余额为

7(1)B　(2)D　(3)C　(4)A　(5)B　(6)B　(7)D

(　　)万元。

A. 157.47　　B. 159.78　　C. 167.47　　D. 175.47

【解析】退休时李先生的账户余额为：$FV(PV=20, PMT=-0.5, i=6.5\%, n=30)=175.47$(万元)。

(8)如果李先生准备拿出20万元作为退休规划的启动资金不变，同时退休基金缺口为零，需要将收益率提高到(　　)。

A. 6.72%　　B. 6.91%　　C. 7.05%　　D. 7.26%

【解析】计算投资收益率：$PV=20$，$FV=140.69$，$PMT=0$，$n=30$，得到：$i=6.72\%$。

(9)如果李先生准备拿出20万元作为退休规划的启动资金不变，同时退休基金缺口为零，李先生得延长工作(　　)年。

A. 1　　B. 2　　C. 3　　D. 4

【解析】计算需要工作的时间：$PV=20$，$FV=140.69$，$PMT=0$，$i=6.5\%$，得到：$n=31$(年)，则需要延长工作1年。

8. 杨先生今年45岁，打算60岁退休，考虑到通货膨胀，退休后每年生活费需要10万元，杨先生预计可以活到80岁。为了维持退休后的生活，杨先生年初拿出10万元储蓄作为退休基金的启动资金，并打算每年年末投入一笔固定的资金。杨先生在退休前采取较为积极的投资策略，假定年回报率为9%，退休后采取较为保守的投资策略，假定年回报率为6%。

根据以上材料回答(1)~(10)题。

(1)杨先生退休后的余年为(　　)年。

A. 19　　B. 20　　C. 21　　D. 22

【解析】杨先生60岁退休，预计可以活到80岁，杨先生退休后的余年 $=80-60=20$(年)。

(2)杨先生60岁退休时退休基金必须达到的规模是(　　)元。

A. 1355036　　B. 1146992　　C. 1215812　　D. 1046992

【解析】杨先生退休后20年的总支出折算到60岁时点，$PV(FV=0, PMT=-100000, i=6\%, n=20$，期初年金$)=1215812$(元)。

(3)假定年投资回报率为9%，杨先生45岁时10万元的启动资金到60岁时增长到(　　)元。

A. 264248　　B. 334886　　C. 364248　　D. 398476

【解析】杨先生10万元退休启动资金到60岁时，投资收益总额为：$100000\times(1+9\%)^{15}=364248$(元)。

(4)杨先生60岁退休时的退休基金缺口为(　　)元。

A. 677544　　B. 698756　　C. 798446　　D. 851564

【解析】杨先生60岁退休时的退休基金缺口 $=1215812-364248=851564$(元)。

---

(8)A　(9)A　8(1)B　(2)C　(3)C　(4)D

(5)从现在开始，杨先生需要每年另外投入(　　)元资金以弥补基金缺口。

A. 13348　　B. 15675　　C. 25958　　D. 29003

【解析】计算每年需要往基金里的投入：$PV=0$，$FV=851564$，$i=9\%$，$n=15$，$PMT=-29003$ 元。

(6)若由于某种原因，将 10 万元的启动资金用于应付某一突发事件，则杨先生需要修改自己的退休规划，杨先生每年对退休基金的投入额为(　　)元。

A. 27298　　B. 30056　　C. 39065　　D. 41409

【解析】计算每月需要往基金里的投入：$PV=0$，$FV=1215812$，$i=9\%$，$n=15$，$PMT=-41409$ 元。

(7)如果今年年初杨先生中了彩票，一次性又投入了 30 万，那么退休时的基金增到(　　)元。

A. 1456993　　B. 1485697　　C. 2017942　　D. 2146992

【解析】10 万元的退休启动资金和 30 万的彩票奖金，退休时基金为：$(100000+300000)\times(1+9\%)^{15}=1456993$(元)。

(8)接上题，可以预测到杨先生退休时，基金的盈余为(　　)元。

A. 201474　　B. 241181　　C. 273965　　D. 304965

【解析】杨先生退休时，基金的盈余 $=1456993-1215812=241181$(元)。

(9)假设杨先生的工资上涨，启动资金仍为 10 万元，每年基金投入量为 3 万元(后付)，没有其他投资，那么到退休时的基金规模达到(　　)元。

A. 1245075　　B. 1338497　　C. 1585489　　D. 2014546

【解析】计算杨先生退休时的基金规模：$FV(PV=100000,\ PMT=-30000,\ i=9\%,\ n=15)=1245075$(元)。

(10)此时预测到杨先生退休时，养老基金有(　　)元的盈余。

A. 14576　　B. 24576　　C. 29263　　D. 36482

【解析】基金的盈余 $=1245075-1215812=29263$(元)。

9. 石先生今年 48 岁，每月税后工资为 4500 元，他妻子高女士 43 岁，每月税后工资为 3000 元，他们有一个孩子小石，今年 16 岁，2 年后就要上大学。他们目前居住的三居室的房子市价为 56 万元，二人为孩子大学学习生活费已经积累了 15 万元的教育基金，另外家里还有 20 万元的存款。目前大学四年的学费共计 5 万元，另外生活费共计 8 万元，学费上涨率为每年 5%，如果石先生的基金投资收益率为 4%。二人的存款年收益率为 2.5%，目前不算孩子，二人每月生活费为 3000 元，通货膨胀率为每年 3%，假设考虑退休，石先生夫妇预计寿命都为 85 岁，石先生 60 岁退休，高女士 55 岁退休，二人退休后无其他收入来源，届时的基金收益率调整为每年 3%。

根据以上材料回答(1)～(5)题。

(1)如果小石从读大学开始，石先生将教育和生活的费用全部准备好，此后小石完全独

---

(5)D　(6)D　(7)A　(8)B　(9)A　(10)C　9(1)D

立，则石先生需要为小石在今年准备(　　)元的教育金。

A. 55125　　B. 84872　　C. 139997　　D. 129435

【解析】两年后所需的学费和生活费 $=50000\times(1+5\%)^2+80000\times(1+3\%)^2=139997$(元)；以4%的基金投资收益率为折现率，则今年应准备 $139997/(1+4\%)^2=129435$(元)。

(2)如果石先生将小石教育基金中节余的资金取出，另外开立账户，并将其目前的存款一并转入该账户，配置基金及收益率保持不变，则相对原来计划的20万元存款，在他退休时可以多得到(　　)元的退休金。

A. 84154　　B. 51218　　C. 353132　　D. 320206

【解析】教育基金结余为：$150000-129435=20565$(元)，并入新账户总存款额 $=200000+20565=220565$(元)，到退休时新账户存款终值 $=220565\times(1+4\%)^{12}=353132$(元)，新账户与原存款账户到退休时的终值差额为：$353132-200000\times(1+2.5\%)^{12}=84154$(元)。

(3)石先生退休时，他和高女士每月的生活费应为(　　)元才能保证生活水平没有发生变化。

A. 3000　　B. 4277　　C. 4803　　D. 4032

【解析】石先生到退休还有12年，考虑每年的通货膨胀率为3%，则石先生退休时两人每月生活费 $=3000\times(1+3\%)^{12}=4277$(元)。

(4)石先生和高女士退休后共需要(　　)元的退休生活费。(石先生去世后，高女士一人的生活费为二人时的一半)

A. 990000　　B. 900000　　C. 1411410　　D. 1283100

【解析】预期寿命为85岁时，夫妻二人一起生活25年，高女士一人生活5年，基于上题答案，石先生和高女士退休后共需生活费 $=4277\times12\times25+4277\div2\times12\times5=1411410$(元)。

(5)石先生夫妇的退休金缺口为(　　)元。

A. 1058278　　B. 1091204　　C. 929968　　D. 962894

【解析】石先生夫妇的退休金缺口 $=1411410-353132=1058278$(元)。

10. 王女士夫妇今年均为35岁，两人打算55岁退休，预计生活至85岁，王女士夫妇预计在55岁时的年支出为10万元，现在家庭储蓄为10万元。假设通货膨胀率保持3%不变，退休前，王女士家庭的投资收益率为8%，退休后，王女士家庭的投资收益率为3%。

根据以上材料回答(1)~(5)题。

(1)综合考虑通货膨胀率与投资收益率，王女士夫妇56岁的年支出在55岁时的现值为(　　)元。

A. 110000　　B. 100000　　C. 135291　　D. 139271

【解析】该笔支出的现值 $=100000\times(1+3\%)/(1+3\%)=100000$(元)。

---

(2)A　(3)B　(4)C　(5)A　10(1)B

(2)王女士夫妇一共需要(　　)元养老金。

A. 3398754　　B. 3598754　　C. 3000000　　D. 3977854

【解析】预计生活至85岁，则应准备退休后30年的养老金，为 $100000 \times 30 = 3000000$(元)。

(3)在王女士55岁时，其家庭储蓄恰好为(　　)元。

A. 466095.71　　B. 524743.26　　C. 386968.45　　D. 396968.45

【解析】10万元储蓄到退休时终值 $= 100000 \times (1 + 8\%)^{20} = 466095.71$(元)。

(4)王女士夫妇的退休金缺口为(　　)元。

A. 2654011.24　　B. 2564011.42　　C. 2533904.29　　D. 2546011.24

【解析】退休金缺口 $= 3000000 - 466095.71 = 2533904.29$(元)。

(5)如果王女士夫妇采取定期定额投资方式积累退休金，则每年还需要投资(　　)元。

A. 54626.41　　B. 54662.41　　C. 54666.41　　D. 55371.41

【解析】计算每年投资额：$PV = 0$，$FV = 2533904.29$，$i = 8\%$，$n = 20$，$PMT = -55371.41$ 元。

11. 联科集团是北京市一家发展迅速的高科技企业，为了使职工更大程度地参与企业管理和企业效益分配，增强职工的凝聚力和向心力，鼓励职工爱岗敬业，在企业长期工作，公司老板张总计划制定年金计划，但是对于年金不是很了解，理财师就相关问题进行了解释。

根据以上材料回答(1)~(3)题。

(1)理财师给张总详细地介绍了企业年金的特征，其中不包括(　　)。

A. 中国是养老金信托制度的开创者　　B. 企业自愿

C. 国家直接干预　　D. 企业缴费或企业与职工共同缴费

【解析】企业年金的特点有：①由企业自愿建立，国家不强制建立，不直接干预；②年金的缴费或由企业承担，或由企业和职工共同承担；③企业年金基金不属于委托人等各管理当事人的清算财产，中国是养老金信托制度的开创者。

(2)理财师向张总解释，在我国企业年金缴费由(　　)来负担。

A. 企业　　B. 政府和企业　　C. 政府和个人　　D. 企业和个人

【解析】企业年金所需费用由企业和职工个人共同缴纳。企业缴费每年不超过本企业职工工资总额的8%，企业和职工个人缴费合计不超过本企业职工工资总额的12%。

(3)根据国家规定，我国企业年金的领取时间为(　　)。

A. 65岁　　B. 45岁

C. 国家统一规定的法定退休年龄　　D. 企业自主决定

【解析】根据《企业年金办法》，职工领取企业年金的条件是：在达到国家规定的退休年龄或者完全丧失劳动能力时，可以从本人企业年金个人账户中一次或定期领取企业年金，也可以将本人企业年金个人账户资金全部或者部分购买商业养老保险产品，依据

---

(2)C　(3)A　(4)C　(5)D　11(1)C　(2)D　(3)C

保险合同领取待遇并享受相应的继承权。

12. 王先生今年45岁，是某大型国有企业的销售部经理。王先生对养老保险问题知之甚少，但是随着年龄的增长，王先生开始越来越多地考虑退休以后的生活。虽然知道单位给自己缴纳了养老保险金，但是王先生并不清楚养老保险具体是怎么回事，自己退休后的生活有多大程度的保障。为此，王先生就相关问题向理财师进行咨询。
根据以上材料回答(1)～(3)题。
(1)王先生常听人说单位为职工缴纳了保险金，并且每次发工资时工资条上还列出了扣除包括养老保险在内的各种费用，但他却不清楚，养老保险费是谁缴纳的。理财师告诉他，实际上社会养老保险的主要缴付人是(　　)。
A. 个人　　B. 中央财政　　C. 企业和个人　　D. 企业
【解析】企业职工基本养老保险制度的资金筹集来源主要包含五个方面：企业缴费、个人薪酬扣除、财政支付、基金运营收入和其他补贴。其中，企业缴费和个人薪酬扣除为资金筹集最为重要的来源。

(2)王先生除了关心养老保险的缴费问题外，还关心自己将来如何领取养老金。理财师解释：我国现在基本养老金的计发办法采取“新人新制度、老人老办法、中人逐步过渡”的方式，其中在《国务院关于建立统一的企业职工基本养老保险制度的决定》(国发[1997]26号)实施后参加工作的参保人员属于(　　)。
A. 新人　　B. 老人　　C. 中人　　D. 少人
【解析】以《国务院关于建立统一的企业职工基本养老保险制度的决定》(国发[1997]26号)为分界线，在决定实施后参加工作、缴费年限累计满15年的人员，退休后按月发给基本养老金。“新人”是指在新制度后参加工作的群体。

(3)王先生的父亲王老先生于1995年退休，根据《国务院关于建立统一的企业职工基本养老保险制度的决定》(国发[1997]26号)，王老先生属于(　　)。
A. 新人　　B. 老人　　C. 中人　　D. 少人
【解析】《国务院关于建立统一的企业职工基本养老保险制度的决定》(国发[1997]26号)实施前已经离退休的参保人员属于“老人”。王老先生于1995年退休，在该决定实施前退休，因此属于“老人”。

12(1)C　(2)A　(3)B

第五章　投资规划

一、单选题(下列选项中只有一项最符合题目要求，请将正确选项的代码填入括号内)

1. 根据债券定价原理，如果某种息票债券的市场价格等于面值时，以下说法正确的是(　　)。[2018 年 10 月真题]

A. 债券到期收益率大于其票面利率　　B. 债券到期收益率等于其票面利率

C. 债券到期收益率小于其票面利率　　D. 债券到期收益率等于其必要收益率

【解析】当债券价格等于面值(平价)的时候，票面利率 = 即期收益率 = 到期收益率。

2. 下列事件中，属于由非系统性风险造成证券价格变化的是(　　)。[2018 年 6 月真题]

A. 人民币升值趋势明显，热钱加速流入，受此影响，某银行股票价格大幅上涨

B. 中国人民银行突然宣布提高基准利率，受此影响，某地产公司股票价格大幅下降

C. 受欧债危机影响，全球股票市场均出现不同幅度下跌

D. 某上市公司董事长被司法部门调查，受此影响，该公司股票价格大幅下跌

【解析】投资风险是指投资收益率的不确定性，按照风险可否分散，可将风险分为系统性风险和非系统性风险。系统性风险是由那些影响整个投资市场的风险因素所引起的，这些因素包括经济周期、国家宏观经济政策的变动等。非系统性风险是一种与特定公司或行业相关的风险。ABC 三项是系统性风险。

3. 对于投资者来说，一只股票上涨的同时另一只股票也上涨，说明两只股票呈现(　　)。[2017 年 10 月真题]

A. 正相关性　　B. 负相关性　　C. 不相关性　　D. 零相关性

【解析】相关系数等于两种金融资产的协方差除以两种金融资产的标准差的乘积。由于标准差总是正值，因此相关系数的符号取决于两个变量的协方差的符号。如果相关系数为正，则表明两种资产的收益正相关；如果相关系数为负，说明两种资产的收益负相关；如果相关系数为零，说明两种资产的收益之间没有相关性。

4. 在资本定价模型下，投资者甲的风险承受能力比投资者乙的风险承受能力强，则(　　)。[2017 年 6 月真题]

A. 甲的无差异曲线比乙的无差异曲线向上弯曲的程度大

B. 甲的收益要求比乙大

C. 乙的收益比甲高

D. 相同的风险状态下，乙对风险的增加要求更多的风险补偿

【解析】厌恶风险程度越高的投资者，其无差异曲线的斜率越陡。由于乙更厌恶风险，所以相同的风险状态下，乙对风险的增加要求更多的风险补偿。

1B　2D　3A　4D

5. 折价出售的债券的到期收益率与该债券的票面利率之间的关系是(　　)。[2016 年 11 月真题]

A. 到期收益率大于票面利率

B. 到期收益率小于票面利率

C. 长期债券的到期收益率大于其票面利率，短期债券的票面利率大于到期收益率

D. 到期收益率等于票面利率

【解析】当债券价格等于面值(平价)的时候，票面利率 = 即期收益率 = 到期收益率；当债券价格大于面值(溢价)的时候，票面利率 > 即期收益率 > 到期收益率；当债券价格小于面值(折价)的时候，票面利率 < 即期收益率 < 到期收益率。

6. 下列债券中，对市场利率最敏感的是(　　)。[2017 年 6 月真题]

A. 5 年期，息票率 8%　　B. 10 年期，息票率 10%

C. 5 年期，息票率 10%　　D. 10 年期，息票率 8%

【解析】影响债券价格波动性的因素包括：①债券的票面利率，债券的票面利率越低，波动性越大；②债券的期限，债券的期限越长，波动性越大；③债券的到期收益率，债券的到期收益率越小，波动性越大。

7. 某投资组合是有效的，其标准差为 18%，市场组合的预期收益率为 17%，标准差为 20%，无风险收益率为 5%。根据市场线方程，该投资组合的预期收益率为(　　)。[2015 年 10 月真题]

A. 18.33%　　B. 12.93%　　C. 15.8%　　D. 19%

【解析】根据资本市场线方程 $\overline{R}_P = R_f + \left[\frac{\overline{R}_M - R_f}{\sigma_M}\right]\sigma_P$，可计算得到该投资组合的预期收益率为：5% +(17% −5%) ÷20% ×18% =15.8%。

8. 客户王女士在理财师小李的推荐下购买了一种资产配置。几年后，在评估金额时，小李发现该配置的詹森比率为 0.8%，表明该资产配置过去几年的实际收益率(　　)。[2015 年 10 月真题]

A. 比无风险收益高 0.8%　　B. 比无风险收益低 0.8%

C. 比市场平均水平高 0.8%　　D. 比市场平均水平低 0.8%

【解析】詹森指数是指在给出投资组合的贝塔及市场平均收益率的条件下，投资组合收益率超过 CAPM 预测收益率的部分。如果投资组合位于证券市场线的上方，则 α 值大于零，说明投资组合收益率高于市场平均水平，可以认为其绩效很好；如果投资组合位于证券市场线的下方，则 α 值小于零，表明该组合的绩效不好。其公式为：$\alpha_P = R_P - [R_f + \beta_P(R_M - R_f)]$。

9. 张先生请他的理财经理规划教育投资用于他儿子 10 年后的出国留学费用。经测算，必要的投资回报率为 7%，无风险收益率为 5%，以下四组投资组合中最适合的是(　　)。[2015 年 10 月真题]

5A　6D　7C　8C　9A

	组合一	组合二	组合三	组合四
平均收益	7.5%	6.8%	7.2%	7%
标准差	15%	12%	12%	10%

A. 组合四　　B. 组合一　　C. 组合二　　D. 组合三

【解析】可用夏普比率来评价这四个组合的业绩。夏普比率等于投资组合在选择期间内的平均超额收益率与这期间收益率的标准差的比值。它衡量了投资组合每单位波动性所获得的回报。夏普比率的计算公式如下：夏普比率(SR) $=\frac{R_P-R_f}{\sigma_P}$。分别计算题干中四个组合的夏普比率，可得，组合一：(7.5% -5%)/15% =0.167；组合二：(6.8% -5%)/12% =0.15；组合三：(7.2% -5%)/12% =0.183；组合四：(7% -5%)/10% =0.2。组合四的夏普比率最高，且满足必要投资回报率为7%的要求，故组合四最适合。

10. 某客户的股票投资主要集中在食品、医疗、汽车、地产、钢铁五大行业板块，如果目前宏观经济正处于衰退时期，理财师计划调整策略，那么该客户应投资何种类型股票？(　　)[2015 年 10 月真题]

A. 食品类股票、医疗类股票　　B. 医疗类股票、钢铁类股票

C. 汽车类股票、钢铁类股票　　D. 地产类股票、汽车类股票

【解析】防守型行业的经营状况在经营周期的上升和下降阶段都很稳定。这些行业运动形态的存在是因为其产业的产品需求相对稳定，并不受经济周期处于衰退状态的影响。对其投资属于收入投资，而非资本利得投资。食品业和医疗业属于防守型行业。汽车、地产和钢铁行业均属于周期型行业，周期型行业的运动状态直接与经济周期相关，当经济处于上升时期，这些产业会紧随其扩张；当经济衰退时，这些产业也相应跌落。

11. 关于资本资产定价模型中的β系数，下列描述正确的是(　　)。[2019 年 6 月真题]

A. β系数越小，则证券或证券组合的系统性风险越大

B. β系数越小，则证券或证券组合的总体风险越小

C. β系数的绝对值越大，则证券或证券组合的收益水平对于市场平均收益水平的变动的敏感性越大

D. β系数的绝对值越小，则证券或证券组合的非系统性风险越大

【解析】β系数是一种评估证券系统性风险的工具，用于度量一种证券或一个投资证券组合相对总体市场的波动性。A 项，β系数越小，则证券或证券组合的系统性风险越小；BD 两项，风险包括系统性风险和非系统性风险，贝塔系数只反映证券或证券组合的期望收益与其所含的系统性风险的关系。

12. 假定某投资者以 940 元的价格购买了面额为 1000 元，票面利率为 10%，剩余期限为 6 年的债券，该投资者的即期收益率约为(　　)。[2015 年 10 月真题]

A. 9%　　B. 10%　　C. 11%　　D. 17%

【解析】即期收益率 = 年利息收益/债券购买价格 = (1000 ×10%)/940 = 10.64% ≈11%。

10A　11C　12C

13. 投资与投资规划既有相同点，又存在一定的差别，投资或资产配置的目的是______，投资规划的重点在于______。(　　)

A. 收益的最大化；客户需求或理财目标的实现

B. 客户需求或理财目标的实现；收益的最大化

C. 收益、收益与风险的平衡；客户需求或理财目标的实现

D. 客户需求或理财目标的实现；收益与风险的平衡

【解析】投资，即资产配置的过程，是投资规划的关键或核心内容。也就是说，投资与投资规划的相同点是，两者都关系到投资工具的选择和组合；不同之处在于投资或资产配置的目的是收益、收益与风险及流动性之间的平衡，投资规划的重点在于客户需求或理财目标的实现。

14. 按照风险可否分散，证券投资风险可分为系统性风险和非系统性风险，以下选项属于系统性风险的是(　　)。

A. 操作性风险　　B. 市场风险

C. 券商选择不当的风险　　D. 不合规的证券咨询风险

【解析】系统性风险是由那些影响整个投资市场的风险因素所引起的，这些因素包括经济周期、国家宏观经济政策的变动等。这类风险影响所有投资资产变量的可能值，因此不能通过分散投资相互抵消或者削弱，因此又称为不可分散风险。系统性风险具体包括政策风险、利率风险、购买力风险和市场风险等。

15. 债券投资的风险相对较低，但仍然需要承担风险。其中(　　)风险是指借款人不能履行合约，无法按时还本付息的可能性，也是债券投资者面临的最主要风险之一。

A. 价格　　B. 利率　　C. 信用　　D. 再投资

【解析】信用风险也叫违约风险，是指借款人不能履行合约，无法按时还本付息的可能性。在债券投资的风险中，信用风险是最主要的风险之一。一般来说，政府债券不存在信用风险，非政府信用的债券信用风险较高。

16. 关于债券的利率风险，下列说法不正确的是(　　)。

A. 由于利率的变动带来的风险就称为利率风险

B. 浮动利率的债券风险比固定利率的债券风险要低

C. 在市场利率升高的时候，债券的价格会下降

D. 如果再投资利率下降，债券的再投资的收益将上升

【解析】在计算债券投资总收益的时候，利息的收益也占相当一部分比率，而利息收益的大小取决于再投资利率，如果再投资利率下降，那么债券的再投资的收益就会减少，称这种风险为再投资风险。

17. 固定收益证券的发行者不能按照契约如期如额偿还本金和支付利息的风险属于(　　)。

A. 信用风险　　B. 通货膨胀风险

C. 事件风险　　D. 流动性风险

【解析】信用风险也叫违约风险，是指借款人不能履行合约，无法按时还本付息的可能

13C　14B　15C　16D　17A

性。在债券投资的风险中，信用风险是最主要的风险之一。

18. 资产组合理论表明，资产间关联性极低的多元化证券组合可以有效地降低(　　)。

A. 系统性风险　　B. 利率风险

C. 非系统性风险　　D. 市场风险

【解析】非系统性风险是一种与特定公司或行业相关的风险。通过分散投资，非系统性风险能被降低；而且，如果分散是充分有效的，这种风险还能被消除，因此，又称为可分散风险。

19. 某投资者正在考察一只股票，并了解到当前股市大盘平均收益率为12%，同期国库券收益率为5%，已知该股票的β系数为1.5，则该只股票的期望收益率为(　　)。

A. 13.5%　　B. 14%　　C. 15.5%　　D. 16.5%

【解析】由资本资产定价模型可得该只股票的期望收益率为：

$$E(R_A) = R_f + \beta[E(R_M) - R_f] = 5\% + 1.5 \times (12\% - 5\%) = 15.5\%$$

20. 薛女士投资于多只股票，其中20%投资于A股票，30%投资于B股票，40%投资于C股票，10%投资于D股票。这几支股票的β系数分别为1、0.6、0.5和2.4。则该组合的β系数为(　　)。

A. 0.82　　B. 0.95　　C. 1.13　　D. 1.20

【解析】该组合的β系数 $= 20\% \times 1 + 30\% \times 0.6 + 40\% \times 0.5 + 10\% \times 2.4 = 0.82$。

21. ABC公司面临甲乙两个投资项目，经测算，它们的期望报酬率相同，甲项目的标准差小于乙项目的标准差。则以下对甲乙两个项目的表述正确的是(　　)。

A. 甲项目优于乙项目

B. 乙项目优于甲项目

C. 两个项目并无优劣之分，因为它们的期望报酬率相等

D. 因为甲项目标准差较小，所以取得高报酬率的概率更大，应选择甲项目

【解析】风险可以理解为通过计算一组数据偏离其均值的偏差程度。这组数据越离散，其波动也就越大，标准差越大；这组数据越聚合，其波动也就越小，标准差越小。预期收益率的标准差越大，预期收益率的分布也越大，不确定性及风险也越大。甲乙项目预期报酬相同，但甲项目风险较小，因此甲项目优于乙项目。

22. 下列关于资本资产定价模型的假设，错误的是(　　)。

A. 投资者根据投资组合在某一段时期内的预期报酬率和标准差来评价该投资组合

B. 投资者是知足的

C. 投资者是风险厌恶者

D. 投资者总希望预期报酬率越高越好

【解析】B项，资本资产定价模型假设投资者希望财富越多越好，效用是财富的函数，财富又是投资收益率的函数。

23. 表5-1给出了股票A和股票B的收益分布。

18C　19C　20A　21A　22B

表 5－1　股票 A 和股票 B 的收益分布表

股票 A 收益分布		股票 B 收益分布	
收益(%)	概率	收益(%)	概率
15	1/3	7	1/3
11	1/3	10	1/3
7	1/3	19	1/3

(1)股票 A 和股票 B 的收益期望值 $E(R_A)$ 和 $E(R_B)$ 分别为(　　)。

A. 11%；10%　　B. 15%；10%　　C. 11%；12%　　D. 15%；15%

【解析】$E(R_A)=1/3\times(15\%+11\%+7\%)=11\%$；$E(R_B)=1/3\times(7\%+10\%+19\%)=12\%$。

(2)股票 A 和股票 B 的收益分布的方差 σ_A^2 和 σ_B^2 分别为(　　)。

A. 10/10000；24/10000　　B. 11/10000；26/10000

C. 54/10000；34/10000　　D. 15/10000；24/10000

【解析】$\sigma_A^2=1/3\times[(15\%-11\%)^2+(11\%-11\%)^2+(7\%-11\%)^2]=11/10000$；$\sigma_B^2=1/3\times[(7\%-12\%)^2+(10\%-12\%)^2+(19\%-12\%)^2]=26/10000$。

24. 按照马柯维茨的描述，表 5－2 中的资产组合中不会落在有效边界上的是(　　)。

表 5－2　资产组合表

资产组合	期望收益率(%)	标准差(%)
W	10	23
X	7	12
Y	15	36
Z	12	15

A. 只有资产组合 W 不会落在有效边界上

B. 只有资产组合 X 不会落在有效边界上

C. 只有资产组合 Y 不会落在有效边界上

D. 只有资产组合 Z 不会落在有效边界上

【解析】Z 组合相对于 W 组合来讲，其期望收益增加，而风险降低，从而使得 W 组合不会落在有效边界上，而其他选项无法改进。

25. 投资者将不会选择(　　)组合作为投资对象。

A. 期望收益率 18%、标准差 32%　　B. 期望收益率 9%、标准差 22%

C. 期望收益率 11%、标准差 20%　　D. 期望收益率 8%、标准差 11%

【解析】投资者都遵守主宰原则，即同一风险水平下，选择收益率较高的证券；同一收益率水平下，选择风险较低的证券。而 B 项组合比 C 项组合的收益更低，风险更大，投资者不会选择。

26. 当市场处于均衡状态时，最优风险证券组合 T(　　)市场组合 M。

23(1)C　(2)B　24A　25B　26C

A. 不等于　　B. 小于　　C. 等于　　D. 大于

【解析】在均衡状态下，每一个投资者对每一种证券都愿意持有一定的数量，市场上各种证券的价格都处于使该证券的供求相等的水平上，无风险利率的水平也正好使得借入资金的总量等于贷出资金的总量。这样，在均衡时，最优风险组合中各证券的构成比例等于市场组合中各证券的构成比例。所谓市场组合是指由所有证券构成的组合，在这个组合中，每一种证券的构成比例等于该证券的相对市值。一种证券的相对市值等于该证券的总市值除以所有证券的市值总和。

27. 若给定一组证券，那么对于某一个特定的投资者来说，最佳证券组合应当位于(　　)。

A. 其无差异曲线族中的任意一条曲线上

B. 其无差异曲线族与该组证券所对应的有效集的切点上

C. 无差异曲线族中位置最高的一条曲线上

D. 该组证券所对应的有效边缘上的任意一点

【解析】由于有效集是市场上可供选择的一系列组合，那么，投资者究竟会选择哪一个组合就需要根据投资者自己的无差异曲线来进行判断，从而得到投资效用最大化的最优投资组合。这个组合位于无差异曲线与有效集的相切点。

28. 某投资者对风险毫不在意，只关心期望收益率，那么该投资者无差异曲线为(　　)。

A. 一根竖线　　B. 一根横线

C. 一根向右上倾斜的曲线　　D. 一根向左上倾斜的曲线

【解析】无差异曲线是主观的，它是由自己的风险—收益偏好决定的。而厌恶风险程度越高的投资者，其无差异曲线的斜率越陡。厌恶风险程度越低的投资者，其无差异曲线的斜率越小。

29. 资本资产定价理论认为，当引入无风险证券后，有效边界为(　　)。

A. 无差异曲线　　B. 证券市场线　　C. 特征线　　D. 资本市场线

【解析】如果用 M 代表市场组合，用 R_f 代表无风险利率，从 R_f 出发画一条经过 M 的直线，这条线就是在允许无风险借贷情况下的线性有效集，称为资本市场线。任何不利用市场组合以及不进行无风险借贷的其他所有组合都将位于资本市场线的下方。

30. 反映证券组合期望收益水平与系统性风险水平之间均衡关系的方程式是(　　)。

A. 证券市场线方程　　B. 证券特征线方程

C. 资本市场线方程　　D. 套利定价方程

【解析】证券市场线与资本市场线，都是描述资产或资产组合的期望收益率与风险之间关系的曲线。资本市场线的横轴是标准差，既包括系统性风险又包括非系统性风险，它所反映的是这些资产组合的期望收益与其全部风险间的依赖关系。证券市场线的横轴是贝塔系数，只包括系统性风险，它只反映这些资产或资产组合的期望收益与其所含的系统性风险的关系，而不是全部风险的关系。因此，证券市场线用来衡量资产或资产组合所含的系统性风险的大小。

31. 关于证券市场线和资本市场线，下列说法正确的是(　　)。

27B　28B　29D　30A　31A

A. 价值被低估的证券将处于证券市场线上方

B. 资本市场线为评价预期投资业绩提供了基准

C. 证券市场线使所有的投资者都选择相同的风险资产组合

D. 资本市场线表示证券的预期收益率与其 β 系数之间的关系

【解析】A 项，如果投资组合位于证券市场线的上方，则 α 值大于零，说明投资组合收益率高于市场平均水平，可以认为其绩效很好；如果投资组合位于证券市场线的下方，则 α 值小于零，表明该组合的绩效不好。

32. 现代组合理论表明，投资者根据个人偏好选择的最优证券组合 P 恰好位于无风险证券 F 与切点证券组合 T 的组合线上（如图 5－1 所示）。特别地，（　　）。

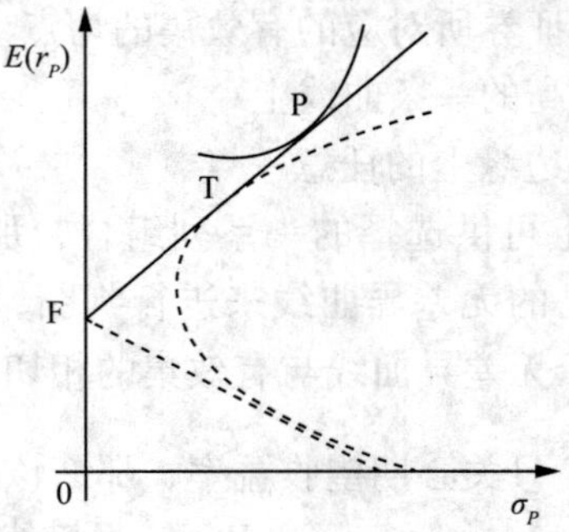

图 5－1　最优证券组合 P

A. 如果 P 位于 F 与 T 之间，表明他投资于 F 和 T 的组合

B. 如果 P 位于 F 的右侧，表明他卖空 F

C. 投资者卖空 F 越多，P 的位置越靠近 T

D. 投资者卖空 T 越多，P 的位置越靠近 F

【解析】如果 P 位于 F 与 T 之间，表明该投资者将全部资产投资于无风险证券 F 和证券组合 T；如果 P 位于 T 的右侧，表明他卖空 F；如果投资者卖空 F 越多，P 的位置越远离 T。

33. 下列关于资本市场线和证券市场线的说法中，正确的是（　　）。

A. 资本市场线描述的是无风险资产和任意风险资产形成的资产组合的风险与收益的关系

B. 证券市场线描述的是由无风险资产和市场组合形成的资产组合的风险与收益的关系

C. 证券市场线反映了均衡条件下，任意单一资产或者资产组合的预期收益与总风险之间的关系

D. 资本市场线反映了有效资产组合的预期收益与总风险的关系

【解析】A 项，资本市场线反映的是有效组合的预期收益率和标准差之间的关系，任何单个风险证券由于均不是有效组合而一定位于该直线的下方；BC 两项，证券市场线反映了单个证券与市场组合的协方差和其预期收益率之间的均衡关系。

34. 下列说法正确的是（　　）。

32A　33D　34D

A. β系数大于零且小于1

B. β系数是资本市场线的斜率

C. β系数是衡量资产非系统性风险的标准

D. β系数是利用回归风险模型推导出来的

【解析】A项，β系数如果是负值，则显示其变化的方向与大盘的变化方向相反，全体市场本身的β系数为1，若资产组合净值的波动大于全体市场的波动幅度，则β系数大于1；B项，证券市场线为：$\overline{R}_i = R_f + (\overline{R}_M - R_f)\beta_{iM}$，$\beta$系数为证券市场线的斜率；C项，$\beta$系数是一种评估证券系统性风险的工具，用于度量一种证券或一个投资证券组合相对总体市场的波动性。

35. 一个投资组合风险大于平均市场风险，则它的β值可能为(　　)。

A. 0.3　　B. 0.9　　C. 1　　D. 1.1

【解析】β系数是特定资产(或资产组合)的系统性风险度量。全体市场本身的β系数为1，若资产组合净值的波动大于全体市场的波动幅度，则β系数大于1。反之，若资产组合净值的波动小于全体市场的波动幅度，则β系数就小于1。

36. 如果将β为0.75的股票增加到市场组合中，那么市场组合的风险(　　)。

A. 肯定将上升　　B. 肯定将下降

C. 将无任何变化　　D. 可能上升也可能下降

【解析】若资产组合净值的波动小于全体市场的波动幅度，则β系数就小于1。股票β为0.75，说明其风险小于市场组合，当加入市场组合，会导致组合的风险减少。

37. 无风险收益率为5%，市场期望收益率为10%的条件下：A证券的期望收益率为12%，β系数为1.1；B证券的期望收益率为15%，β系数为1.2；那么投资者的投资策略为(　　)。

A. 买进A证券　　B. 买进B证券

C. 买进A证券或B证券　　D. 买进A证券和B证券

【解析】根据CAPM模型，A证券：5% +(10% -5%)×1.1 =10.5%，因为12% >10.5%，所以A证券价格被低估，应买进；B证券：5% +(10% -5%)×1.2 =11%，因为15% >11%，所以B证券价格被低估，应买进。

38. 如果风险的市值保持不变，则无风险利率的下降会(　　)。

A. 使SML的斜率增加　　B. 使SML的斜率减少

C. 使SML平行移动　　D. 使SML旋转

【解析】证券市场线(SML)方程为$\overline{R}_i = R_f + (\overline{R}_M - R_f)\beta_{iM}$，无风险利率为纵轴的截距，则当无风险利率下降，风险的市值不变时，即$(\overline{R}_M - R_{fM})\beta_{iM}$不变，SML会平行移动。

39. 根据CAPM模型，下列说法错误的是(　　)。

A. 单个证券的期望收益的增加与贝塔成正比

B. 当一个证券定价合理时，阿尔法值为零

C. 如果无风险利率降低，单个证券的收益率成正比降低

35D　36B　37D　38C　39C

D. 当市场达到均衡时，所有证券都在证券市场线上

【解析】根据 CAPM 模型 $\overline{R}_i = R_f + (\overline{R}_M - R_f)\beta_{iM}$，可整理为：$\overline{R}_i = R_f(1-\beta_{iM}) + \beta_{iM}\overline{R}_M$；如果 $\beta_{iM} > 1$，R_f 的降低反而增加 $\overline{R}_i$。

40. 证券 X 实际收益率为 0.12，贝塔值是 1.5。无风险收益率为 0.05，市场期望收益率为 0.12。根据资本资产定价模型，这个证券(　　)。

A. 被低估　　B. 被高估　　C. 定价公平　　D. 价格无法判断

【解析】期望收益率 $= R_f + \beta[E(R_M) - R_f] = 0.05 + 1.5 \times (0.12 - 0.05) = 0.155$，大于证券的市场期望收益率 0.12，说明该证券价格被高估。

41. 已知无风险资产的收益率为 6%，市场组合的预期收益率为 12%，股票 A 的 β 值为 0.5，股票 B 的 β 值为 2，则股票 A 和股票 B 的风险报酬分别为(　　)。

A. 6%，12%　　B. 3%，12%　　C. 3%，6%　　D. 6%，10%

【解析】股票 A 的风险报酬 $= \beta[E(R_M) - R_f] = (12\% - 6\%) \times 0.5 = 3\%$；
股票 B 的风险报酬 $= \beta[E(R_M) - R_f] = (12\% - 6\%) \times 2 = 12\%$。

42. 某投资者于 2018 年 7 月 1 日买入一只股票，价格为每股 12 元，同年 10 月 1 日该股票进行分红，每股现金股利 0.5 元，同年 12 月 31 日该投资者将该股票卖出，价格为每股 13 元，则该项投资的年化收益率约为(　　)。

A. 18.75%　　B. 25%　　C. 21.65%　　D. 26.56%

【解析】该项投资的年化收益率 $= [1 + (13 - 12 + 0.5) \div 12]^{12/6} - 1 \approx 26.56\%$。

43. 如果李凌面临一个月投资项目：70% 的概率在一年内让自己的投资金额翻倍，30% 的概率让自己的投资金额减半。则该项投资的期望收益率是(　　)。

A. 55.00%　　B. 47.25%　　C. 68.74%　　D. 85.91%

【解析】该项投资的期望收益率 $= 70\% \times 100\% - 30\% \times 50\% = 55\%$。

44. 假设某资产组合的 β 系数为 1.5，α 系数为 3%，期望收益率为 18%。如果无风险收益率为 6%，那么根据詹森指数，市场组合的期望收益率为(　　)。

A. 12%　　B. 14%　　C. 15%　　D. 16%

【解析】根据詹森指数公式：$\alpha_P = R_P - [R_f + \beta_P(R_M - R_f)]$，代入数据得：$3\% = 18\% - [6\% + 1.5 \times (R_M - 6\%)]$，解得：$R_M = 12\%$。

45. 某投资者以 50 元/股购买一只股票，两年后以 65 元/股卖出，期间无分红。则投资者的平均年复利收益率为(　　)。

A. 14.02%　　B. 30%　　C. 15%　　D. 14.5%

【解析】期末本利总和/期初本金 $= A^N$，N 为投资期，则本题的平均年复利收益率为：$65/50 = A^2$，$A = 1.1402$，即平均年复利收益率为 14.02%。

46. 用来测定一种股票的收益受整个股票市场收益变化影响程度的指标是(　　)。

A. 期望　　B. 标准差　　C. β 系数　　D. 方差

【解析】β 系数是特定资产(或资产组合)的系统性风险度量。换句话说，β 系数就是一

40B　41B　42D　43A　44A　45A　46C

种评估证券系统性风险的工具，用于度量一种证券或一个投资证券组合相对总体市场的波动性。A 项，期望是对证券投资收益的衡量指标；BD 两项，方差和标准差是作为风险的测度。

47. 马柯维茨投资组合理论中引入了投资者的无差异曲线，每个投资者都有自己的无差异曲线族，关于无差异曲线的特征说法不正确的是(　　)。

A. 向右上方倾斜

B. 随着风险水平增加越来越陡

C. 无差异曲线是由自己的风险—收益偏好决定的

D. 与有效边界无交点

【解析】D 项，有效集向上凸的特性和无差异曲线向下凸的特性决定了有效集和无差异曲线的相切点只有一个，也就是说最优投资组合是唯一的。

48. 资本资产定价模型揭示了在证券市场均衡时，投资者对每一种证券愿意持有的数量(　　)已持有的数量。

A. 大于　　B. 小于　　C. 等于　　D. 不少于

【解析】资本资产定价模型所揭示的投资收益与风险的函数关系，是通过投资者对持有证券数量的调整并引起证券价格的变化而达到的。根据单个证券的收益和风险特征，给定一个证券组合，如果投资者愿意持有的某一证券的数量不等于已拥有的数量，投资者就会通过买进或卖出证券进行调整，并因此对这种证券价格产生涨或跌的压力。在得到一组新的价格后，投资者将重新估计对各种证券的需求，这一过程将持续到投资者对每一种证券愿意持有的数量等于已持有的数量，证券市场达到均衡。

49. 客户的风险偏好信息属于客户的判断性信息。一般来说，客户的风险偏好不包括(　　)。

A. 中度进取型　　B. 保守型　　C. 进取型　　D. 均衡型

【解析】不同的投资者，具有不同的风险偏好和风险承受能力。因此，投资者应根据自身情况配置构建不同类型和不同权重的资产组合。不同风险承受能力下的五类投资者类型包括：保守型、轻度保守型、均衡型、轻度进取型和进取型。

50. 下列关于资产配置的说法，错误的是(　　)。

A. 战略性资产配置策略以不同资产类别的收益情况与投资者的风险偏好、实际需求为基础

B. 行业资产配置的时间最短，一般根据季度周期或行业波动特征进行调整

C. 战术性资产配置存在增加长期价值的潜在机会，且风险很小

D. 不同范围资产配置在时间跨度上往往不同

【解析】C 项，战术性资产配置是在战略资产配置的基础上根据市场的短期变化，对具体的资产比例进行微调。

51. 从时间跨度和风格类别上看，(　　)进行较长的投资期限的资产配置。

A. 短期性资产配置　　B. 长期性资产配置

C. 战术性资产配置　　D. 战略性资产配置

47D　48C　49A　50C　51D

【解析】资产配置在不同层面有不同含义。从时间跨度和风格类别上看，可分为战略性资产配置、战术性资产配置和资产混合配置等。战略性资产配置策略以不同资产类别的收益情况与投资者的风险偏好、实际需求为基础，构造一定风险水平上的资产比例，并长期保持不变。

52. 在进行行业的经济周期分析时，我们会关注增长型行业、周期型行业、防守型行业等，其中消费品业和食品业分别属于______和______。(　　)

A. 增长型行业；防守型行业　　B. 增长型行业；周期型行业

C. 周期型行业；防守型行业　　D. 周期型行业；增长型行业

【解析】可以将行业分为三类：①增长型行业，增长型行业的运动状态与经济活动总水平的周期及其振幅无关，它们主要依靠技术进步、新产品的推出及更优质的服务，从而使其经常呈现出增长形态；②周期型行业，周期型行业的运动状态直接与经济周期相关，例如消费品业、耐用品制造业及其他需求的收入弹性较高的行业；③防守型行业，防守型行业的经营状况在经营周期的上升和下降阶段都很稳定，例如，食品业和公用事业属于防守型行业。

53. 李先生购买了一张面值为 100 元的 10 年期债券，票面利率为 6%，每半年付息一次，如果必要收益率为 8%，则该债券的发行价格为(　　)元。

A. 80.36　　B. 86.41　　C. 86.58　　D. 114.88

【解析】该债券的发行价格 $=100\times6\%\div2\times[(1+8\%\div2)^{-1}+(1+8\%\div2)^{-2}+\cdots+(1+8\%\div2)^{-20}]+100\div(1+8\%\div2)^{20}=86.41$(元)。

54. 2018 年 1 月王先生购入某债券，在随后的一年中，市场利率持续大幅上升。2019 年 1 月王先生因急需现金将持有的债券以市场价格出售，则王先生为此将(　　)。

A. 获得收益　　B. 蒙受损失

C. 无收益也无损失　　D. 无法确定

【解析】债券的价格和市场利率呈反向变动关系。当市场利率升高的时候，债券的价格会下跌，此时的市场价格将低于其购买时的债券价格，王先生将蒙受损失。

55. 某零息债券约定在到期日支付面额 100 元，期限 10 年，如果投资者要求的年收益率为 12%，则其价格应当为(　　)元。

A. 45.71　　B. 32.20　　C. 79.42　　D. 100.00

【解析】该债券的价格 $=100\div(1+12\%)^{10}=32.20$(元)。

56. 某面值 100 元的 5 年期一次性还本付息债券的票面利率为 9%，2017 年 1 月 1 日发行，2019 年 1 月 1 日买进，假设此时该债券的必要收益率为 7%，则买卖的价格应为(　　)。

A. 125.60 元　　B. 100.00 元　　C. 89.52 元　　D. 153.86 元

【解析】2019 年 1 月 1 日买卖的价格 $=100\times(1+9\%)^5\div(1+7\%)^3=125.60$(元)。

57. 某零息债券还剩 3.5 年到期，面值 100 元，目前市场交易价格为 86 元，则其到期收益

52C　53B　54B　55B　56A　57C

率为(　　)。

A. 14%　　B. 16.3%　　C. 4.4%　　D. 4.66%

【解析】该零息债券的到期收益率 $y = \sqrt[3.5]{100/86} - 1 = 4.4\%$。

58. 下列关于债券到期收益率公式的说明，不正确的是(　　)。

A. 当债券价格等于面值(平价)的时候，票面利率 = 即期收益率 = 到期收益率

B. 当债券价格大于面值(溢价)的时候，票面利率 > 即期收益率 > 到期收益率

C. 当债券价格小于面值(折价)的时候，票面利率 < 即期收益率 < 到期收益率

D. 当债券价格小于面值(溢价)的时候，票面利率 > 即期收益率 > 到期收益率

【解析】到期收益率是指使债券的未来现金流的贴现值等于债券现在价格的贴现率，一般用 y 来表示。设债券价格为 P，票面利率为 r，到期支付的本金为 M，每次支付的利息为 C，利息支付的次数为 n，计算到期收益率(在利息支付时间间隔内)的公式为：

$$P = C/(1+y) + C/(1+y)^2 + \cdots + (C+M)/(1+y)^n$$

根据上述公式可推导出如下结论：①当债券价格等于面值(平价)的时候，票面利率 = 即期收益率 = 到期收益率；②当债券价格大于面值(溢价)的时候，票面利率 > 即期收益率 > 到期收益率；③当债券价格小于面值(折价)的时候，票面利率 < 即期收益率 < 到期收益率。

59. 某债券为一年付息一次的息票债券，票面价值为1000元，息票利率为10%，期限为10年，当市场利率为8%时，该债券的发行价格应为(　　)元。

A. 1100.8　　B. 1170.1　　C. 1134.2　　D. 1180.7

【解析】债券的价格为：$P = 1000 \times 10\% \div (1+8\%) + 1000 \times 10\% \div (1+8\%)^2 + \cdots + (1000 \times 10\% + 1000) \div (1+8\%)^{10} = 1134.2$(元)。

60. 某债券面值100元，每半年付息一次，利息5元，债券期限为5年，若一投资者在该债券发行时以118.66元购得，则其实际的年收益率是(　　)。

A. 5.88%　　B. 6.09%　　C. 6.25%　　D. 6.41%

【解析】半年收益率计算公式为：$118.66 = \sum_{t=1}^{10} \frac{5}{(1+r)^t} + \frac{100}{(1+r)^{10}}$，得出 $r = 3\%$，则实际年收益率为 $(1+r)^2 - 1 = 6.09\%$。

61. 某一次还本付息债券的票面额为1000元，票面利率8%，必要收益率为10%，期限为5年，如果按单利计息，复利贴现，其内在价值为(　　)元。

A. 851.14　　B. 869.29　　C. 913.85　　D. 937.50

【解析】$P = \frac{1000 \times (1 + 5 \times 8\%)}{(1+10\%)^5} = 869.29$(元)。

62. 某公司发行了5年期到期一次还本付息的债券，面值为100元，票面利率为8%，一只市场上与其信用等级相同的5年期面值为1000元的零息债券目前售价为798元，则该债券目前的合理价格为(　　)元。

A. 124　　B. 175.35　　C. 117.25　　D. 185.25

58D　59C　60B　61B　62C

【解析】设贴现率为 i，则有 $1000/(1+i)^5=798$，解得 $(1+i)^5\approx1.2531$；则该债券目前的合理价格为：$100\times(1+8\%)^5/(1+i)^5\approx146.9328/1.2531\approx117.25$(元)。

63. 某投资者以每份价格 920 元认购了面值 1000 元、票面利率 6%，每年付息的 5 年期债券，一年后，到期收益率变为 7%，则该投资者的持有期收益率为(　　)。

A. 7%　　B. 11.54%　　C. 8%　　D. 10.26%

【解析】一年后该债券的市场价值为：$1000\times6\%\times[(1+7\%)^{-1}+(1+7\%)^{-2}+\cdots+(1+7\%)^{-4}]+1000\times(1+7\%)^{-4}=966.13$(元)，则该投资者持有期间的收益率 $=(966.13+1000\times6\%-920)\div920\times100\%=11.54\%$。

64. 某 6 年期零息债券面值 100 元，发行价格为 76 元。另一信用等级相同的 6 年期付息债券，面值 1000 元，票面利率 6%，每年付息，则其发行价格为(　　)元。

A. 967.68　　B. 924.36　　C. 1067.68　　D. 1124.36

【解析】设必要报酬率为 i，对于零息债券，有 $100/(1+i)^6=76$，解得 $i\approx4.68\%$，则附息债券的发行价格为：$1000\times6\%\times[(1+4.68\%)^{-1}+(1+4.68\%)^{-2}+\cdots+(1+4.68\%)^{-6}]+1000\times(1+4.68\%)^{-6}\approx1067.68$(元)。

65. 某零息债券到期期限 5 年，相对于普通 5 年期附息债券，其利率风险(　　)。

A. 相同　　B. 较大

C. 较小　　D. 条件不足，无法确定

【解析】由于利率的变动带来的风险就称为利率风险，由于零息债券以低于债券面值的方式发行，持有期间不支付利息，到期按债券面值偿还。债券发行价格与面值之间的差额就是投资者的利息收入，面值是零息债券未来唯一的现金流，因此，零息债券对利率的改变特别敏感。

66. 某债券面值 100 元，票面利率 6%，期限 10 年，每年付息。如果到期收益率为 8%，则其发行价格(　　)。

A. 高于 100 元　　B. 低于 100 元　　C. 等于 100 元　　D. 无法确定

【解析】债券的价格是由其未来现金流入量的现值决定的。债券未来现金收入由各期利息收入和到期时债券的变现价值两部分组成。在这里各期利息收入是 $100\times6\%=6$(元)，贴现率就是其到期收益率，即 8%。发行价格 $=6/(1+8\%)+6/(1+8\%)^2+6/(1+8\%)^3+\cdots\cdots+6/(1+8\%)^9+106/(1+8\%)^{10}=86.58<100$。

67. 投资者准备投资债券，该债券在上海证券交易所交易，面值 100 元，票面利率 5%，必要报酬率 6%，期限 10 年，目前距离到期日还有 5 年，每年付息一次，当前交易所交易价格显示为 93 元，则该债券目前的交易价格(　　)。

A. 偏低　　B. 偏高

C. 正好等于债券价值　　D. 无法判断

【解析】该债券的理论价格 $=5/(1+6\%)+5/(1+6\%)^2+5/(1+6\%)^3+5/(1+6\%)^4+5/(1+6\%)^5+100/(1+6\%)^5=95.79>93$ 元，所以该债券目前的交易价格偏低。

63B　64C　65B　66B　67A

68. 詹森指数能反映基金的超额收益情况，也是对基金经理的选股能力的一个检验。如果 A 基金的詹森指数为 0.5，B 基金的詹森指数为 0.8，C 基金的詹森指数为 −0.5，以下判断正确的是(　　)。

A. B 基金的收益最好，A 基金和 C 基金收益相同

B. C 基金的业绩表现比预期的差

C. A 基金和 C 基金的业绩表现都比预期的好

D. C 基金的收益与大盘走势是负相关关系

【解析】詹森指数 $\alpha_P = R_P - [R_f + \beta_P(R_M - R_f)]$，是指在给出投资组合的贝塔及市场平均收益率的条件下，投资组合收益率超过 CAPM 预测收益率的部分。如果投资组合位于证券市场线的上方，则 α 值大于零，说明投资组合收益率高于市场平均水平，可以认为其绩效很好；如果投资组合位于证券市场线的下方，则 α 值小于零，表明该组合的绩效不好。

69. 投资者投资的资产品种很多，既买基金又买股票、国债，此时就应使用经过市场风险系数调整的超额收益，对应的是______指标，该指标越大，表明组合资产的实际业绩越______。(　　)

A. 夏普；差　　B. 特雷诺；差　　C. 夏普；好　　D. 特雷诺；好

【解析】特雷诺指数给出了单位风险的平均超额收益率，其风险使用的是系统性风险，当投资人除当前投资组合外，还有其他若干投资组合，亦即投资完全分散化时，则选择 β 系数作为当前投资组合的风险指标是合适的；而夏普比率等于投资组合在选择期间内的平均超额收益率与这期间收益率的标准差的比值，它衡量了投资组合每单位波动性所获得的回报，当投资人当前的投资组合为唯一投资时，用标准差作为投资组合的风险指标是合适的。

70. 某证券组合今年实际平均收益率为 0.15，当前的无风险利率为 0.03，市场组合的风险溢价为 0.06，该证券组合的 β 值为 1.5。那么，根据詹森指数评价方法，该证券组合绩效(　　)。

A. 不如市场绩效好　　B. 与市场绩效一样

C. 好于市场绩效　　D. 无法评价

【解析】$\alpha_P = 0.15 - [0.03 + 0.06 \times 1.5] = 0.03$，由于詹森指数为正数，所以其绩效好于市场绩效。

71. 特雷诺指数是(　　)。

A. 在收益率 − 标准差构成的坐标图中连接证券组合与无风险资产的直线的斜率

B. 在收益率 − β 值构成的坐标图中连接证券组合与无风险资产的直线的斜率

C. 证券组合所获得的高于市场的那部分风险溢价

D. 在收益率 − β 值构成的坐标图中连接证券组合与最优风险证券组合的直线的斜率

【解析】特雷诺指数的计算公式为：$TR = \frac{R_P - R_f}{\beta_P}$。其中，$TR$ 表示特雷诺指数，R_P 表示资产在投资考察期内的平均收益率，R_f 表示考察期内的平均无风险利率，β_P 表示

68B　69D　70C　71B

系统性风险。特雷诺指数的含义就是每单位系统性风险资产获得的超额报酬(超过无风险利率 R_f)。特雷诺业绩指数越大，资产组合的表现就越好；反之，资产组合的表现越差。

72. 若投资组合的β系数为1.35，该投资组合的特雷诺指数为5%，如果投资组合的期望收益率为15%，则无风险收益率为(　　)。

A. 7.25%　　B. 8.25%　　C. 9.25%　　D. 10.25%

【解析】根据特雷诺指数公式，有：$5\% = (15\% - r_f)/1.35$，解得：$r_f = 8.25\%$。

73. 表5-3描述了某投资组合的相关数据，则关于夏普比率和特雷诺指数的计算结果，正确的是(　　)。

表5-3　某组合的相关数据

	投资组合(P)	市场组合(M)	无风险利率(r)
R	0.35	0.28	0.06
β	1.2	1	0
σ	0.42	0.3	0

A. 投资组合的夏普比率=0.69　　B. 投资组合的特雷诺指数=0.69

C. 市场组合的夏普比率=0.69　　D. 市场组合的特雷诺指数=0.69

【解析】投资组合的夏普比率和特雷诺指数：

$S_P = (0.35 - 0.06)/0.42 = 0.69$；$T_P = (0.35 - 0.06)/1.2 = 0.24$；

市场组合的夏普比率和特雷诺指数：

$S_M = (0.28 - 0.06)/0.3 = 0.73$；$T_M = (0.28 - 0.06)/1 = 0.22$。

74. 特雷诺指数和夏普比率(　　)为基准。

A. 均以资本市场线　　B. 均以证券市场线

C. 分别以资本市场线和证券市场线　　D. 分别以证券市场线和资本市场线

【解析】特雷诺指数给出了单位风险的平均超额收益率，其风险使用的是系统性风险，故是以贝塔为横轴的证券市场线为基准；夏普比率等于投资组合在选择期间内的平均超额收益率与这期间收益率的标准差的比值，它衡量了投资组合每单位波动性所获得的回报，故是以标准差为横轴的资本市场线为基准。

75. 假设X、Y两个资产组合有相同的平均收益率和相同的收益率标准差，如果资产组合X的β系数比资产组合Y高，那么根据夏普比率，下列说法正确的是(　　)。

A. 资产组合X的业绩较好

B. 资产组合Y的业绩较好

C. 资产组合X和资产组合Y的业绩一样好

D. 资产组合X和资产组合Y的业绩无法比较

【解析】夏普比率为：$S_P = \dfrac{R_P - R_f}{\sigma_P}$，其中 R_P 和 σ_P 为组合的平均收益率和收益率标准差。

72B　73A　74D　75C

可以看出夏普比率与β系数无关，而与收益率和收益率标准差有关，而两个资产组合具有相同的收益率和标准差，所以两个资产组合的业绩一样好。

76. 某证券组合今年实际平均收益率为0.15，当前的无风险利率为0.03，市场组合的期望收益率为0.11，该证券组合的标准差为1。那么，根据夏普比率来评价，该证券组合的绩效(　　)。

A. 不如市场绩效好　　B. 与市场绩效一样

C. 好于市场绩效　　D. 无法评价

【解析】$S_P=\frac{0.15-0.03}{1}=0.12$，$S_M=\frac{0.11-0.03}{1}=0.08$，所以该证券组合的绩效好于市场组合。

77. 资产配置中，具体选择各类资产下的理财产品和产品组合时，(　　)不能作为现金类资产。

A. 活期储蓄　　B. 货币市场基金

C. 各类银行存款　　D. 股票

【解析】根据客户具体的资产配置(比例)要求，再具体选择各类资产下的理财产品和产品组合，这时可以兼顾客户的个人喜好，例如对房地产投资或某类股票的特殊喜好。各类产品可选择范围如下：①现金类：银行存款、货币市场基金、短期国债等；②债权类：政府债券、公司债券，国内债券、国际债券、其他债权等；③权益类：股票(国际股、国内股、蓝筹股、小型成长股等)；④商品及衍生品：黄金等商品，期权、互换等衍生品；⑤其他：房地产、古董。

78. 投资组合的概念在20世纪50年代就已经被提出了，下列关于投资组合的说法中正确的是(　　)。

A. 构建投资组合可以降低系统性风险

B. 构建投资组合一定会减少系统性风险

C. 投资组合里的资产越多越好

D. 在构建投资组合时要尽量选择不相关的资产才能尽量降低风险

【解析】AB两项，系统性风险是由那些影响整个投资市场的风险因素所引起的。这类风险影响所有投资资产变量的可能值，因此不能通过分散投资相互抵消或者削弱，因此又称为不可分散风险。C项，n个证券组合的风险的计算公式为：

$$\sigma_P^2=\sum_{i=1}^{n}\sum_{j=1}^{n}X_iX_j\sigma_{ij}=\sum_{i=1}^{n}\sum_{j=1}^{n}X_iX_j\mathrm{Cov}(X_i,X_j)=\sum_{i=1}^{n}\sum_{j=1}^{n}X_iX_j\sigma_i\sigma_j\rho_{ij}$$

公式中：σ_P^2为资产组合P的方差；ρ_{ij}表示相关系数。可见，风险与资产间的相关性有关，并非资产越多越好。

79. 某投资组合中有A和B两种资产各50%，在加息情景下和降息情景下资产预期投资收益率见下表。如果加息的概率为60%，降息的概率为40%，则该组合的期望收益率是(　　)。(答案取近似数值)[2020年10月真题]

76C　77D　78D　79A

	加息	降息
资产 A	-10%	+8%
资产 B	-8%	+6%

A. -5.2%　　B. -2.8%　　C. -5.4%　　D. -2.6%

【解析】期望收益率也称为预期收益率，是指如果没有意外事件发生时根据已知信息所预测能得到的收益率。预期收益率计算公式为：

$$E(R) = \sum_{1}^{n} R_i P_i$$

其中，R_i为某一资产在第 i 种情形下的投资收益率；P_i为该投资收益率可能发生的概率。综上，该组合的期望收益率为：

$$\begin{aligned} E(R) &= \sum_{1}^{n} R_i P_i \\ &= -10\% \times 60\% + 8\% \times 40\% - 8\% \times 60\% + 6\% \times 40\% \\ &= -5.2\% \end{aligned}$$

80. 关于无差异曲线，下列说法错误的是(　　)。
A. 线上所有的点对应的资产组合是不同的
B. 线上每个点对应的组合给投资者(消费者)带来的效用是相同的
C. 无差异曲线向下凸
D. 无差异曲线彼此可以相交

【解析】D 项，无差异曲线向下凸，不同无差异曲线代表的效用不同，因此无差异曲线彼此不会相交。

81. 常见的投资组合保险策略不包括(　　)。
A. 固定比例投资组合保险策略　　B. 时间不变性投资组合保险策略
C. 依托期货的投资组合保险策略　　D. 依托期权的投资组合保险策略

【解析】常见的投资组合保险策略有固定比例投资组合保险策略(CPPI)、时间不变性投资组合保险策略(TIPP)、依托期权的投资组合保险策略(OBPI)等。

82. 下列关于扩张性的货币政策的相关说法错误的是(　　)。
A. 通过降低货币供应增长速度来刺激总需求
B. 可以通过降低存款准备金率实现
C. 可以通过降低再贴现率实现
D. 可以通过在公开市场中买入资产释放资金实现

【解析】A 项，扩张性的货币政策是通过提高货币供应增长速度来刺激总需求。

二、**多选题**(下列选项中有两项或两项以上符合题目要求，请将符合题目要求选项的代码填入括号内)

1. 偿债能力分析是指企业偿还到期债务的能力，在偿债能力指标分析中，速动比率描述正确的有(　　)。[2018 年 10 月真题]

80D　81C　82A　▌　1AE

A. 速动比率 = 速动资产/流动负债　　B. 速动比率 = 速动资产/负债总额
C. 速动比率 = 流动资产/负债总额　　D. 速动比率 = 流动资产/流动负债
E. 速动比率 =（流动资产 - 存货）/流动负债

【解析】速动比率又称酸性比率，是公司速动资产与流动负债的比率。所谓速动资产是指几乎可以立即用来偿付流动性负债的资产，即流动资产减去存货。速动比率是一个比流动比率更严格地用于衡量企业流动性状况的指标，它可以更确切地反映企业快速偿付短期债务的能力。计算公式为：速动比率 = 速动资产 ÷ 流动负债。

2. 关于两种资产收益率的协方差和相关系数，下列说法正确的有(　　)。[2018 年 6 月真题]
A. 协方差为正，说明两种资产收益率变动方向相同
B. 相关系数为正，说明两种资产收益率变动方向相同
C. 相关系数为负，说明两种资产收益率变动方向相同
D. 相关系数为零，说明两种资产收益率变动方向无关
E. 协方差为负，说明两种资产收益率变动方向相同

【解析】协方差为正，投资组合中的两种资产的收益呈同向变动趋势；协方差为负，投资组合中两种资产的收益具有反向变动的关系。相关系数为正，两种资产的收益正相关；相关系数为负，两种资产的收益负相关；相关系数为零，两种资产的收益之间没有相关性。

3. 公司分析主要是利用公司的历年资料对(　　)进行详细分析。[2018 年 6 月真题]
A. 内部调控机构效率　　B. 管理人员能力
C. 企业经营效率　　D. 资本结构
E. 公司偿债能力

【解析】证券投资的微观分析即公司分析，主要是利用公司的历年资料对它的基本情况、经营情况及财务情况等进行详细分析，并将公司的情况与其历史情况、同类型公司的情况、同行业的平均水平进行比较，以对公司的经营能力、盈利能力、偿债能力及竞争力因素作出客观评价。其中经营能力分析包括：①各层管理人员素质及能力分析；②企业经营效率分析；③内部调控机构效率分析。财务分析包括：①偿债能力分析；②资本结构分析；③经营效率分析；④盈利能力分析。

4. 如果 CAPM 模型成立，那么，下列说法中正确的有(　　)。[2017 年 6 月真题]
A. 如果投资者持有某一只高风险的证券，其对该证券的预期收益率可由 CAPM 模型确定
B. β 系数为 0 的股票，其预期收益率为 0
C. CAPM 模型适用于弱有效的资本市场
D. β 系数为 1 的资产，其预期收益率等于市场组合的预期收益率
E. β 系数可以用来衡量一种证券或一个投资组合相对总体市场的波动性

【解析】B 项，根据$\overline{R}_i = R_f + (\overline{R}_M - R_f)\beta_{iM}$的计算公式，$\beta$ 系数为 0 的股票，其预期收益率为无风险利率。C 项，CAPM 模型的基本假设包括：①投资者是理性的，而且严格按照马柯维茨模型的规则进行多样化的投资，并将从有效边界的某处选择投资组合；②资本市场是完全有效的市场，没有任何摩擦阻碍投资。

2ABD　3ABCDE　4ADE

5. 下列关于债券及债券市场的说法中，表述正确的有(　　)。[2015 年 10 月真题]

A. 债券发行人通过发行债券筹集的资金一般都有期限，到期时，债务人必须还本付息

B. 相对于股票价格而言，债券市场价格比较稳定

C. 债券是所有权凭证，债券持有人有利息收入的要求权

D. 债券的发行人有中央政府、地方政府、中央政府机构、金融机构、企业和个人

E. 收益率相同变化幅度下，债券的凸性越大，债券价格的增加与债券的价格的减少之间的差距就越大

【解析】C 项，债券不是所有权凭证，是债权债务关系凭证；D 项，个人不能发行债券。

6. 下列属于非系统性风险的是(　　)。

A. 经营风险　B. 市场风险　C. 信用风险　D. 偶然事件风险

E. 财务风险

【解析】非系统性风险是一种与特定公司或行业相关的风险。通过分散投资，非系统性风险能被降低；而且，如果分散是充分有效的，这种风险还能被消除，因此，又称为可分散风险。非系统性风险具体包括财务风险、经营风险、信用风险、偶然事件风险等。

7. 债券投资的风险主要包括(　　)。

A. 利率风险　B. 信用风险　C. 通货膨胀风险　D. 汇率风险

E. 流动性风险

【解析】一般来说，债券投资的风险主要包括下面几类：利率风险、信用风险、汇率风险、再投资风险、赎回和提前支付风险、流动性风险、通货膨胀风险等。其中，当投资者持有债券的利息和本金以外国货币偿还或者以外国货币计算但是用本国货币偿还的时候，投资者就会面临汇率变动风险，称为汇率风险。

8. (　　)可以视为固定收益类资产。

A. 国债　B. 公司债券　C. 普通股股票　D. 国际债券

E. 银行存款

【解析】根据客户具体的资产配置(比例)要求，再具体选择各类资产下的理财产品和产品组合，这时可以兼顾客户的个人喜好，例如对房地产投资或某类股票的特殊喜好。各类产品可选择范围如下：①现金类：银行存款、货币市场基金、短期国债等；②债权类：政府债券、公司债券，国内债券、国际债券、其他债权等；③权益类：股票(国际股、国内股、蓝筹股、小型成长股等)；④商品及衍生品：黄金等商品，期权、互换等衍生品；⑤其他：房地产、古董。

9. 投资的目的包括(　　)。

A. 抵御通货膨胀　B. 使风险降为零

C. 实现资产增值　D. 收益和风险的平衡

E. 获取经常性收益

【解析】投资的目的可以总结为以下三种：①抵御通货膨胀，通货膨胀会导致货币的购买力下降，因此投资者可以通过理财投资来对抗通货膨胀的压力，保持货币的购买力；

5ABE　6ACDE　7ABCDE　8ABD　9ACE

②实现资产增值，对于绝大多数投资者而言，如果只依赖固定的工资薪金，其财富增长始终有限，许多长期理财目标难以得到实现，因此需要通过投资来达到资产增值的目的；③获取经常性收益，有时投资者只期待在本金获得保障(回避风险)的基础上，且能定期获得一些经常性收益作为家庭开支的补充。

10. 关于有效市场类型的说法，正确的是(　　)。
A. 弱式有效市场下，技术分析无效
B. 弱式有效市场下，所有的公开信息都已经反映在证券价格中
C. 半强式有效市场下，技术分析和基础分析都无效
D. 强式有效市场下，所有的信息都反映在股票价格中
E. 强式有效市场假说中的信息不包括内幕消息
【解析】B 项，弱式有效市场假说指当前证券价格已经充分反映了全部能从市场交易数据中获得的信息，这些信息包括过去的价格、成交量、未平仓合约等，半强式有效市场假说指所有的公开信息都已经反映在证券价格中。E 项，强式有效市场假说指所有的信息都反映在股票价格中，这些信息不仅包括公开信息，还包括各种私人信息，即内幕消息。

11. 某项资产组合由长期债券和股票构成，其投资比例分别为 20% 和 80%。假设经济形势好的情况下，长期债券和股票收益率分别为 6% 和 15%；经济形势差的情况下，长期债券和股票收益率分别为 4% 和 10%，而且经济形势出现好和差的概率是一样的。则下列计算结果正确的有(　　)。
A. 长期债券的期望收益率为 5%
B. 股票的期望收益率为 12.5%
C. 该项资产组合的期望收益率为 11%
D. 长期债券的期望收益率为 3%
E. 股票的期望收益率为 7.5%
【解析】A 项，长期债券的期望收益率 $=50\% \times 6\% + 50\% \times 4\% = 5\%$；B 项，股票的期望收益率 $=15\% \times 50\% + 10\% \times 50\% = 12.5\%$；C 项，资产组合的期望收益率 $=5\% \times 20\% + 12.5\% \times 80\% = 11\%$。

12. 下列对有效集与最优投资组合的说法，正确的有(　　)。
A. 所有可能的组合将位于可行集的边界上或内部
B. 有效集以期望代表收益，以对应的方差(或标准差)表示风险程度
C. 有效集的满足条件是：既定风险水平下要求最高收益率；既定预期收益率水平下要求最低风险
D. 有效集与无差异曲线都是客观存在的，都是由证券市场决定的
E. 可行集包括了现实生活中所有可能的组合
【解析】D 项，对于投资者而言，有效集是客观存在的，它是由证券市场决定的。而无差异曲线则是主观的，它是由自己的风险—收益偏好决定的。厌恶风险程度越高的投资者，其无差异曲线的斜率越陡；厌恶风险程度越低的投资者，其无差异曲线的斜率越小。

10ACD　11ABC　12ABCE

13. 由资本资产定价模型的假设可以得出(　　)。

A. 投资者是理性的

B. 每个投资者的切点处投资组合(最优风险组合)都是相同的

C. 每个投资者的线性有效集都是一样的

D. 投资者的最优投资组合是相同的

E. 投资者对风险和收益的偏好状况与该投资者风险资产组合的最优构成有关

【解析】D 项，由于投资者风险—收益偏好不同，其无差异曲线的斜率不同，因此它们的最优投资组合也不同；E 项，分离定理指出，投资者对风险和收益的偏好状况与该投资者风险资产组合的最优构成是无关的。

14. 套利定价理论假设条件包括(　　)。

A. 投资者有相同的理念

B. 投资者是风险回避的，并且还要实现效用的最大化

C. 市场是完全的，因此对交易成本等因素都不作考虑

D. 单一投资期

E. 不存在税收问题

【解析】与资本资产定价模型一样，套利定价理论假设：①投资者有相同的理念；②投资者是风险回避的，并且还要实现效用的最大化；③市场是完全的，因此对交易成本等因素都不作考虑。与资本资产定价模型不同的是，套利定价理论没有假设：①单一投资期；②不存在税收问题；③投资者能以无风险利率自由地借入和贷出资金；④投资者以回报率的均值和方差为基础选择投资组合。

15. “有限套利”理论(　　)。

A. 主要探讨现实证券市场中套利行为的作用不可能充分实现

B. 解释了为什么价格对信息会存在不适当的反应

C. 解释了为什么在噪声交易者的干扰下市场会保持非有效状态

D. 研究现实世界中投资者在买卖证券时是如何形成投资理念和对证券进行判断的

E. 是行为金融学的一大理论基础

【解析】行为金融学由“基于认识和决策相关的心理学研究的投资者心态与行为分析”和“有限套利及市场非有效性”这两个理论基础构成。“有限套利”主要探讨现实证券市场中套利行为的作用不可能充分实现，它解释了为什么价格对信息会存在不适当的反应，也解释了为什么在噪声交易者的干扰下市场会保持非有效状态；而“投资者心态和行为分析”则要研究现实世界中投资者在买卖证券时是如何形成投资理念和对证券进行判断的。

16. 行为金融学针对传统有效市场理论，提出的质疑包括(　　)。

A. 非理性行为

B. 投资者非理性行为并非随机发生

C. 由于投资者交易的随机性，能抵消彼此对价格的影响

D. 投资者可以理性地评估证券价格

13ABC　14ABC　15ABCE　16ABE

E. 套利会受到一些条件的限制，使其不能发挥预期的作用

【解析】传统有效市场理论建立在三个假设条件上：①投资者是理性的，也就是说可以理性地评估证券价格；②即使投资者是不理性的，但由于他们交易的随机性，能抵消彼此对价格的影响；③若部分投资者有相同的不理性行为，市场可以利用“套利”使价格恢复理性。行为金融学针对以上三个假设分别质疑：①非理性行为；②投资者非理性行为并非随机发生；③套利会受到一些条件的限制，使其不能发挥预期的作用。

17. 一般情况下，资产配置的过程包括(　　)。

A. 明确投资者收益预期值和风险

B. 确定投资的指导性目标

C. 明确资产组合中包括哪几类资产及所占比例

D. 找出最佳的资产组合

E. 对资产组合的投资成果进行评价

【解析】一般情况下，资产配置的过程包括以下几个步骤：①明确投资者收益预期值和风险，这一步骤包括利用历史数据与经济分析来决定投资者所考虑资产在相关持有期间内的预期收益率和波动情况，确定投资的指导性目标；②明确资产组合中包括哪几类资产及所占比例；③找出最佳的资产组合。

18. 下列关于资产配置的说法，正确的有(　　)。

A. 情景综合分析法的预测期间在5～10年

B. 一般而言，全球资产配置的期限在半年以上

C. 股票、债券资产配置的期限为半年

D. 买入并持有策略是积极型的长期再平衡方式

E. 当市场表现出强烈的上升或下降趋势时，恒定混合策略的表现将劣于买入并持有策略

【解析】A项，一般来说，情景综合分析法的预测期间在3～5年，这样既可以超越季节因素和周期因素的影响，能更有效地着眼于社会政治变化趋势及其对股票价格和利率的影响，也为短期投资组合决策提供了适当的视角，为战术性资产配置提供了运行空间。B项，不同范围资产配置在时间跨度上往往不同。一般而言，全球资产配置的期限在1年以上。D项，买入并持有策略是消极型的长期再平衡方式，适用于有长期计划水平并满足于战略性资产配置的投资者。

19. 下列关于基本面分析中的宏观分析，说法正确的有(　　)。

A. 一般来说，高经济增长率会推动本国货币汇率的上涨，而低经济增长率则会造成该国货币汇率下跌

B. PMI表示居民消费价格指数

C. PMI指数30为荣枯分水线

D. 减少国债、提高税率、减少政府购买和转移支付属于紧缩性货币政策

E. 在通货膨胀较严重时，采用消极的货币政策较合适

【解析】B项，CPI为居民消费价格指数，PMI为采购经理人指数；C项，PMI指数50

17ABCD　18CE　19AE

为荣枯分水线，当 PMI 大于 50 时，说明经济在发展，当 PMI 小于 50 时，说明经济在衰退；D 项，减少国债、提高税率、减少政府购买和转移支付属于紧缩性财政政策，紧缩性的货币政策是通过削减货币供应的增长率来降低总需求水平，在这种政策下，取得信贷较为困难，利息率也随之提高。

20. 货币政策的最终目标包括(　　)。

A. 稳定物价　　B. 充分就业

C. 促进经济增长　　D. 平衡国际收支

E. 有效促进金融监督

【解析】货币政策的最终目标包括稳定物价、充分就业、促进经济增长和平衡国际收支等。《中华人民共和国中国人民银行法》第三条规定，货币政策目标是保持货币币值的稳定，并以此促进经济增长。

21. 下列关于行业一般特征的分析，说法正确的是(　　)。

A. 行业基本上分为四种市场结构：完全竞争、垄断竞争、寡头垄断和完全垄断

B. 如果相对卖方的销售量而言，购买是大批量和集中进行的，则认为该产业的卖方集团是强有力的

C. 如果进入壁垒较高或者新进入者认为严阵以待的守成者会坚决地报复，则这种进入威胁就会较小

D. 迈克尔·波特指出在一个行业中，存在着四种基本的竞争力量，即潜在竞争者进入的能力、购买者的议价能力、供应者的议价能力、行业中现有竞争者的竞争能力

E. 市场结构包括市场供给者之间(包括替代品)、需求者之间、供给和需求者之间以及市场上现有的供给者、需求者与正在进入该市场的供给者、需求者之间的关系

【解析】B 项，买方的产业竞争手段是压低价格，要求较高的产品质量或索取更多的服务项目，并且从竞争者彼此对立的状态中获利。其中，如果相对卖方的销售量而言，购买是大批量和集中进行的，则认为该产业的买方集团是强有力的。D 项，根据美国著名的战略管理学者迈克尔·波特的观点，在一个行业中，存在五种基本的竞争力量：潜在竞争者进入的能力、替代品的替代能力、购买者的议价能力、供应者的议价能力、行业中现有竞争者的竞争能力，即波特五力分析模型。

22. 处于成长期的行业的特点包括(　　)。

A. 产品已经为大众所认识，但需要不断进行产品的更新换代

B. 市场需求逐步扩大

C. 公司销售收入迅速增长，成长期初期企业仍处于亏损或微利状态，然后利润增长很快

D. 处于此阶段的行业适合投机者和创业投资人

E. 市场竞争趋于垄断或相对垄断，少数大企业分享高额利润

【解析】除 ABC 三项外，处于成长期的行业的特点还包括：①市场风险很大；②对投资的需求很强烈；③投资优势企业常常获得较理想的回报。D 项属于处于幼稚期的行业的特点；E 项属于处于成熟期的行业的特点。

20ABCD　21ACE　22ABC

23. 从衰退的原因来看，可能有四种类型的衰退，它们分别是(　　)。

A. 资源型衰退　　B. 效率型衰退

C. 收入低弹性衰退　　D. 聚集过度性衰退

E. 自然原因衰退

【解析】从衰退的原因来看，可能有四种类型的衰退，它们分别是：①资源型衰退，即由于生产所依赖的资源的枯竭所导致的衰退；②效率型衰退，即由于效率低下的比较劣势而引起的行业衰退；③收入低弹性衰退，即因需求－收入弹性较低而衰退的行业；④聚集过度性衰退，即因经济过度聚集的弊端所引起的行业衰退。

24. 下列关于行业分析方法的说法，正确的有(　　)。

A. 历史资料研究法只能被动地囿于现有资料，不能主动地提出问题并解决问题

B. 调查研究法的成功与否取决于研究者和访问者的技巧和经验

C. 通过行业增长比较分析和行业增长预测分析，行业分析师可以选择处于成长期或者稳定期，竞争实力雄厚、有较大发展潜力的行业

D. 纵向比较一般是取某一时点的状态或者某一固定时段的指标，在这个横截面上对研究对象及其比较对象进行比较研究

E. 归纳法是先推论后观察，演绎法则是从观察开始

【解析】D 项，横向比较一般是取某一时点的状态或者某一固定时段的指标，在这个横截面上对研究对象及其比较对象进行比较研究；纵向比较三要是利用行业的历史数据，分析过去的增长情况，并据此预测行业的未来发展趋势。E 项，演绎法是先推论后观察，归纳法则是从观察开始。

25. 常用的偿债能力分析指标包括(　　)。

A. 流动比率　　B. 利息保障倍数

C. 应收账款周转率和平均回收天数　　D. 负债比率

E. 长期负债比率

【解析】除 ABC 三项外，常用的偿债能力分析指标还包括：①速动比率；②现金比率。DE 两项属于常用的资本结构分析指标。

26. 技术分析的假设条件包括(　　)。

A. 市场行为反映一切信息

B. 价格沿趋势移动

C. 历史会重演

D. 影响证券市场的因素不可能完全体现在股票价格的变动上

E. 即使供求关系不发生根本改变，证券价格的走势也可能发生反转

【解析】作为一种投资分析工具，技术分析是以一定的假设条件为前提的，这些假设是：①市场行为反映一切信息；②价格沿趋势移动；③历史会重演。D 项，市场行为反映一切信息这一假设是进行技术分析的基础。其主要思想是：任何一个影响证券市场的因素，最终都必然体现在股票价格的变动上。E 项，价格沿趋势移动这一假设下，只要供求关系不发生根本改变，证券价格的走势就不会发生反转。

23ABCD　24ABC　25ABC　26ABC

27. 下列对债券价格随时间的变化关系，说法正确的有(　　)。

A. 溢价发行的债券，当债券临近到期日时，债券价格不断下降

B. 折价发行的债券，当债券临近到期日时，债券价格不断上升

C. 当债券临近到期日时，债券价格趋近于债券的票面价值

D. 溢价发行的债券，当债券临近到期日时，债券价格不断上升

E. 折价发行的债券，当债券临近到期日时，债券价格不断下降

【解析】溢价发行的债券，当债券临近到期日时，债券价格不断下降；折价发行的债券，当债券临近到期日时，债券价格不断上升；当债券临近到期日时，债券价格趋近于债券的票面价值。

三、案例分析题(下列选项中至少有一项符合题目要求，请将正确选项的代码填入括号内)

1. 基金A、基金B、基金C和基金D，以及沪深300ETF基金和国债的表现情况的数据如表5-4所示。

表5-4　基金A、B、C、D，沪深300ETF基金和国债的表现情况

	年平均收益率	标准差	β值
基金A	13.5%	13.6%	1.01
基金B	15.6%	15.2%	1.28
基金C	16.5%	19.5%	1.33
基金D	12.0%	12.3%	1.15
沪深300ETF基金（市场组合）	12.1%	9.8%	1
国债(无风险资产)	3.2%	0	0

根据以上材料回答(1)~(3)题。[2015年10月真题]

(1)若张先生三年前将40%的资金投资于基金A，60%的资金投资于基金B，并持有至今，该投资组合的年平均收益率为(　　)。

A. 14.76%　　B. 14.55%　　C. 14.93%　　D. 15.21%

【解析】投资组合的年平均收益率=13.5%×40%+15.6%×60%=14.76%。

(2)根据以上条件，基金B的夏普比率为______，基金C的特雷诺比率为______，基金D的詹森比率为______。(　　)

A. 1.0263，0.8462，-1.435%　　B. 0.8158，0.1000，-1.435%

C. 1.0263，0.1241，-0.1000%　　D. 0.8158，0.1000，-0.1000%

【解析】基金B的夏普比率$(SR)=\frac{R_P-R_f}{\sigma_P}=(15.6\%-3.2\%)/15.2\%\approx0.8158$；基金C的特雷诺指数$(TR)=\frac{R_P-R_f}{\beta_P}=(16.5\%-3.2\%)/1.33=0.1000$；基金D的詹森比率$\alpha_P=R_P-[R_f+\beta_P(R_M-R_f)]=12.0\%-[3.2\%+1.15\times(12.1\%-3.2\%)]=-1.435\%$。

27ABC　▌　1(1)A　(2)B

(3)张先生一年后准备退休，向理财规划师咨询应该如何选择基金，理财规划师认为适合张先生的基金类型是(　　)。

A. 股票型、债券型和货币型基金　　B. 银行存款和货币型基金

C. 股票和股票型基金　　D. 债券型基金和货币型基金

【解析】基金投资方面，其风险收益视品种而定，股票型、债券型、货币市场基金等收益各不相同，选择多，也适宜做配置。随着退休年龄的临近，基金投资可以逐渐偏向中低风险的品种。BD 两项的收益率偏低；C 项风险过大。

2. 刘薇整理了 A、B、C 三只基金 2007 年以来的业绩情况，并将其与大盘指数和无风险利率进行了对照，如表 5 - 5 所示。

表 5 - 5　A、B、C 三只基金的业绩及大盘指数与无风险利率的情况

年度	A 基金	B 基金	C 基金	大盘指数	无风险利率
2007	21. 10%	2. 80%	4. 10%	5. 80%	6. 80%
2008	34. 80%	27. 80%	28. 90%	7. 10%	7. 10%
2009	54. 80%	22. 10%	32. 5%	30. 80%	7. 50%
2010	-6. 90%	1. 20%	7. 20%	-4. 50%	7. 20%
2011	39. 30%	32. 40%	23. 25%	29. 80%	6. 80%
2012	-21. 50%	-16. 80%	-18. 80%	-17. 00%	6. 20%
2013	29. 10%	18. 10%	22. 00%	24. 30%	6. 00%
2014	-40. 00%	-32. 00%	-29. 00%	-31. 00%	5. 50%
平均收益率	13. 71%	6. 94%	8. 77%	6. 91%	6. 64%
标准差	32. 98%	22. 58%	23. 56%	22. 81%	0. 68%
β 系数	1. 19	0. 90	1. 03	1. 00	

根据以上材料回答(1) ~ (2)题。

(1)根据上述数据，刘薇测算出来 A、B、C 三只基金的夏普比率分别为______，其中______能够提供经风险调整后最好的收益。(　　)

A. 0. 0133，0. 2144，0. 0904；B 基金　　B. 0. 0904，0. 0133，0. 2144；C 基金

C. 0. 2144，0. 0133，0. 0904；A 基金　　D. 0. 0904，0. 2144，0. 0133；B 基金

【解析】夏普比率的计算公式：$SR_P = (R_P - R_f)/\sigma_P$。

A 基金：$SR_A = (13.71\% - 6.64\%)/32.98\% = 0.2144$；

B 基金：$SR_B = (6.94\% - 6.64\%)/22.58\% = 0.0133$；

C 基金：$SR_C = (8.77\% - 6.64\%)/23.56\% = 0.0904$。

因为 SR_A 最大，所以 A 基金能够提供经风险调整后最好的收益。

(2)根据上述数据，刘薇测算出来 A、B、C 三只基金的特雷诺指数分别为______，其中______能够提供每单位系统性风险最高的风险溢价。(　　)

A. 3. 9412%，2. 0680%，0. 3333%；A 基金

B. 5. 9412%，0. 3333%，2. 0680%；A 基金

(3)A　2(1)C　(2)B

C. 0.3333%，5.9412%，2.0680%；D 基金

D. 0.3333%，2.0680%，5.9412%；C 基金

【解析】特雷诺指数的计算公式：$TR_P=(R_P-R_f)/\beta_P$。

A 基金：$TR_A=(13.71\%-6.64\%)/1.19=5.9412\%$；

B 基金：$TR_B=(6.94\%-6.64\%)/0.90=0.3333\%$；

C 基金：$TR_C=(8.77\%-6.64\%)/1.03=2.0680\%$。

因为 TR_A 最大，所以 A 基金能提供每单位系统性风险最高的风险溢价。

3. 客户王先生投资经验比较丰富，近日精选了一项投资计划 A，根据估算，预计如果现在投资268 元，未来第一年会回收90 元，第二年回收120 元，第三年回收150 元。与之相比，同期市场大盘平均收益率为12%，无风险收益率为6%。但王先生认为投资计划 A 还是不能达到其理想的效果，遂咨询理财师。

根据以上材料回答(1)~(4)题。

(1)根据计划 A 的收益预期，可计算出其预期收益率约为(　　)。

A. 13.93%　　B. 14.92%　　C. 15.62%　　D. 16.56%

【解析】根据公式，可得：$268=90\times(1+r)^{-1}+120\times(1+r)^{-2}+150\times(1+r)^{-3}$，解得 $r=14.92\%$。

(2)把计划 A 当作一只股票，根据已知数据，计算 A 的 β 系数为(　　)。

A. 2.55　　B. 2.62　　C. 1.49　　D. 1.78

【解析】根据 β 的计算公式有：$14.92\%=6\%+\beta\times(12\%-6\%)$，解得 $\beta=1.49$。

(3)β 系数是构建投资组合的重要指标，关于 β 系数下列说法不正确的是(　　)。

A. β 系数表示了某证券对市场组合方差的贡献率

B. 个人资产的风险溢价与 β 系数成正比例

C. 只有单只证券才可将 β 系数作为风险的合理测定

D. 实践中的 β 值难以确定

【解析】C 项，β 系数是特定资产(或资产组合)的系统性风险度量。换句话说，β 系数就是一种评估证券系统性风险的工具，用于度量一种证券或一个投资证券组合相对总体市场的波动性。

(4)考虑到计划 A 的风险问题，王先生希望建立计划 A 与短期国债的投资组合，所期望的最低报酬率为9%，则短期国债在组合中的比例应为(　　)。

A. 66.37%　　B. 74.92%　　C. 55.62%　　D. 46.56%

【解析】设短期国债在组合中的比例为 X，则有 $9\%=14.92\%\times(1-X)+6\%\times X$，解得 $X=66.37\%$。

4. 李先生正在考虑投资三种共同基金。第一种是股票基金；第二种是长期政府债券与公司债券基金；第三种是收益率为8%的短期国库券货币市场基金。这些风险基金的概率分布如表5-6所示。基金的收益率之间的相关系数为0.10。

3(1)B　(2)C　(3)C　(4)A

表 5-6　风险基金期望收益与标准差

	期望收益	标准差
股票基金	20%	30%
债券基金	12%	15%

根据以上材料回答(1)~(9)题。

(1)两种风险基金的最小方差资产组合的投资比例分别为(　　)。

A. 股票基金 17.39%；债券基金 82.61%

B. 股票基金 36.45%；债券基金 63.55%

C. 股票基金 44.16%；债券基金 55.84%

C. 股票基金 82.62%；债券基金 17.38%

【解析】由 $E(r_S)=20\%$，$E(r_B)=12\%$，$\sigma_S=30\%$，$\sigma_B=15\%$，$\rho=0.10$，可得：最小方差资产组合 $w_{Min}(S)=[\sigma_B^2-\mathrm{Cov}(r_S, r_B)]/[\sigma_S^2+\sigma_B^2-2\mathrm{Cov}(r_S, r_B)]=(15\%^2-30\%\times15\%\times0.10)/(30\%^2+15\%^2-2\times30\%\times15\%\times0.10)=0.1739$；$w_{Min}(B)=0.8261$。

(2)最小方差资产组合的期望收益率和标准差分别为(　　)。

A. 15.61%；16.54%　　B. 13.39%；13.92%

C. 14.83%；15.24%　　D. 18.61%；23.48%

【解析】由上题可知最小方差组合股票基金和债券基金的比例分别为 17.39% 和 82.61%，所以 $E(r_{Min})=0.1739\times20\%+0.8261\times12\%=13.39\%$。标准差按照公式计算如下：$\sigma_{Min}=[w_S^2\sigma_S^2+w_B^2\sigma_B^2+2w_Sw_B\mathrm{Cov}(r_S, r_B)]^{1/2}=(0.1739^2\times30\%^2+0.8261^2\times15\%^2+2\times0.1739\times0.8261\times0.0045)^{1/2}=13.92\%$。

(3)最优资产组合下每种资产的比例分别为(　　)。

A. 股票基金 17.39%，债券基金 82.61%

B. 股票基金 45.16%，债券基金 54.84%

C. 股票基金 35.45%，债券基金 64.55%

D. 股票基金 82.61%，债券基金 17.39%

【解析】最优资产组合的每种资产的比例计算如下：

$$w_S=\frac{[E(r_S)-r_f]\sigma_B^2-[E(r_B)-r_f]\mathrm{Cov}(r_S, r_B)}{[E(r_S)-r_f]\sigma_B^2+[E(r_B)-r_f]\sigma_S^2-[E(r_S)-r_f+E(r_B)-r_f]\mathrm{Cov}(r_S, r_B)}$$

$$=\frac{(20-8)\times225-(12-8)\times45}{(20-8)\times225+(12-8)\times900-(20-8+12-8)\times45}=0.4516$$

$$w_B=1-w_S=1-0.4516=0.5484$$

(4)最优资产组合的期望收益率和标准差分别为(　　)。

A. 15.61%；16.54%　　B. 18.61%；23.48%

C. 13.39%；13.92%　　D. 14.83%；15.24%

【解析】由上题可知最优风险资产组合中的股票和债券的比重分别为 45.16%、54.84%，期望收益率和标准差计算如下：$E(r_P)=0.4516\times20\%+0.5484\times12\%=15.61\%$；$\sigma_P=$

4(1)A　(2)B　(3)B　(4)A

$[w_S^2\sigma_S^2 + w_B^2\sigma_B^2 + 2w_S w_B \mathrm{Cov}(r_S, r_B)]^{1/2} = (0.4516^2 \times 30\%^2 + 0.5484^2 \times 15\%^2 + 2 \times 0.4516 \times 0.5484 \times 0.0045)^{1/2} = 16.54\%$。

(5)最优资本配置线下的最优报酬与波动性比率是(　　)。

A. 0.3519　　B. 0.4601　　C. 0.4872　　D. 0.5482

【解析】根据公式计算最优资本配置线的报酬与波动性比率，可得：

$$\frac{E(r_P) - r_f}{\sigma_P} = \frac{15.61\% - 8\%}{16.54\%} = 0.4601$$

(6)如果某投资者对他的资产组合的期望收益率要求为14%，并且要求在最佳可行方案上是有效率的，那么该投资者资产组合的标准差是(　　)。

A. 11.28%　　B. 12.36%　　C. 13.04%　　D. 14.36%

【解析】因为投资者资产组合必在资本配置线上，资本配置线为：

$$E(r_c) = r_f + \frac{E(r_P) - r_f}{\sigma_P}\sigma_c = 8\% + 0.4601\sigma_c$$

令 $E(r_c) = 14\%$，可以求出最优资产组合的标准差为13.04%。

(7)接上题，投资者在短期国库券、股票基金和债券基金上投资比例分别为(　　)。

A. 短期国库券21.16%，股票基金35.60%，债券基金43.24%

B. 短期国库券34.60%，股票基金21.16%，债券基金44.24%

C. 短期国库券43.24%，股票基金21.16%，债券基金35.60%

D. 短期国库券78.84%，股票基金9.56%，债券基金11.6%

【解析】资产组合的预期收益率为14%，是国库券利率和股票与债券的最优组合P的平均预期收益率。用 X 表示该资产组合的比例，在最优资本配置线上的任意资产组合的均值为：$E(r_c) = (1 - X)r_f + XE(r_P) = r_f + X[E(r_P) - r_f] = 8\% + X(15.61\% - 8\%) = 14\%$，可得：$X = 0.7884$，$1 - X = 0.2116$ 即投资于国库券的比例。总资产组合中股票比例 $= 0.7884 \times 0.4516 = 0.3560$；总资产组合中债券比例 $= 0.7884 \times 0.5484 = 0.4324$。

(8)如果李先生只对两种风险基金进行投资并且要求14%的收益率，那么投资者的资产组合中的投资比例分别是(　　)。

A. 股票基金15%，债券基金85%　　B. 股票基金30%，债券基金70%

C. 股票基金25%，债券基金75%　　D. 股票基金55%，债券基金45%

【解析】设投资于股票基金的适当比例为 w_S，而 $w_B = 1 - w_S$ 即投资于债券基金的比例：由 $14\% = 20\% w_S + 12\% \times (1 - w_S) = 12\% + 8\% w_S$；可得：$w_S = 0.25$。即25%投资于股票，75%投资于债券。

(9)接上题，李先生的资产组合的标准差是(　　)。

A. 11.54%　　B. 12.89%　　C. 14.13%　　D. 16.36%

【解析】资产组合的标准差为：$\sigma_P = [w_S^2\sigma_S^2 + w_B^2\sigma_B^2 + 2w_S w_B Cov(r_S, r_B)]^{1/2} = (0.25^2 \times 30\%^2 + 0.75^2 \times 15\%^2 + 2 \times 0.25 \times 0.75 \times 0.0045)^{1/2} = 14.13\%$。

---

(5)B　(6)C　(7)A　(8)C　(9)C

5. 王先生打算投资一风险资产组合，年末来自该资产组合的现金流可能为70000或200000元，概率相等，均为0.5；可供选择的无风险国库券投资年利率为6%。

根据以上材料回答(1)~(4)题。

(1)如果王先生要求8%的风险溢价，则王先生愿意支付(　　)元去购买该资产组合。

A. 118421　　B. 151478　　C. 221546　　D. 296973

【解析】预期现金流为0.5×70000+0.5×200000=135000(元)。风险溢价为8%，无风险利率为6%，则要求的收益率为14%。因此，资产组合的现值为：135000÷1.14=118421(元)。

(2)假定王先生以上题中的价格购买该资产组合，该投资的期望收益率为(　　)。

A. 12%　　B. 13%　　C. 14%　　D. 15%

【解析】如果资产组合以118421元买入，给定预期的收入为135000元，预期的收益率$E(r)$计算如下：$118421\times[1+E(r)]=135000$(元)，$E(r)=14\%$。

(3)假定现在王先生要求12%的风险溢价，则其愿意支付的价格为(　　)元。

A. 114407　　B. 120589　　C. 124507　　D. 150236

【解析】如果王先生要求的风险溢价为12%，则要求的收益率为6%+12%=18%，该资产组合的现值就是135000/1.18=114407(元)。

(4)比较第(1)题和第(3)题的答案，关于投资所要求的风险溢价与售价之间的关系，结论正确的是(　　)。

A. 对于一给定的现金流，要求有更高的风险溢价的资产组合必须以更高的价格售出，预期价值的多余折扣相当于风险的罚金

B. 对于一给定的现金流，要求有更高的风险溢价的资产组合可以以与风险溢价较低的资产组合相等的价格售出，预期价值的多余折扣相当于风险的罚金

C. 对于一给定的现金流，要求有更低的风险溢价的资产组合必须以更低的价格售出，预期价值的多余折扣相当于风险的罚金

D. 对于一给定的现金流，要求有更高的风险溢价的资产组合必须以更低的价格售出，预期价值的多余折扣相当于风险的罚金

6. 假设资本资产定价模型成立，相关证券的风险与收益信息如表5-7所示。(注：表中的数字是相互关联的)

表5-7　某证券的风险与收益信息表

证券名称	期望报酬率	标准差	与市场组合的相关系数	β值
无风险资产	①	0	②	③
市场组合	④	0.1	⑤	⑥
X股票	0.22	⑦	0.65	1.3
Y股票	0.16	0.15	⑧	0.9
Z股票	0.31	⑨	0.2	⑩

5(1)A　(2)C　(3)A　(4)D

根据以上材料回答(1)~(8)题。

(1)根据资本资产定价模型理论(CAPM)的建议，一个资产分散状况良好的投资组合，最容易受(　　)因素的影响。

A. 系统性风险　　B. 投资分配比例

C. 证券种类的选择　　D. 非系统性风险

【解析】通过分散投资，非系统性风险能被降低；而且，如果分散是充分有效的，这种风险还能被消除。而系统性风险是由那些影响整个投资市场的风险因素所引起的，这类风险影响所有投资资产变量的可能值，因此不能通过分散投资相互抵消或者削弱。

(2)利用表中其他信息，可知②和③的值分别为(　　)。

A. 1 和 0　　B. 0 和 1　　C. 0 和 0　　D. 1 和 1

【解析】对于无风险资产来说，其市场风险 β 值为 0，即不存在；从而可知其与市场组合的相关系数为 0。

(3)表中⑤和⑥的值为(　　)。

A. 0 和 0　　B. 0 和 1　　C. 1 和 0　　D. 1 和 1

【解析】对于市场组合来说，其市场风险 β 值为 1；从而可知其与本身的相关系数为 1。

(4)表中①和④的值为(　　)。

A. 0.025 和 0.175　　B. 0.045 和 0.175

C. 0.025 和 0.195　　D. 0.045 和 0.195

【解析】利用 X 股票和 Y 股票的数据解联立方程：

0.22 = 无风险资产报酬率 + 1.3 × (市场组合报酬率 - 无风险资产报酬率)

0.16 = 无风险资产报酬率 + 0.9 × (市场组合报酬率 - 无风险资产报酬率)

可得：无风险资产报酬率 = 0.025；市场组合报酬率 = 0.175。

(5)根据表中其他信息可以得出⑦的值，即 X 股票的标准差为(　　)。

A. 0.15　　B. 0.2　　C. 0.25　　D. 0.4

【解析】β = 与市场组合的相关系数 × (股票标准差/市场组合标准差)，即：1.3 = 0.65 × (X 股票标准差/0.1)，进而可得：X 股票标准差 = 0.2。

(6)根据表中其他信息可以得出⑧的值，即 Y 股票与市场组合的相关系数为(　　)。

A. 0.2　　B. 0.4　　C. 0.6　　D. 0.8

【解析】根据 β 值的计算公式求 Y 股票的相关系数：$0.9 = r \times (0.15/0.1)$，可得：$r = 0.6$。

(7)根据表中其他信息可以得出⑩的值，即 Z 股票的 β 值为(　　)。

A. 0.9　　B. 1.5　　C. 1.9　　D. 2.4

【解析】根据资本资产定价模型计算 Z 股票的 β 值：$0.31 = 0.025 + \beta \times (0.175 - 0.025)$，可得：$\beta = 1.9$。

(8)根据表中其他信息可以得出⑨的值，即 Z 股票的标准差为(　　)。

A. 0.85　　B. 0.95　　C. 1.2　　D. 1.5

6(1)A　(2)C　(3)D　(4)A　(5)B　(6)C　(7)C　(8)B

【解析】根据β值的计算公式求Z股票的标准差：1.9 =0.2 ×（标准差/0.1），可得：标准差 =0.95。

7. 某科技公司的净税后现金流的项目如表5－8所示。

表5－8　某科技公司净税后现金流项目表　　单位：百万元

年份	税后现金流
0	－40
1～10	15

根据以上材料回答(1)～(2)题。

(1)项目的β值为1.8，假定$r_f=8\%$，$E(r_M)=16\%$，则项目的净现值为(　　)。

A. 11.15　　B. 12.76　　C. 18.09　　D. 22.30

【解析】该项目适当的折现率为：$r_f+\beta[E(r_M)-r_f]=8\%+1.8\times(16\%-8\%)=22.4\%$，故将该折现率代入净现值公式得：$NPV=-40+\sum_{t=1}^{10}\frac{15}{(1+22.4\%)^t}=18.09$(元)。

(2)在其净现值变成负数之前，项目可能的最高β估计值为(　　)。

A. 1.65　　B. 2.86　　C. 3.47　　D. 4.81

【解析】当$NPV=0$时，该项目的内部收益率为35.73%。可取的β的最高估计值为：$35.73\%=8\%+\beta(16\%-8\%)$，可得：$\beta=3.47$。

8. 有两种股票A、B，某投资公司的研究部门已经获得了其相关信息，如表5－9所示。假定无风险利率为5.0%。

表5－9　两只股票的相关信息

	预期收益(%)	标准差(%)	贝塔值
股票A	14.0	36	0.8
股票B	17.0	25	1.5
市场指数	14.0	15	1.0

根据以上材料回答(1)～(2)题。

(1)两只股票的期望收益分别为(　　)。

A. 11.4%；18.5%　　B. 11.4%；21.3%

C. 12.2%；18.5%　　D. 12.2%；21.3%

【解析】股票A的期望收益率：5% +0.8 ×(14% －5%) =12.2%；股票B的期望收益率：5% +1.5 ×(14% －5%) =18.5%。

(2)两只股票的α值分别为(　　)。

A. 1.2%；－1.5%　　B. 1.8%；－0.5%

C. 1.2%；0.5%　　D. 1.8%；－1.5%

【解析】股票A的α值：14% －12.2% =1.8%；股票B的α值：17% －18.5% = －1.5%。

7(1)C　(2)C　8(1)C　(2)D

9. 王先生预测来年的市场收益率为12%，国库券收益率为4%。天涯公司股票的贝塔值为0.50，在外流通股的市价总值为1亿美元。

根据以上材料回答(1)~(2)题。

(1)假定该股票被公正地定价，王先生估计其期望收益率为(　　)。

A. 4%　　B. 5%　　C. 7%　　D. 8%

【解析】根据CAPM计算其期望收益率为：4% +0.5×(12% -4%)=8%。

(2)如果来年的市场收益率实际是10%，王先生估计该股票的收益率为(　　)。

A. 5%　　B. 6%　　C. 7%　　D. 8%

【解析】因为市场收益低于期望值2%，则天涯公司的收益会低于期望值：$\beta\times 2\% =1\%$。因此，对天涯的收益率修正后的期望为：8% -1% =7%。

10. 红星公司发行了一批到期期限为10年的债券，该债券面值100元，票面利率为8%，每年年末付息。

根据以上材料回答(1)~(4)题。

(1)若投资者要求的收益率为9%，则该债券发行的方式为(　　)。

A. 折价发行　　B. 溢价发行

C. 平价发行　　D. 条件不足，无法确定

【解析】当债券价格小于面值(折价)的时候，票面利率<即期收益率<到期收益率。

(2)若到期收益率为8.5%，则债券发行价格为(　　)元。

A. 100　　B. 96.72　　C. 102.72　　D. 104.72

【解析】由于到期收益率大于票面收益率，故发行价格要低于100元。其发行价格等于未来10年现金流的现值。该债券的发行价格 $=100\times 8\%\times[(1+8.5\%)^{-1}+(1+8.5\%)^{-2}+\cdots+(1+8.5\%)^{-10}]+100\div(1+8.5\%)^{10}=96.72$(元)。

(3)若该债券规定投资者可以在第1年以后，第8年以内将债券转换成公司的普通股，则可能促使投资者行使转换权利的因素是(　　)。

A. 市场利率大幅下降

B. 公司开发了一个新项目，可能使盈利大幅增加

C. 全球油价持续上涨，公司生产成本上升

D. 该债券票面利率与通胀率挂钩，而预期通胀率将大幅上扬

(4)若将债券的利息单独作为证券出手，并且投资者要求的收益率为9%，那么该“利息证券”的发行价格为(　　)元。

A. 49.34　　B. 51.34　　C. 53.34　　D. 55.34

【解析】发行价格 $=100\times 8\%\times[(1+9\%)^{-1}+(1+9\%)^{-2}+\cdots+(1+9\%)^{-10}]=$ 51.34(元)。

11. 汤小姐持有华夏公司股票100股，预期该公司未来3年股利为零增长，每期股利30元。预计从第4年起转为正常增长，增长率为5%。目前无风险收益率7%，市场股票平均

9(1)D　(2)C　10(1)A　(2)B　(3)B　(4)B

要求的收益率为11.09%，华夏公司股票的标准差为2.8358，市场组合的标准差为2.1389，两者的相关系数为0.8928。

根据以上材料回答(1)~(5)题。

(1)根据以上信息，理财师可以告诉汤小姐，华夏公司股票的β系数为(　　)。

A. 0.93　　B. 1.04　　C. 1.18　　D. 1.38

【解析】根据β系数的计算公式可知：华夏公司股票的β系数=相关系数×华夏公司股票的标准差/市场组合的标准差=0.8928×2.8358/2.1389=1.18。

(2)基于上面的分析和判断，理财师可以进一步得到汤小姐对于华夏公司股票所要求的必要报酬率为(　　)。

A. 9%　　B. 11%　　C. 12%　　D. 13%

【解析】必要报酬率=7%+1.18×(11.09%-7%)=12%。

(3)对于汤小姐所持有的华夏公司股票，获取收益是她进行投资的基本目的，而该股票前3年的股利现值之和为(　　)元。

A. 48.14　　B. 72.05　　C. 80.14　　D. 91.48

【解析】前3年的股利现值之和$=\frac{30}{(1+12\%)}+\frac{30}{(1+12\%)^2}+\frac{30}{(1+12\%)^3}=72.05$(元)。

(4)由以上的分析和判断，理财师可以为汤小姐计算，如果汤小姐持有该股票至第4年，则该股票价值的现值为(　　)元。

A. 301.14　　B. 310.12　　C. 320.30　　D. 326.54

【解析】第4年以后各年股利的现值为：$V=30\times\frac{1+5\%}{12\%-5\%}\times\frac{1}{(1+12\%)^3}=320.30$(元)。

(5)汤小姐持有的华夏公司股票市值为(　　)元。

A. 35718　　B. 36258　　C. 39235　　D. 41491

【解析】华夏公司股票价值=72.05+320.30=392.35(元)；汤小姐持有的股票市值=100×392.35=39235(元)。

12. 大洋公司在2011年1月1日平价发行新债券，每张面值1000元，票面利率10%，5年到期，每年12月31日付息。

根据以上材料回答(1)~(5)题。

(1)通常情况下，当市场利率上升时，短期固定利率债券价格的下降幅度(　　)长期债券的下降幅度。

A. 小于　　B. 大于　　C. 等于　　D. 不确定

【解析】一般而言，长期债券价格较短期债券价格对市场利率变化更敏感，当市场利率上升时，两者价格都会下降，但是长期债券价格下降幅度更大。

(2)陈先生持有大洋公司在2011年1月1日发行的债券，该债券2015年1月1日的到期收益率是(　　)。

11(1)C　(2)C　(3)B　(4)C　(5)C　12(1)A　(2)B

A. 9%　　B. 10%　　C. 11%　　D. 12%

【解析】当债券价格等于面值(平价)的时候，票面利率 = 即期收益率 = 到期收益率。因此，到期收益率为10%。

(3)假定陈先生持有大洋公司的该债券至2015年1月1日，而此时的市场利率下降到8%，那么2015年1月1日该债券的价值是(　　)元。

A. 919　　B. 1019　　C. 1119　　D. 1219

【解析】根据债券定价公式，该债券的价值为：$V=\frac{1000\times10\%}{1+8\%}+\frac{1000}{1+8\%}=1019$(元)。

(4)假定陈先生持有大洋公司的该债券至2015年1月1日，而此时的市价为900元，此时购买该债券的到期收益率是(　　)。

A. 20%　　B. 21%　　C. 22%　　D. 23%

【解析】根据计算公式：$900=[100/(1+y)]+[1000/(1+y)]$，解得 $y=22\%$。

(5)假定2014年1月1日的市场利率为12%，债券的合理市价应为(　　)元。

A. 923　　B. 952　　C. 986　　D. 966

【解析】根据债券的定价公式可得：$V=\frac{100}{(1+12\%)}+\frac{100}{(1+12\%)^2}+\frac{1000}{(1+12\%)^2}=966$(元)。

13. 零息债券的价格反映了远期利率，具体如表5－10所示。除了零息债券，刘女士还购买了一种3年期的债券，面值1000元，每年付息60元。

表5－10　不同年份的远期利率

年份(年)	远期利率(%)
1	5
2	7
3	8

根据以上材料回答(1)～(4)题。

(1)刘女士购买的该3年期债券的价格是(　　)元。

A. 919.63　　B. 984.14　　C. 993.35　　D. 1001.27

【解析】债券的价格 $=60/1.05+60/(1.05\times1.07)+1060/(1.05\times1.07\times1.08)=984.14$(元)。

(2)刘女士购买的该3年期债券的到期收益率是(　　)。

A. 6.21%　　B. 6.55%　　C. 6.60%　　D. 6.76%

【解析】债券到期收益率：$\frac{60}{1+y}+\frac{60}{(1+y)^2}+\frac{1000+60}{(1+y)^3}=984.14$(元)；可得：$y=6.60\%$。

(3)根据预期假定，该债券的预期可实现的复利收益率是(　　)。

A. 6.66%　　B. 6.85%　　C. 6.93%　　D. 7.22%

【解析】$60\times1.07\times1.08+60\times1.08+1060=1194.14$(元)，设预期可实现的复利收益率

(3)B　(4)C　(5)D　13(1)B　(2)C　(3)A

为 $y_{已实现}$，可得：$1+y_{已实现}=\left(\frac{1194.14}{984.10}\right)^{\frac{1}{3}}=1.0666$，解得：$y_{已实现}=6.66\%$。

(4)如果刘女士预计一年后收益率曲线在7%变成水平的，持有该债券1年持有期内的期望收益率为(　　)。

A. 5.54%　　B. 5.88%　　C. 5.94%　　D. 6.02%

【解析】一年后，债券的价格 $=\frac{60}{1+7\%}+\frac{1060}{(1+7\%)^2}=981.92$(元)；其中，资本损失为：$984.14-981.92=2.22$(元)，持有期间的收益率 $=\frac{60+(-2.22)}{984.14}=0.0588$。

14. 李风先生是一位35岁的国企中层领导，家庭年总收入在25万元以上，他一直比较重视投资理财，经过一段时间的投资摸索，目前的金融投资资产中共持有股票35万元，股票型基金15万元，企业债券与国债30万元。由于投资过程中的经验和教训，李先生更加意识到专业性的重要，但苦于没有时间和精力来进行深入研究，于是邀请了理财师为其进行科学的投资规划。

根据以上材料回答(1)~(2)题。

(1)在过去的一年里，李先生所投资的股票收益率为-15%，股票型基金净值增长率平均为-8%，企业债券与国债的平均收益率为10%，则他前一年的总体收益率为(　　)。

A. 4.56%　　B. 2.37%　　C. -4.31%　　D. -5.65%

【解析】总体收益率 $=(-15\%)\times35/80+(-8\%)\times15/80+10\%\times30/80=-4.31\%$。

(2)李先生曾经选择持有一只经营业绩优良的股票，但在其个时期该企业由于央行连续加息，使其利息支出超出了预算，最终产生了一定的亏损，股票价格受到重创，这种风险属于(　　)。

A. 系统性风险　　B. 非系统性风险　　C. 潜在风险　　D. 操作性风险

【解析】系统性风险是由那些影响整个投资市场的风险因素所引起的，这些因素包括经济周期、国家宏观经济政策的变动等。这类风险影响所有投资资产变量的可能值，因此不能通过分散投资相互抵消或者削弱，因此又称为不可分散风险。系统性风险具体包括政策风险、利率风险、购买力风险和市场风险等。

15. 李小姐是一家外企的中层管理人员，有50万元人民币，考虑到目前银行存款利率较低，而股市正走向牛市，想将这笔钱来做证券投资，李小姐在深圳证券交易所买了ABC公司的A股股票和ABC公司发行的可转换债券，并且买了正在发行的面值为100元的10年期国债，国债票面利率为5%，市场利率为5%，同时还购买了货币市场基金。

根据以上材料回答(1)~(6)题。

(1)李小姐持有债券表示其拥有一种权利，这种权利称为(　　)。

A. 债权　　B. 资产所有权　　C. 财产支配权　　D. 资金使用权

【解析】债券体现了发行主体和持有人之间的债权债务关系。

---

(4)B　14(1)C　(2)A　15(1)A

(2)就李小姐所购买的债券来说，债券上标明的利率，是债券的(　　)。

A. 市场利率　　B. 票面利率　　C. 法定利率　　D. 发行利率

(3)李小姐所购买的国债属于(　　)的债券。

A. 折价发行　　B. 平价发行

C. 溢价发行　　D. 以上答案都不正确

【解析】当债券价格等于面值(平价)的时候，票面利率 = 即期收益率 = 到期收益率，从案例中可知，10 年期国债的票面利率和市场利率相等，所以该债券是平价发行。

(4)在李小姐所购买的全部投资产品中，风险最大和最小的分别是(　　)。

A. 股票；可转换债券　　B. 可转换债券；国债

C. 货币市场基金；股票　　D. 股票；国债

(5)一般情况下，市场利率上升，李小姐持有的 ABC 公司股票的价格将(　　)。

A. 下降　　B. 上升　　C. 不变　　D. 持续盘整

(6)当市场利率下调时，李小姐购买的货币市场基金的收益将(　　)。

A. 下降　　B. 上升　　C. 不变　　D. 不确定

【解析】市场利率下调，货币市场基金的收益下降；市场利率上调，收益上升。

---

(2)B　(3)B　(4)D　(5)A　(6)A

第六章　税务规划

一、单选题(下列选项中只有一项最符合题目要求，请将正确选项的代码填入括号内)

1. 某人于2019年1月取得一次性劳务报酬30000元，按规定应预扣预缴个人所得税为(　　)元。[2018年10月真题]

A. 5200　　B. 4840　　C. 7200　　D. 4800

【解析】应预扣预缴个人所得税 = 30000 × (1 - 20%) × 30% - 2000 = 5200(元)。

2. 根据2018年1月执行的个人所得税相关法律制度，下列所得免征个人所得税的是(　　)。[2018年10月真题]

A. 畅销书作者将自己文字作品手稿原件拍卖所得6000元

B. 个人出租房屋所得5000元

C. 保险公司支付保险赔款2000元

D. 一次中奖收入8000元

【解析】个人所得税应税所得项目包括：①工资、薪金所得；②劳务报酬所得；③稿酬所得；④特许权使用费所得；⑤经营所得；⑥利息、股息、红利所得；⑦财产租赁所得；⑧财产转让所得；⑨偶然所得。其中，保险赔款所得免征个人所得税。

3. 直接税是税收负担不能由纳税人转嫁出去，必须由自己负担的税种，下列不属于直接税的是(　　)。[2020年10月真题]

A. 企业所得税　　B. 个人所得税　　C. 消费税　　D. 房产税

【解析】直接税是税收负担不能由纳税人转嫁出去，必须由自己负担的各个税种，如所得税、财产税、社会保险税等；间接税是税负可以由纳税人转嫁出去，由他人负担的各个税种，如消费税。C项属于间接税。

4. 延期税务规划中，延期纳税的优点不包括(　　)。[2020年10月真题]

A. 节省利息支出　　B. 有利于资金周转

C. 减少税种降低税率　　D. 降低了实际纳税额

【解析】延期纳税的好处有：①有利于资金周转；②节省利息支出；③由于通货膨胀的影响，延期以后缴纳的税款必定下降，从而降低了实际纳税额。

5. 下列关于节税的表述错误的是(　　)。[2015年10月真题]

A. 巧妙利用税法赋予纳税人的权利

B. 不属于逃税的行为

C. 顺应立法精神是节税的一个重要原则

D. 与通常所说的“避税”，两者一样，无区别

【解析】D项，节税和避税不同，节税具有合法性，避税是以非违法的手段来达到逃避纳

1A　2C　3C　4C　5D

税义务的目的，因此在一定程度上它与逃税一样有损国家税法，直接后果是将导致国家财政收入的减少，间接后果是税收制度有失公平和社会腐败。故节税不需要反节税，而避税则需要反避税。

6. 下列属于稿酬所得的是(　　)。[2015 年 10 月真题]

A. 个人提供著作权的使用权取得的所得

B. 个人因其作品以图书发表而取得的所得

C. 作者将自己文字作品手稿原件公开拍卖所得

D. 作者将自己文字作品手稿复印件公开拍卖所得

【解析】稿酬所得是指个人因其作品以图书、报纸形式出版、发表而取得的所得。这里所说的“作品”，是指包括中外文字、图片、乐谱等能以图书、报刊方式出版、发表的作品；“个人作品”包括本人的著作、翻译的作品等。个人取得遗作稿酬，应按稿酬所得项目计税。A 项，个人提供专利权、著作权、商标权、非专利技术以及其他特许权的使用权取得的所得属于特许权使用费所得；CD 两项，作者将自己文字作品手稿原件或复印件公开拍卖(竞价)取得的所得，应按特许权使用费所得项目计税。

7. 小王、小李和小张是大学同学，大学毕业后，小李开始参加工作，小张、小王分别赴美国和香港留学。小张 2015 年 6 月取得博士学位后回国，小王在 2013 年 6 月获得硕士毕业证书后留港工作了一年整，其后回到北京。2014 年 6 月，小李享受单位派遣，赴日本业务进修，并在 2014 年 11 月完成进修回国。现在(2015 年 8 月)，小王、小李、小张预约购车，市场指定价为 30 万元，厂商指定的免税价格为 28 万 5 千元。可以享受免税价格的人是(　　)。[2015 年 10 月真题]

A. 小王　　B. 小张　　C. 三人均可以　　D. 小李

【解析】符合以下条件的留学生可免税购买经海关批准的国内定点轿车生产企业生产的车型，可以办理免税购车申请，购买进口车型及不在免税范围内的国产车型不享受此免税政策：①以学习和进修为目的，在国外正规大学、学院、科研机构求学、攻读学位、进修业务或从事科学研究及进行学术交流一学年以上(最低为 9 个月以上)；②完成学业后两年内回国；③毕业后首次入境未超过一年；④购买免税车计一件免税指标(在学期间连续在外满 180 天有一件指标，中途回国停留不超过 30 天的可视为连续在外，并可计入购车免税指标天数，若停留时间超过 30 天则不能连续计算)；⑤在我国香港、澳门地区学习、进修的留学人员享受同样待遇。本题中，小王毕业后首次入境超过一年，小李赴日本进修不足 9 个月，均不能享受免税价格。

8. 小王是一名销售人员，根据小王与公司签订的劳动合同，每月小王有 3000 元基本工资，月度绩效奖金，车补 500 元，特殊津贴 500 元。今年 6 月，小王成功营销大客户，当月月度绩效奖金为 5 万元，且由于小王的业绩，公司决定给予价值 10 万元的股份。小王 6 月工资、薪金所得的课税基数为(　　)元。[2015 年 10 月真题]

A. 540000　　B. 2300　　C. 4000　　D. 154000

【解析】工资、薪金所得是指个人因任职或受雇而取得的工资、薪金、奖金、年终加薪、劳动分红、津贴、补贴以及与任职或受雇有关的其他所得。也就是说，个人取得的所

6B　7B　8D

得，只要是与任职、受雇有关，不管其单位的资金开支渠道或以现金、实物、有价证券等形式支付的，都是工资、薪金所得项目的课税对象。按照这个标准，小王 6 月份的工资、薪金所得的课税基数为：3000 + 500 + 500 + 50000 + 100000 = 154000（元）。

9. ______是税收这种特殊分配手段本质的体现，______是实现税收无偿征收的保证，______是无偿性和强制性的必然要求。（　　）

A. 强制性；无偿性；灵活性　　B. 无偿性；强制性；灵活性

C. 强制性；无偿性；固定性　　D. 无偿性；强制性；固定性

【解析】税收的三个特征是统一的整体，相互联系，缺一不可。无偿性是税收这种特殊分配手段本质的体现，强制性是实现税收无偿征收的保证，固定性是无偿性和强制性的必然要求。三者相互配合，保证了政府财政收入的稳定。

10. 下列关于税收的特征的表述，不正确的是（　　）。

A. 税收的固定性是相对于某一个时期而言的

B. 税收的三个特征是统一的整体，相互联系，缺一不可

C. 无偿性是指国家征税后，税款一律纳入国家财政预算统一分配

D. 税收的强制性主要体现在制定税法的过程中

【解析】D 项，税收的强制性是指国家凭借其公共权力以法律、法令形式对税收征纳双方的权利（权力）与义务进行规范，依据法律进行征税。我国宪法明确规定公民有依照法律纳税的义务。纳税人必须依法纳税，否则就要受到法律的制裁。税收的强制性主要体现在征税过程中。

11. 税和费的区别不包括（　　）。

A. 主体不同　　B. 特征不同　　C. 来源不同　　D. 用途不同

【解析】税和费的区别主要表现在：①主体不同，税收的主体是代表国家的税务机关、海关或财政部门，而费的收取主体多是行政事业单位、行业主管部门等；②特征不同，税收具有无偿性、稳定性，费则通常具有补偿性、灵活性；③用途不同，税收收入由国家预算统一安排，用于社会公共需要支出，而费一般具有专款专用的性质。

12. 税制中，一类税区别于另一类税的标志在于（　　）不同。

A. 征税对象　　B. 税目　　C. 税率　　D. 纳税环节

【解析】征税对象又称课税对象，它指的是课税的目的物，即对什么征税。税制中，一类税区别于另一类税的标志在于征税对象不同。

13. 纳税人进行税务规划的基本方法不包括（　　）。

A. 利用免税筹划　　B. 分劈技术

C. 纳税期的递延　　D. 税收负担的逃避

【解析】“税收负担的逃避”即逃税，属违法行为，不属于税务规划的基本方法。A 项，利用免税筹划是指在合法、合理的情况下，使纳税人成为免税人，或使纳税人从事免税活动，或使征税对象成为免税对象而免纳税收的税务规划方法；B 项，分劈技术是指在合法、合理的情况下，使所得、财产在两个或更多个纳税人之间进行分劈而直接

9D　10D　11C　12A　13D

节税的税务规划技术；C 项，纳税期的递延是指在合法、合理的情况下，使纳税人延期缴纳税收而节税的税务规划方法。

14. 税负转嫁筹划的特点不包括(　　)。

A. 以价格为主要手段　　B. 不影响财政收入

C. 促进企业改善管理、改进技术　　D. 非经济行为

【解析】税负转嫁是指纳税人为了达到减轻税负的目的，通过价格的调整和变动，将税负转嫁给他人承担的经济行为。税负转嫁筹划的主要特点如下：纯经济行为，以价格为主要手段，不影响财政收入，促进企业改善管理、改进技术。

15. 下列关于个人所得税的说法，错误的是(　　)。

A. 个人所得税是对个人取得的各项应税所得征收的一种税

B. 个人所得税是国家对本国公民、居住在本国境内的个人的所得和境外个人来源于本国的所得征收的一种所得税

C. 居民纳税义务人是指在中国境内有住所，或者无住所而在境内居住满 3 年的个人

D. 居民纳税人和非居民纳税人，分别承担不同的纳税义务

【解析】居民纳税义务人是指在中国境内有住所，或者无住所而一个纳税年度内在中国境内居住累计满 183 天的个人。

16. 王先生为某 IT 公司开发一套系统软件，一次性取得劳务报酬 30000 元，王先生此项所得应预扣预缴税额为(　　)元。

A. 4800　　B. 5200　　C. 5000　　D. 5600

【解析】扣缴义务人向居民个人支付劳务报酬所得、稿酬所得、特许权使用费所得，按次或者按月预扣预缴个人所得税，以收入减除费用后的余额为预扣预缴应纳税所得额，每次收入不超过4000 元的，减除费用按800 元计算；每次收入4000 元以上的，减除费用按 20% 计算。劳务报酬所得适用 20% ~40% 的超额累进预扣率。计算公式为：劳务报酬所得应预扣预缴税额 = 预扣预缴应纳税所得额 × 预扣率 - 速算扣除数。则王先生劳务报酬应预扣预缴税额 = 30000 × (1 - 20%) × 30% - 2000 = 5200(元)。

17. 境外人士在境内居住满 183 天而未超过 6 年的个人，不向其(　　)征收个人所得税。

A. 境内所得境内支付或负担　　B. 境内所得境外支付或负担

C. 境外所得境内支付或负担　　D. 境外所得境外支付或负担

【解析】在中国境内无住所的个人，在中国境内居住累计满 183 天的年度连续不满六年的，经向主管税务机关备案，其来源于中国境外且由境外单位或者个人支付的所得，免予缴纳个人所得税；在中国境内居住累计满 183 天的任一年度中有一次离境超过 30 天的，其在中国境内居住累计满 183 天的年度的连续年限重新起算。在中国境内无住所的个人，在一个纳税年度内在中国境内居住累计不超过 90 天的，其来源于中国境内的所得，由境外雇主支付并且不由该雇主在中国境内的机构、场所负担的部分，免予缴纳个人所得税。

18. 高小姐本月获得劳务报酬 3500 元，则此项劳务报酬应预扣预缴税额为(　　)元。

14D　15C　16B　17D　18C

A. 175　　B. 392　　C. 540　　D. 560

【解析】扣缴义务人向居民个人支付劳务报酬所得、稿酬所得、特许权使用费所得，按次或者按月预扣预缴个人所得税，以收入减除费用后的余额为预扣预缴应纳税所得额，劳务报酬所得适用20% ~40%的超额累进预扣率，计算公式为：劳务报酬所得应预扣预缴税额 = 预扣预缴应纳税所得额 × 预扣率 - 速算扣除数。每次收入不超过4000元的，减除费用按800元计算；每次收入4000元以上的，减除费用按20%计算。因此应预扣预缴税额 =（3500 - 800）×20% = 540（元）。

19. 韩女士2019年1月工资收入6000元。如果个人缴纳的“三险”比例分别为8%、2%和1%。则韩女士本月应预缴个人所得税（　　）元。

A. 10.2　　B. 30　　C. 105　　D. 160

【解析】按照国家规定单位为个人缴付的基本养老保险费、基本医疗保险费、失业保险费、住房公积金可税前扣除。因此，韩女士本月应预缴个人所得税 =（6000 - 6000 × 11% - 5000）×3% = 10.2（元）。

20. 严先生转让一项专有技术，获得特许权使用费10万元，则这笔特许权使用费的应预缴个人所得税为（　　）元。

A. 11200　　B. 16000　　C. 19625　　D. 20000

【解析】扣缴义务人向居民个人支付特许权使用费所得，按次或者按月预扣预缴个人所得税，以收入减除费用后的余额为收入额，每次收入不超过4000元的，减除费用按800元计算；每次收入4000元以上的，减除费月按20%计算。以每次收入额为预扣预缴应纳税所得额，适用20%的比例预扣率。因此，这笔特许权使用费收入应预缴个人所得税 = 100000 ×（1 - 20%）×20% = 16000（元）。

21. 某演员收到演出费20万元，则演出费收入应预缴个人所得税（　　）元。

A. 22400　　B. 32000　　C. 46000　　D. 57000

【解析】扣缴义务人向居民个人支付劳务报酬所得，按次或者按月预扣预缴个人所得税，以收入减除费用后的余额为预扣预缴应纳税所得额，每次收入不超过4000元的，减除费用按800元计算；每次收入4000元以上的，减除费用按20%计算。劳务报酬所得适用20% ~40%的超额累进预扣率。计算公式为：劳务报酬所得应预扣预缴税额 = 预扣预缴应纳税所得额 × 预扣率 - 速算扣除数。因此，该笔演出费收入应预缴个人所得税 = 200000 ×（1 - 20%）×40% - 7000 = 57000（元）。

22. 对个体工商户业主、个人独资企业和合伙企业投资者的生产经营活动取得的收入应按照（　　）项目计征个人所得税。

A. 工资、薪金所得　　B. 劳务报酬所得

C. 经营所得　　D. 特许权使用费所得

【解析】对个体工商户业主、个人独资企业和合伙企业投资者的生产经营所得依法按照经营所得项目计征个人所得税。

23. 某作家指控某杂志社侵犯其著作权，法院裁定作家胜诉，该作家取得杂志社的经济赔

19A　20B　21D　22C　23C

偿款30000元，该赔偿收入应预缴个人所得税(　　)元。

A. 0　　B. 3360　　C. 4800　　D. 5200

【解析】个人提供著作权的使用权取得的所得属于特许权使用费所得，取得特许权的经济赔偿收入，应按"特许权使用费所得"项目缴纳个人所得税。扣缴义务人向居民个人支付特许权使用费所得，按次或者按月预扣预缴个人所得税。以收入减除费用后的余额为收入额，每次收入不超过4000元的，减除费用按800元计算；每次收入4000元以上的，减除费用按20%计算。以每次收入额为预扣预缴应纳税所得额，适用20%的比例预扣率。所以，该作家应预缴个人所得税 $=30000\times(1-20\%)\times20\%=4800$(元)。

24. 根据税法规定，下列说法错误的是(　　)。

A. 取得应税所得，没有扣缴义务人的，应当按规定办理纳税申报

B. 扣缴义务人包括企业(公司)、事业单位、机关、社团组织、军队、驻华机构、个体户等单位或个人

C. 代扣代缴个人所得税是扣缴义务人的法定义务，必须依法履行

D. 居民个人向扣缴义务人提供专项附加扣除信息的，扣缴义务人按月预扣预缴税款时可以拒绝扣除

【解析】D项，居民个人向扣缴义务人提供专项附加扣除信息的，扣缴义务人按月预扣预缴税款时应当按照规定予以扣除，不得拒绝。

25. 下列各项所得中，适用于减征规定的是(　　)。

A. 特许权使用费所得　　B. 劳务报酬所得

C. 稿酬所得　　D. 工资、薪金所得

【解析】稿酬所得适用20%的比例税率，并按收入额减征30%。

26. 今年王先生和三名同事共同进行了一项课题研究，他们携成果参加科研比赛，获得了二等奖，获奖金共计10000元。每人平均2500元。王先生这2500元应按照(　　)项目申报个人所得税。

A. 特许权使用费所得　　B. 偶然所得

C. 劳务报酬所得　　D. 稿酬所得

【解析】偶然所得是指个人取得的所得是非经常性的，属于各种机遇性所得，包括得奖、中奖、中彩以及其他偶然性质的所得(含奖金、实物和有价证券)。

27. 关于个人所得税的计税依据，下列说法错误的是(　　)。

A. 居民个人的综合所得，以每一纳税年度的收入额减除费用60000元以及专项扣除、专项附加扣除和依法确定的其他扣除后的余额，为应纳税所得额

B. 财产转让所得，以转让财产的收入额减除财产原值和合理费用后的余额，为应纳税所得额

C. 利息、股息、红利所得，偶然所得，以每次收入额为应纳税所得额

D. 经营所得，以每一纳税年度的收入总额为应纳税所得额

【解析】经营所得，以每一纳税年度的收入总额减除成本、费用以及损失后的余额，为

24D　25C　26B　27D

应纳税所得额。

28. 张先生在2015年以20元/股的价格购买A公司股票10000股，并且在2016年以30元/股的价格全部卖出，获得股票差价收入100000元。则就这笔买卖股票差价收入张先生应缴纳个人所得税(　　)元。

A. 20000　　B. 10000　　C. 27500　　D. 0

【解析】财产转让所得是指个人转让有价证券、股权、建筑物、土地使用权、机器设备、车船以及其他自有财产给他人或单位而取得的所得，包括转让不动产和动产而取得的所得。对个人股票买卖取得的所得暂不征税。

29. 张先生2019年全年的工资收入为63000元，前6个月每月工资4500元，后6个月每月工资6000元。则张先生2019年应缴纳个人所得税为(　　)元。

A. 90　　B. 1050　　C. 2000　　D. 1300

【解析】居民个人的综合所得，包括工资、薪金所得，劳务报酬所得，稿酬所得，特许权使用费所得，以每一纳税年度的收入额减除费用6万元以及专项扣除、专项附加扣除和依法确定的其他扣除后的余额，为应纳税所得额。综合所得适用3%～45%的超额累进税率。则张先生2019年应缴纳个人所得税$=(63000-60000)\times3\%=90$(元)。

30. 某IT企业职员2019年每月税前月薪6000元，另有1000元住房及交通补助。如果每月个人缴纳的“三险”合计为500元。则每年应纳所得税(　　)元。

A. 180　　B. 360　　C. 540　　D. 720

【解析】居民个人的综合所得，以每一纳税年度的收入额减除费用6万元以及专项扣除、专项附加扣除和依法确定的其他扣除后的余额，为应纳税所得额。其中，专项扣除包括居民个人按照国家规定的范围和标准缴纳的基本养老保险、基本医疗保险、失业保险等社会保险费和住房公积金等。故个人所得税年应纳税所得额=扣除三险一金后年收入-扣除标准$=(6000+1000-500)\times12-60000=18000$(元)。应纳税额=应纳税所得额×适用税率-速算扣除数$=18000\times3\%=540$(元)。

31. 境内某公司为其雇员(中国公民)代扣代缴个人所得税，2019年1月支付给陈生的不含税工资为5500元人民币，则该公司为陈生代扣代缴的个人所得税为(　　)元。

A. 250.00　　B. 2794.12　　C. 419.12　　D. 15.46

【解析】设该公司为陈生代扣代缴的个人所得税为x元，则陈生应缴纳的个人所得税为：$x=(5500+x-5000)\times3\%$，解出$x\approx15.46$。

32. 某商场以“买一赠一”方式销售货物。本期销售A商品50台，每台售价(含税)22600元，同时赠送B商品50件(B商品不含税单价为1200元/件)。A、B商品适用税率均为13%。该商场此项业务应申报的销项税额是(　　)元。

A. 130000　　B. 137800　　C. 146900　　D. 154700

【解析】“买一赠一”活动中的赠品视同销售货物行为，应缴纳增值税。销项税额$=[22600\div(1+13\%)+1200]\times50\times13\%=137800$(元)。

28D　29A　30C　31D　32B

33. 根据《房产税暂行条例》的规定，从价计征方式下，房产税依照房产原值一次减除(　　)后的余值计算缴纳。

A. 10% ~20%　　B. 10% ~30%　　C. 20% ~30%　　D. 10% ~40%

【解析】房产税计税依据为从价计征时，地方政府规定的减除比例为10% ~30%。

34. 赵某拥有两处房产，一处原值80万元的房产供自己及家人居住，另一处原值60万元的房产于2008年12月出租给王某居住，按市场价每月取得租金收入1200元，赵某当月应缴纳的房产税为(　　)元。

A. 48　　B. 72　　C. 240　　D. 480

【解析】个人所有非营业用的房产免征房产税，所以赵某原值80万元供自己及家人居住的用房免征房产税；另外，对个人出租住房，按4%的税率征收房产税。当月应缴纳房产税 =1200 ×4% =48(元)。

35. A公司向B汽车运输公司租入5辆载重汽车，双方签订的合同规定，5辆载重汽车的总价值为240万元，租期3个月，租金为12.8万元。则A公司应缴纳印花税税额(　　)元。

A. 32　　B. 128　　C. 150　　D. 240

【解析】印花税为比例税率，“租赁合同”适用0.001的税率，故应缴纳的印花税税额 = 128000 ×1‰ =128(元)。

36. 税法中规定从事货物批发或零售的纳税人，年应税销售额在(　　)万元以下的，为小规模纳税人。

A. 500　　B. 120　　C. 150　　D. 80

【解析】根据财政部、税务总局《关于统一增值税小规模纳税人标准的通知》，自2018年5月1日起，增值税小规模纳税人标准统一为年应征增值税销售额500万元及以下。

37. 企业拨缴的工会经费，不超过工资薪金总额______的部分，准予扣除。企业发生的职工教育经费支出，不超过工资薪金总额______的部分，准予扣除。(　　)

A. 8%；2%　　B. 2%；8%　　C. 8%；3%　　D. 3%；8%

【解析】确定企业应纳税所得额时准予扣除的项目范围包括：企业拨缴的工会经费，不超过工资薪金总额2%的部分，准予扣除。企业发生的职工教育经费支出，不超过工资薪金总额8%的部分，准予扣除；超过部分，准予在以后纳税年度结转扣除。

38. 下列关于无住所个人税款计算的规定，说法错误的是(　　)。

A. 无住所居民个人取得综合所得，年度终了后，应按年计算个人所得税；有扣缴义务人的，由扣缴义务人按月或者按季预扣预缴税款

B. 年度工资薪金、劳务报酬、稿酬、特许权使用费收入额分别按年度内每月工资薪金以及每次劳务报酬、稿酬、特许权使用费收入额合计数额计算

C. 无住所居民个人为外籍个人的，2022年1月1日前计算工资薪金收入额时，已经按规定减除住房补贴、子女教育费、语言训练费等八项津补贴的，不能同时享受专项附加扣除

33B　34A　35B　36A　37B　38A

D. 非居民个人取得来源于境内的劳务报酬所得、稿酬所得、特许权使用费所得，以《个人所得税法》规定的每次收入额为应纳税所得额，适用月度税率表计算应纳税额

【解析】A 项，无住所居民个人取得综合所得，年度终了后，应按年计算个人所得税；有扣缴义务人的，由扣缴义务人按月或者按次预扣预缴税款。

39. 若纳税人在 2019 年度已依法预缴个人所得税，下列哪种情形下纳税人需要办理年度汇算？(　　)

A. 纳税人年度汇算须补税但年度综合所得收入不超过 12 万元的

B. 纳税人年度汇算须补税金额不超过 400 元的

C. 2019 年度已预缴税额大于年度应纳税额且申请退税的

D. 纳税人已预缴税额与年度应纳税额一致或者不申请年度汇算退税的

【解析】依据税法规定，符合下列情形之一的，纳税人需要办理年度汇算：①2019 年度已预缴税额大于年度应纳税额且申请退税的。②2019 年度综合所得收入超过 12 万元且需要补税金额超过 400 元的。ABD 三项属于无须办理年度汇算的情形。

40. 下列未申报扣除或未足额扣除的税前扣除项目，纳税人不可在年度汇算期间办理扣除或补充扣除的是(　　)。

A. 纳税人及其配偶、未成年子女在 2019 年度发生的，符合条件的大病医疗支出

B. 纳税人在 2019 年度发生的符合条件的捐赠支出

C. 纳税人在 2019 年度未申报享受或未足额享受的子女教育、继续教育、住房贷款利息或住房租金、赡养老人专项附加扣除，以及减除费用、专项扣除、依法确定的其他扣除

D. 纳税人的父母在 2019 年度发生的，符合条件的大病医疗支出

【解析】D 项，纳税人及其配偶、未成年子女在 2019 年度发生的符合条件的大病医疗支出才可在年度汇算期间办理扣除或补充扣除。

二、多选题(下列选项中有两项或两项以上符合题目要求，请将符合题目要求选项的代码填入括号内)

1. 我国的税种大部分由税务部门征收，但有个别税种是由海关部门征收，包括(　　)。[2020 年 10 月真题]

A. 进口货物的消费税　　B. 关税

C. 进口货物的增值税　　D. 车辆购置税

E. 车船税

【解析】关税和船舶吨税由海关部门征收，进口货物的增值税、消费税由海关部门代征。

2. 下列选项中应计入个人工资、薪金所得的有(　　)。[2017 年 10 月真题]

A. 津贴　　B. 年终加薪　　C. 奖金　　D. 劳务报酬

E. 劳动分红

【解析】工资、薪金所得是指个人因任职或受雇而取得的工资、薪金、奖金、年终加薪、

39C　40D　|　1ABC　2ABCE

劳动分红、津贴、补贴以及与任职或受雇有关的其他所得。个人取得的所得，只要是与任职、受雇有关，不管其单位的资金开支渠道或以现金、实物、有价证券等形式支付的，都是工资、薪金所得项目的课税对象。

3. 增值税征收范围包括(　　)。[2017 年 10 月真题]

A. 进口货物　　B. 销售电器

C. 有偿提供加工服务　　D. 销售杂志

E. 销售家具

【解析】增值税是以销售货物、劳务和服务为征税对象，以增值额为计税依据征收的一种税。纳税人与课税范围：在中华人民共和国境内销售货物或者加工、修理修配劳务，销售服务、无形资产、不动产以及进口货物的单位和个人，为增值税的纳税人。

4. 下列个人所得中应该按照劳务报酬所得征收个人所得税的是(　　)。[2019 年 6 月真题]

A. 某大学设计系教师为某工程项目设计图纸所获得的收入

B. 某公司高管受邀为外部机构授课所得授课报酬

C. 某歌星参加演出所得出场费

D. 某大学教授将自己文字作品手稿原件公开拍卖(竞价)取得的所得

E. 某人购买社会福利奖券中奖所得奖金

【解析】劳务报酬所得是指个人从事设计、装潢、安装、制图、化验、测试、医疗、法律、会计、咨询、讲学、新闻、广播、翻译、审稿、书画、雕刻、影视、录音、录像、演出、表演、广告、展览、技术服务、介绍服务、经济服务、代办服务以及其他劳务取得的所得。D 项属于特许权使用费所得；E 项属于偶然所得。

5. 下列各项中应按劳务报酬征收个人所得税的是(　　)。[2016 年 11 月真题]

A. 个人从事安装设备所得　　B. 个人兼职会计所得

C. 个人发表小说所得　　D. 个人业余授课所得

E. 个人提供咨询服务所得

【解析】劳务报酬所得是指个人从事设计、装潢、安装、制图、化验、测试、医疗、法律、会计、咨询、讲学、新闻、广播、翻译、审稿、书画、雕刻、影视、录音、录像、演出、表演、广告、展览、技术服务、介绍服务、经济服务、代办服务以及其他劳务取得的所得。C 项属于稿酬所得。

6. 下列关于税负转嫁的表述，正确的有(　　)。[2016 年 6 月真题]

A. 税负转嫁筹划不存在法律上的问题

B. 税负转嫁筹划主要依靠价格变动来实现

C. 税负转嫁不影响国家税收收入

D. 税负转嫁有可能造成国家财政收入的减少

E. 商品的供求弹性将直接影响转嫁的程度和方向

【解析】税负转嫁是指纳税人为了达到减轻税负的目的，通过价格的调整和变动，将税负转嫁给他人承担的经济行为。一般来讲，转嫁不影响税收收入，它只是导致归宿不同；

3ABCDE　4ABC　5ABDE　6ABCE

转嫁筹划主要依靠价格变动来实现；转嫁筹划不存在法律上的问题；商品的供求弹性将直接影响税负转嫁的程度和方向。

7. 契税的课税对象包括(　　)。[2015 年 10 月真题]

A. 国有土地使用权出让　　B. 土地使用权转让

C. 房屋买卖　　D. 房屋交换

E. 房屋赠予

【解析】契税是指在中国境内转移土地、房屋权属，就当事人所订契约，向产权承受人征收的一种税。纳税人为承受土地房屋权属的单位和个人。契税的课税对象包括：①国有土地使用权出让；②土地使用权转让；③房屋买卖；④房屋赠予；⑤房屋交换。

8. 下列属于个人所得税应税所得项目的是(　　)。[2015 年 10 月真题]

A. 个体工商户的生产、经营所得

B. 股票红利所得

C. 员工全年一次性奖金

D. 财产转让所得

E. 个人由于担任本公司董事职务所取得的董事费收入

【解析】个人所得税应税所得项目包括：①工资、薪金所得。个人取得的所得，只要是与任职、受雇有关，都是工资、薪金所得项目的课税对象。②经营所得。③劳务报酬所得。④稿酬所得。⑤特许权使用费所得。⑥利息、股息、红利所得。⑦财产租赁所得。⑧财产转让所得。⑨偶然所得。

9. 税收的固定性包括的含义有(　　)。

A. 税收征收总量的有限性　　B. 税收征收对象的确定性

C. 税收征收具体操作的确定性　　D. 税收征收程序的确定性

E. 税收征收数额的确定性

【解析】税收的固定性包括两层含义：①税收征收总量的有限性，由于预先规定了征税的标准，政府在一定时期内的征税数量就要以此为限，从而保证税收在国民经济总量中的适当比例；②税收征收具体操作的确定性，即税法确定了课税对象及征收比例或数额，具有相对稳定、连续的特点，既要求纳税人必须按税法规定的标准缴纳税额，也要求税务机关只能按税法规定的标准对纳税人征税，不能任意降低或提高。

10. 税收管理的主体可以是(　　)。

A. 税务机关　　B. 海关　　C. 财政部门　　D. 行政事业单位

E. 行业主管部门

【解析】税收的主体是国家，税收管理的主体是代表国家的税务机关、海关或财政部门，而费的收取主体多是行政事业单位、行业主管部门等。

11. 下列(　　)不属于税率的基本形式。

A. 比例税率　　B. 定额税率　　C. 平均税率　　D. 累进税率

E. 边际税率

7ABCDE　8ABCDE　9AC　10ABC　11CE

【解析】税率的基本形式有：①比例税率，是指对同一个征税对象不论数额大小，只规定一个比率征税的税率，其税额随着征税对象数量等比例增加；②累进税率，是指随课税对象数额的增大而提高的税率；③定额税率，即固定税额，是根据课税对象计量单位直接规定固定的征税数额。

12. 下列关于税与费的说法，不正确的有(　　)。

A. 税收的主体是国家，而费的收取主体多是行政事业单位、行业主管部门等

B. 税收和费通常都具有补偿性

C. 税收和费通常都具有灵活性

D. 税收收入由国家预算统一安排，用于社会公共需要支出

E. 费一般具有专款专用的性质

【解析】B 项，税收具有无偿性，纳税人缴纳的税收与国家提供的公共产品和服务之间不具有对称性；费则通常具有补偿性，主要用于成本补偿的需要，特定的费与特定的服务往往具有对称性。C 项，税收具有稳定性，而费则具有灵活性。税法一经制定，对全国具有统一效力，并相对稳定；费的收取一般由不同部门、不同地区根据实际情况灵活确定。

13. 税制要素主要包括(　　)。

A. 征税对象　B. 税目　C. 纳税环节　D. 纳税期限

E. 违章处理

【解析】税制要素，即构成税收制度的基本要素，主要包括征税对象、纳税人、税目、税率、纳税环节、纳税期限、减免税、加征及违章处理等。

14. 税目的两种设置方法是(　　)。

A. 列举法　B. 概括法　C. 归纳法　D. 模拟法

E. 实验法

【解析】税目是课税对象的具体项目，它具体地规定一个税种的征税范围，体现了征税的度。税目的两种设置方法：①列举法；②概括法。

15. 税务规划由于其依据的原理不同，采用的方法和手段也不同，主要可分为哪几类？(　　)

A. 避税筹划　B. 逃税规划　C. 节税筹划　D. 税负转嫁筹划

E. 偷税规划

【解析】税务规划主要有避税筹划、节税筹划和税负转嫁筹划三类方法：①避税筹划是指纳税人在充分了解现行税法的基础上，通过掌握相关会计知识，在不违反税法的前提下，对经济活动的筹资、投资、经营等活动作出一定安排，以达到规避或减轻税负的目的；②节税筹划是采用合法手段，利用税收优惠和税收惩罚等倾斜调控政策，为客户获取税收利益的筹划；③税负转嫁是指纳税人为了达到减轻税负的目的，通过价格的调整和变动，将税负转嫁给他人承担的经济行为。

16. 避税筹划的特征有(　　)。

12BC　13ABCDE　14AB　15ACD　16ACDE

A. 非违法性　　B. 违法性　　C. 策划性　　D. 权利性

E. 规范性

【解析】避税筹划是指纳税人在充分了解现行税法的基础上，通过掌握相关会计知识，在不违反税法的前提下，对经济活动的筹资、投资、经营等活动作出一定安排，以达到规避或减轻税负的目的。其特征有：①非违法性；②策划性；③权利性；④规范性。

17. 节税筹划的特征有(　　)。

A. 合法性　　B. 政策导向性　　C. 策划性　　D. 后期无风险性

E. 倡导性

【解析】节税筹划，即采用合法手段，利用税收优惠和税收惩罚等倾斜调控政策，为客户获取税收利益的筹划。节税筹划的特征如下：①合法性；②政策导向性；③策划性。

18. 从税制构成要素的角度探讨，利用税收优惠进行税务规划的方法中可利用的优惠要素有(　　)。

A. 利用免税筹划　　B. 利用税率差异筹划

C. 分劈技术　　D. 利用税收扣除筹划

E. 利用退税筹划

【解析】从税制构成要素的角度探讨，利用税收优惠进行税务规划主要利用以下几个优惠要素：①利用免税筹划；②利用减税筹划；③利用税率差异筹划；④分劈技术；⑤利用税收扣除筹划；⑥利用税收抵免筹划；⑦利用退税筹划。

19. 税务规划时理财师可以多了解客户的相关情况，包括(　　)。

A. 婚姻状况　　B. 子女及其他赡养人员

C. 工作资历　　D. 投资经验

E. 对风险的态度

【解析】税务规划时理财师可以多了解客户的下列相关情况：①婚姻状况；②子女及其他赡养人员；③财务情况；④对风险的态度；⑤纳税历史情况。

20. 下列财产转让所得中，需缴纳个人所得税的是(　　)。

A. 转让有价证券所得　　B. 转让土地使用权所得

C. 转让机器设备、车船所得　　D. 股票转让所得

E. 转让股权所得

【解析】财产转让所得是指个人转让有价证券、股权、建筑物、土地使用权、机器设备、车船以及其他自有财产给他人或单位而取得的所得，包括转让不动产和动产而取得的所得。其中，对个人股票买卖取得的所得暂不征税。

21. 下列关于印花税的说法，正确的有(　　)。

A. 印花税的税率有两种形式，即比例税率和定额税率

B. 印花税的比例税率从0.05‰~1‰不等

C. 权利、许可证照的定额税率为10元

D. 一份凭证应纳税额超过500元的，应向当地税务机关申请

17ABC　18ABCDE　19ABE　20ABCE　21ABDE

E. 印花税缴纳方式一经选定，一年内不得改变

【解析】C 项，权利、许可证照的定额税率为 5 元。

22. 下列关于偶然所得纳税的说法中，错误的是(　　)。

A. 偶然所得是指个人得奖、中奖、中彩以及其他偶然性质的所得

B. 个人购买社会福利有奖募捐奖券，一次中奖收入不超过 10 万元的，免征个人所得税

C. 个人因参加企业的有奖销售活动而取得的赠品所得，应按“偶然所得”项目计征个人所得税

D. 偶然所得按次计算征收个人所得税

E. 个人购买中国体育彩票，一次中奖收入超过 10000 元的，应以收入扣除相关费用后按偶然所得项目计税

【解析】BE 两项，个人购买社会福利有奖募捐奖券、中国体育彩票，一次中奖收入不超过 10000 元的，免征个人所得税，超过 10000 元的，应以全额按偶然所得项目计税。

23. 下列关于契税的征收，说法正确的有(　　)。

A. 计税依据为不动产的价格

B. 纳税人为承受土地房屋权属的单位和个人

C. 对个人购买家庭唯一住房，面积为 90 平米以下的，减按 1.5% 的税率征收

D. 纳税地点为土地、房屋所在地的契税征收机关

E. 纳税人应当自纳税义务发生之日起 5 日内，向土地、房屋所在地的契税征收机关办理纳税申报

【解析】C 项，对个人购买家庭唯一住房，面积为 90 平方米及以下的，减按 1% 的税率征收契税，面积为 90 平方米以上的，减按 1.5% 的税率征收契税；E 项，纳税人应当自纳税义务发生之日起 10 日内，向土地、房屋所在地的契税征收机关办理纳税申报，并在契税征收机关核定的期限内缴纳税款。

24. 下列关于城市维护建设税的税率，说法正确的有(　　)。

A. 纳税人所在地为市区的：7%

B. 纳税人所在地为县城、镇的：5%

C. 纳税人所在地为县城、镇的：4%

D. 纳税人所在地不在市区、县城或者镇的：1%

E. 纳税人所在地不在市区的：2%

【解析】城市维护建设税的税率按纳税人所在地分别规定不同的税率：①纳税人所在地为市区的为 7%；②纳税人所在地为县城、镇的为 5%；③纳税人所在地不在市区、县城或者镇的为 1%。

25. 经过纳税人申请，税务机关审批，可以免征土地增值税的情形包括(　　)。

A. 建造普通标准住宅出售

B. 由于城市实施筹划、国家建设需要依法征收、收回的房地产

22BE　23ABD　24ABD　25ABC

C. 个人之间互换自有居住用房地产的

D. 土地使用权转让

E. 国有土地使用权出让

【解析】下列项目经过纳税人申请，税务机关审批，可以免征土地增值税：①建造普通标准住宅出售；企业、事业单位、社会团体和其他组织转让旧房作为廉租住房、经济适用住房房源。②由于城市实施筹划、国家建设需要依法征收、收回的房地产。③由于城市实施筹划、国家建设需要而搬迁，由纳税人自行转让的房地产。④个人之间互换自有居住用房地产的。

26. 符合(　　)条件的留学生可免税购买经海关批准的国内定点轿车生产企业生产的车型。

A. 完成学业后三年内回国

B. 毕业后首次入境未超过两年

C. 在我国香港、澳门地区学习、进修的留学人员完成学业后一年内返回内地

D. 购买免税车计一件免税指标

E. 以学习和进修为目的，在国外正规大学求学一学年以上

【解析】符合以下条件的留学生可免税购买经海关批准的国内定点轿车生产企业生产的车型可以办理免税购车申请，购买进口车型及不在免税范围内的国产车型不享受此免税政策：①以学习和进修为目的，在国外正规大学、学院、科研机构求学、攻读学位、进修业务或从事科学研究及进行学术交流一学年以上(最低为9个月以上)；②完成学业后两年内回国；③毕业后首次入境未超过一年；④购买免税车计一件免税指标；⑤在我国香港、澳门地区学习、进修的留学人员享受同样待遇。

27. 下列非居民个人和无住所居民个人的个人所得税政策中关于所得来源地的相关规定，说法正确的有(　　)。

A. 在境内、境外单位同时担任职务或者仅在境外单位任职的个人，在境内停留的当天不足12小时的，按照半天计算境内工作天数

B. 股权激励包括股票期权、股权期权、限制性股票、股票增值权、股权奖励以及其他因认购股票等有价证券而从雇主取得的折扣或者补贴

C. 无住所个人停止在境内履约或者执行职务离境后收到的数月奖金或者股权激励所得，对属于境内工作期间的部分，为来源于境内的工资薪金所得

D. 数月奖金是指一次取得归属于数月的奖金、年终加薪、分红等工资薪金所得，不包括每月固定发放的奖金及一次性发放的数月工资

E. 由境内企业、事业单位、其他组织支付或者负担的稿酬所得，为来源于境内的所得

【解析】A项，在境内、境外单位同时担任职务或者仅在境外单位任职的个人，在境内停留的当天不足24小时的，按照半天计算境内工作天数。

28. 下列关于无住所个人工资薪金所得收入额计算的规定，说法正确的有(　　)。

A. 在一个纳税年度内，在境内累计居住不超过90天的非居民个人，仅就归属于境内工作期间并由境内雇主支付或者负担的工资薪金所得计算缴纳个人所得税

B. 凡境内雇主采取核定征收所得税或者无营业收入未征收所得税的，无住所个人为其

26CDE　27BCDE　28ABCD

工作取得工资薪金所得，无论是否在该境内雇主会计账簿中记载，均视为由该境内雇主支付或者负担

C. 在一个纳税年度内，在境内累计居住超过 90 天但不满 183 天的非居民个人，取得归属于境内工作期间的工资薪金所得，均应当计算缴纳个人所得税；其取得归属于境外工作期间的工资薪金所得，不征收个人所得税

D. 无住所居民个人为高管人员的，工资薪金收入额按照无住所个人为居民个人的规定计算纳税

E. 在一个纳税年度内，在境内居住累计超过 90 天但不满 183 天的高管人员，其取得的工资薪金所得，除归属于境外工作期间且不是由境内雇主支付或者负担的部分外，不应计算缴纳个人所得税

【解析】E 项，在一个纳税年度内，在境内居住累计超过 90 天但不满 183 天的高管人员，其取得的工资薪金所得，除归属于境外工作期间且不是由境内雇主支付或者负担的部分外，应当计算缴纳个人所得税。

三、案例分析题(下列选项中至少有一项符合题目要求，请将正确选项的代码填入括号内)

1. 小龙 2019 年初留学归国进入家族企业工作，他想要买一辆关税完税价格 50 万元德国产 5.5 升排量的进口豪华 SUV。已知国内关税为 25%，增值税为 13%，消费税根据排量不同见下表。[2017 年 6 月真题]

乘用车消费税税率表

气缸容量(N)	汽车消费税税率
≤1.0 升	1%
1.0 升 < N≤1.5 升	3%
1.5 升 < N≤2.0 升	5%
2.0 升 < N≤2.5 升	9%
2.5 升 < N≤3.0 升	12%
3.0 升 < N≤4.0 升	25%
>4.0 升	40%

(1)这辆车所需缴纳的关税为(　　)万元。(取近似数值)

A. 12.5　　B. 8.5　　C. 10　　D. 20

【解析】应纳关税税额 = 关税完税价格 × 适用税率 = 50 × 25% = 12.5(万元)。

(2)这辆车所需缴纳消费税组成计税价格为(　　)万元。(取近似数值)

A. 50　　B. 47.5　　C. 104.17　　D. 62.5

【解析】消费税组成计税价格 =(关税完税价格 + 关税)÷(1 - 消费税适用率)=(50 + 12.5)÷(1 - 40%)= 104.17(万元)。

(3)这辆车所需缴纳的消费税为(　　)万元。(取近似数值)

A. 25　　B. 33.3　　C. 41.7　　D. 50

【解析】应纳消费税税额 = 消费税组成计税价格 × 消费税适用税率 = 104.17 × 0.4 = 41.7

1(1)A　(2)C　(3)C

(万元)。

(4)这辆车所需缴纳增值税组成计税价格为(　　)万元。(取近似数值)

A. 103.3　　B. 100.2　　C. 120　　D. 104.2

【解析】增值税组成计税价格 = 关税完税价格 + 关税 + 消费税 = 50 + 12.5 + 41.7 = 104.2(万元)。

(5)这辆车所需缴纳的增值税为(　　)万元。(取近似数值)

A. 17　　B. 20.4　　C. 13.5　　D. 17.5

【解析】应纳增值税税额 = 增值税组成计税价格 × 适用税率 = 104.2 × 13% = 13.5(万元)。

(6)这辆车所需的进口成本为(　　)万元。(取近似数值)

A. 104.17　　B. 117.7　　C. 139.66　　D. 181.8

【解析】进口车成本 = 关税完税价 + 关税 + 消费税 + 增值税 = 50 + 12.5 + 41.7 + 13.5 = 117.7(万元)。

2. 刘先生给某企业提供专项培训，获劳务报酬 60000 元，交通费、住宿费、伙食费等费用 20000 元由自己承担。另外，企业也和刘先生商议报酬的支付方式，即往返飞机票、住宿费、伙食费及应纳税款全部由企业负责，企业只向刘先生支付报酬 40000 元。

根据以上材料回答(1) ~ (4)题。

(1)在第一种方式下，刘先生提供劳务的预扣预缴应纳税所得额为(　　)元。

A. 48000　　B. 12400　　C. 32000　　D. 7600

【解析】扣缴义务人向居民个人支付劳务报酬所得、稿酬所得、特许权使用费所得，按次或者按月预扣预缴个人所得税，以收入减除费用后的余额为预扣预缴应纳税所得额，每次收入不超过 4000 元的，减除费用按 800 元计算；每次收入 4000 元以上的，减除费用按 20% 计算。预扣预缴应纳税所得额 = 60000 × (1 - 20%) = 48000(元)。

(2)在第一种方式下，刘先生提供劳务应预扣预缴税额为(　　)元。

A. 48000　　B. 12400　　C. 32000　　D. 7600

【解析】扣缴义务人向居民个人支付劳务报酬所得、稿酬所得、特许权使用费所得，按次或者按月预扣预缴个人所得税，以收入减除费用后的余额为预扣预缴应纳税所得额，每次收入不超过 4000 元的，减除费用按 800 元计算；每次收入 4000 元以上的，减除费用按 20% 计算。劳务报酬所得适用 20% ~ 40% 的超额累进预扣率。计算公式为：劳务报酬所得应预扣预缴税额 = 预扣预缴应纳税所得额 × 预扣率 - 速算扣除数。应预扣预缴税额 = 48000 × 30% - 2000 = 12400(元)。

(3)在第二种方式下，刘先生提供劳务的预扣预缴应纳税所得额为(　　)元。

A. 48000　　B. 12400　　C. 32000　　D. 7600

【解析】预扣预缴应纳税所得额 = 40000 × (1 - 20%) = 32000(元)。

(4)在第二种方式下，刘先生提供劳务应预扣预缴税额(　　)元。

A. 48000　　B. 12400　　C. 32000　　D. 7600

---

(4)D　(5)C　(6)B　2(1)A　(2)B　(3)C　(4)D

【解析】应预扣预缴税额 $=32000\times30\%-2000=7600$（元）。

3. 王先生为电气工程方面的专家。2019 年担任一所重点大学的客座教授，1、2、3 月份和 6、7 月份为这所大学的研究生讲学 5 次，每次收入 21600 元。该所大学也欢迎王先生调入学校任教，每月工资 4000 元，并按月发放津贴 5000 元。工资、薪金所得免征额为每月 5000 元。

根据以上材料回答(1)～(2)题。

(1)如果作为客座教授，那么王先生全年税后收入为(　　)元。

A. 107208　　B. 106560　　C. 105720　　D. 99720

【解析】居民个人的综合所得，包括工资、薪金所得，劳务报酬所得，稿酬所得，特许权使用费所得，以每一纳税年度的收入额减除费用 6 万元以及专项扣除、专项附加扣除和依法确定的其他扣除后的余额，为应纳税所得额。劳务报酬所得、稿酬所得、特许权使用费所得以收入减除 20% 的费用后的余额为收入额。如果作为客座教授，王先生的收入作为劳务报酬所得，按年度合并纳税。全年税前收入 $=21600\times5=108000$（元），应纳税额 $=[108000\times(1-20\%)-60000]\times3\%=792$（元），则全年税后收入 $=108000-792=107208$（元）。

(2)如果选择调入学校，签订合同，那么王先生全年税后收入为(　　)元。

A. 99720　　B. 107208　　C. 106560　　D. 105720

【解析】如果作为该校的任职教师，津贴分月发放，应与每月的工资加在一起作为工资薪金所得纳税，按年度并入综合所得。全年税前收入 $=(4000+5000)\times12=108000$（元），全年税后收入 $=108000-[(108000-60000)\times10\%-2520]=105720$（元）。

4. 翟先生每月从单位获得工资类收入 3000 元，由于单位工资较低，2019 年 6 月份在甲公司做了一份兼职工作，收入为每月 4000 元，可一直做到年底。

根据以上材料回答(1)～(3)题。

(1)假设翟先生与甲公司没有固定的雇佣关系，那么翟先生 2019 年度综合所得需要缴纳的所得税为(　　)元。

A. 0　　B. 30　　C. 40　　D. 120

【解析】翟先生与甲公司没有固定的雇佣关系，兼职收入应作为劳务报酬纳税。居民个人的综合所得，包括工资、薪金所得，劳务报酬所得，稿酬所得，特许权使用费所得，以每一纳税年度的收入额减除费用 6 万元以及专项扣除、专项附加扣除和依法确定的其他扣除后的余额，为应纳税所得额。劳务报酬所得、稿酬所得、特许权使用费所得以收入减除 20% 的费用后的余额为收入额。因此年收入额 $=3000\times12+4000\times7\times(1-20\%)=58400$（元）$<60000$ 元，因此无需纳税。

(2)如果翟先生与甲公司有固定的雇佣关系，则翟先生 2019 年度综合所得应缴纳的个人所得税为(　　)元。

A. 120　　B. 25　　C. 50　　D. 0

【解析】如果与甲公司有固定的雇佣关系，那么翟先生全年工资性收入应纳税所得额 =

3(1)A　(2)D　4(1)A　(2)A

3000 ×12 +4000 ×7 -60000 =4000(元)，应纳税额 =4000 ×3% =120(元)。

(3)如果翟先生与甲公司建立固定的雇佣关系，则比没有建立固定的雇佣关系多缴纳税收(　　)元。

A. 45　　B. 105　　C. 120　　D. 325

【解析】没有固定雇佣关系时，由于劳务报酬收入额可以扣除20%的费用后计入综合所得，因此其应纳税所得额要小于与甲公司建立固定的雇佣关系，因此甲公司建立固定的雇佣关系后需多缴纳120元税款。

5. 安小姐在一家事业单位工作，每月获得收入3800元。另外，安小姐为甲公司提供咨询服务，兼职所得为每月3000元。

根据以上材料回答(1)~(4)题。

(1)下列关于安小姐个人所得税的说法，正确的是(　　)。

A. 从单位获得的收入需缴纳个人所得税

B. 兼职所得按“工资、薪金”所得缴纳个人所得税

C. 兼职所得按“劳务报酬所得”缴纳个人所得税

D. 从单位获得的收入和兼职所得不能合并计算个人所得税

【解析】A项，自2018年10月1日起，中国内地个税免征额调至5000元/月。而安小姐从单位获得的收入3800元低于免征额，因此不需缴纳个人所得税；BC两项，为甲公司提供咨询服务，没有固定的雇佣关系，应按“劳务报酬所得”缴纳个人所得税；D项，从单位获得的收入和兼职所得按年度合并作为综合所得计算个人所得税。

(2)安小姐就其兼职所得每月应预缴个人所得税(　　)元。

A. 336　　B. 440　　C. 480　　D. 600

【解析】兼职所得按劳务报酬所得缴纳个人所得税。扣缴义务人向居民个人支付劳务报酬所得，按次或者按月预扣预缴个人所得税，以收入减除费用后的余额为预扣预缴应纳税所得额，每次收入不超过4000元的，减除费用按800元计算；每次收入4000元以上的，减除费用按20%计算。劳务报酬所得适用20% ~40%的超额累进预扣率。计算公式为：劳务报酬所得应预扣预缴税额 = 预扣预缴应纳税所得额 × 预扣率 - 速算扣除数。则预扣预缴金额 = (3000 -800) ×20% =440(元)。

(3)如果安小姐同时与甲公司签订固定的雇佣合同，每月收入不变。那么安小姐每年应纳个人所得税(　　)元。

A. 120　　B. 158.4　　C. 432　　D. 648

【解析】安小姐与甲公司有固定的雇佣关系，则由甲公司支付的3000元作为工资薪金收入应与安小姐单位支付的工资合并缴纳个人所得税。应纳税额 = [(3800 +3000) ×12 -60000] ×3% =648(元)。

(4)安小姐若不与甲公司签订合同，则年应纳税额为(　　)元。

A. 120　　B. 158.4　　C. 432　　D. 648

【解析】居民个人的综合所得，包括工资、薪金所得，劳务报酬所得，稿酬所得，特许

---

(3)C　5(1)C　(2)B　(3)D　(4)C

权使用费所得，以每一纳税年度的收入额减除费用6万元以及专项扣除、专项附加扣除和依法确定的其他扣除后的余额，为应纳税所得额。劳务报酬所得、稿酬所得、特许权使用费所得以收入减除20%的费用后的余额为收入额。若不与甲公司签订合同，则年收入额 =3800×12+3000×12×(1-20%)=74400(元)，应纳税额 =(74400-60000)×3% =432(元)。

6. 陆先生2019年每月工资7500元。公司有两套员工激励方案：甲方案是"双薪"，即年底多发一个月工资7500元；乙方案是发放年终奖5000元。年终奖选择按原方法计税。根据以上材料回答(1)~(3)题。

(1)甲方案下，陆先生2019年应纳税额共计(　　)元。

A. 900　　B. 1050　　C. 1125　　D. 1230

【解析】2019年应纳税额 =(7500×13-60000)×10% -2520 =1230(元)。

(2)乙方案下，陆先生2019年应纳税额共计(　　)元。

A. 900　　B. 1050　　C. 1125　　D. 1230

【解析】2019年工资薪金应纳税额 =(7500×12-60000)×3% =900(元)，年终奖5000/12 =416.67，适用税率为3%，因此应纳税额 =5000×3% =150(元)，则陆先生2019年应纳税额共计900+150 =1050(元)。

(3)根据前面两题的计算结果，采用乙方案可比甲方案节税(　　)元。

A. 100　　B. 150　　C. 180　　D. 225

【解析】1230-1050 =180(元)。

7. 金女士写作能力颇佳，在财经评论方面有独到见解。她被一家财经杂志社相中。杂志社愿意提供每月30000元的薪酬。金女士有三种选择：调入财经杂志社，获得工资、薪金；作为杂志特约评论员，获得劳务报酬；作为普通的投稿人，获得稿酬收入。根据以上材料回答(1)~(4)题。

(1)如果金女士选择调入财经杂志社，那么年应纳税所得额为(　　)元。

A. 360000　　B. 300000　　C. 228000　　D. 141600

【解析】调入杂志社，作为杂志社员工，收入性质属于工资、薪金所得，年应纳税所得额 =30000×12-60000 =300000(元)。

(2)如果金女士选择作为杂志特约评论员，获得劳务报酬，那么她每年的应纳税所得额为(　　)元。

A. 360000　　B. 300000　　C. 228000　　D. 141600

【解析】居民个人的综合所得，包括工资、薪金所得，劳务报酬所得，稿酬所得，特许权使用费所得，以每一纳税年度的收入额减除费用6万元以及专项扣除、专项附加扣除和依法确定的其他扣除后的余额，为应纳税所得额。劳务报酬所得、稿酬所得、特许权使用费所得以收入减除20%的费用后的余额为收入额。稿酬所得的收入额减按70%计算。因此年应纳税所得额 =30000×12×(1-20%)-60000 =228000(元)。

6(1)D　(2)B　(3)C　7(1)B　(2)C

(3)如果金女士选择作为普通投稿人，获得稿酬，那么她每年的应纳税所得额为(　　)元。

A. 360000　　B. 300000　　C. 228000　　D. 141600

【解析】居民个人的综合所得，包括工资、薪金所得，劳务报酬所得，稿酬所得，特许权使用费所得，以每一纳税年度的收入额减除费用6万元以及专项扣除、专项附加扣除和依法确定的其他扣除后的余额，为应纳税所得额。劳务报酬所得、稿酬所得、特许权使用费所得以收入减除20%的费用后的余额为收入额。稿酬所得的收入额减按70%计算。因此年应纳税所得额 = 30000 × 12 × (1 - 20%) × 70% - 60000 = 141600(元)。

(4)下列关于金女士节税措施的说法，正确的是(　　)。

A. 金女士应选择调入杂志社，作为杂志社职工

B. 金女士应选择作为杂志特约评论员，获得劳务报酬

C. 金女士应选择作为普通的投稿人，获得稿酬收入

D. 三种选择的税负相同，因此无须采取节税措施

【解析】根据前面三题的计算结果可知，金女士的所得若按稿酬所得形式支付，其税负最轻，劳务报酬其次，工资、薪金税负最重。因此，为了实现减轻税负的目的，金女士应该考虑作为普通的投稿人，获得稿酬收入。

8. 甲公司是一家生产性企业，年不含税销售额一直保持在100万元左右。该公司年不含税外购货物额为65万元左右。

根据以上材料回答(1)~(5)题。

(1)甲公司如果作为增值税小规模纳税人，适用的征收率为(　　)。

A. 4%　　B. 5%　　C. 3%　　D. 13%

【解析】除全面“营改增”适用5%征收率以外的纳税人选择简易计税方法销售货物、提供应税劳务、发生应税行为，征收率均为3%。

(2)甲公司如果作为增值税一般纳税人，适用的税率为(　　)。

A. 4%　　B. 6%　　C. 13%　　D. 33%

【解析】增值税基本税率为13%。

(3)甲公司如果作为增值税小规模纳税人，缴纳的增值税为(　　)万元。

A. 4　　B. 5　　C. 3　　D. 17

【解析】小规模纳税人销售货物或者提供应税劳务，按照不含增值税的销售额和规定的征收率计算应纳税额，不能抵扣任何进项税额。所以应纳增值税税额 = 100 × 3% = 3(万元)。

(4)甲公司如果作为增值税一般纳税人，缴纳的增值税为(　　)万元。

A. 4　　B. 4.55　　C. 6　　D. 13

【解析】一般纳税人应纳税额 = 销项税额 - 进项税额，销项税额 = 应税销售额 × 适用税率。所以应纳增值税税额 = (100 - 65) × 13% = 4.55(万元)。

(5)为了节税，甲公司应当采取的方法是(　　)。

---

(3)D　(4)C　8(1)C　(2)C　(3)C　(4)B　(5)C

A. 申请税收优惠
B. 向税务局提出减税申请
C. 申请成为小规模纳税人
D. 按照税法的要求建立健全财务和会计核算制度，申请成为增值税一般纳税人

【解析】当一般纳税人增值税税率为13%，小规模纳税人增值税征收率为3%时，无差别平衡点增值率=3%/13%=23.08%。甲公司增值率=(100-65)/100=35%>23.08%，应选择作为小规模纳税人，可比作为一般纳税人节税4.55-3=1.55(万元)。

9. 甲公司是一家以生产货物为主的生产企业，年不含税销售收入为800万元，可抵扣购进货物的金额为500万元。

根据以上材料回答(1)~(2)题。

(1)甲公司本年应纳增值税额为(　　)万元。

A. 104　　B. 39　　C. 24　　D. 9

【解析】增值税小规模纳税人标准为年应征增值税销售额500万元及以下。故甲公司为增值税一般纳税人，适用税率为13%。应纳增值税额=(800-500)×13%=39(万元)。

(2)如果把甲公司分设为两个独立核算的企业，使其销售额分别为500万元和300万元，本年应纳增值税额为(　　)万元。

A. 104　　B. 39　　C. 24　　D. 9

【解析】企业通过将企业分设为两个独立核算的企业，使其销售额分别为500万元和300万元，年应税销售额均在500万元及以下，为小规模纳税人，适用征收率为3%，购进货物取得扣税凭证不可以作为进项税抵扣。分设后的应纳税额为(500+300)×3%=24(万元)，可节约税款39-24=15(万元)。

10. 2019年12月，吕总欲为其公司的20名员工发放年终奖，平均每人36012元。公司为员工代扣代缴个人所得税。公司选择按照原全年一次性奖金计税方法计税，不并入当年综合所得。

根据以上材料回答(1)~(4)题。

(1)该20名员工每人应就其取得的奖金缴纳个人所得税，其所适用税率和速算扣除数分别为(　　)。

A. 3%；0　　B. 3%；105　　C. 10%；0　　D. 10%；210

【解析】根据相关规定，年终奖计税时可以先将雇员当月内取得的全年一次性奖金，除以12个月，按其商数确定适用税率和速算扣除数，在本题中，36012÷12=3001(元)，根据个人所得税税率表，其适用税率为10%，速算扣除数为210。

(2)每个员工应缴纳的个人所得税为(　　)元。

A. 1496.2　　B. 1669.2　　C. 3391.2　　D. 2096.2

【解析】每个员工应缴纳的个人所得税为：36012×10%-210=3391.2(元)。

(3)根据理财师的提示，吕总将每个员工的奖金总额调整为36000元。则此时员工奖金的适用税率和速算扣除数为(　　)。

9(1)B　(2)C　10(1)D　(2)C　(3)B

A. 10%；125　　B. 3%；0　　C. 10%；105　　D. 3%；25

【解析】根据"先将雇员当月内取得的全年一次性奖金，除以12个月，按其商数确定适用税率和速算扣除数"，则有 $36000 \div 12 = 3000$（元），根据个人所得税税率表，其适用税率为3%，速算扣除数为0。

(4) 接第(3)题，每个员工应缴纳的个人所得税为(　　)元。

A. 520　　B. 530　　C. 1080　　D. 550

【解析】每个员工应缴纳的个人所得税为：$36000 \times 3\% = 1080$（元）。

11. 田先生2015年1月份买入债券1000份，每份买入价10元，支付购进买入债券的税费共计150元。他在年底将买入的债券卖出600份，每份卖出价12元，支付卖出债券的税费共计110元。

根据以上材料回答(1)～(3)题。

(1) 田先生卖出的这600份债券可以扣除的成本是(　　)元。

A. 6000　　B. 6110　　C. 6150　　D. 6200

【解析】可扣除的成本为 $600 \times 10 + 150 \times (600/1000) + 110 = 6200$（元）。

(2) 田先生卖出该600份债券的收入，需要缴纳个人所得税的应纳税所得额为(　　)元。

A. 1000　　B. 1090　　C. 1200　　D. 7200

【解析】应纳税所得额为 $600 \times 12 - 600 \times 10 - 600 \times (150/1000) - 110 = 1000$（元）。

(3) 田先生需要就其卖出该600份债券缴纳的个人所得税金额为(　　)元。

A. 240　　B. 218　　C. 200　　D. 720

【解析】应缴纳的个人所得税金额为 $1000 \times 20\% = 200$（元）。

---

(4) C　11(1) D　(2) A　(3) C

第七章 财富传承规划

一、单选题(下列选项中只有一项最符合题目要求，请将正确选项的代码填入括号内)

1. 下列不属于财富传承需求产生原因的是(　　)。[2018年10月真题]

A. 个人财富逐步积累　　B. 财富分配范围广、形式多

C. 遗产分配纠纷频发　　D. 资本市场波动剧烈

【解析】财富传承需求产生的原因有：①个人财富逐步积累；②富裕人群步入中老年；③遗产分配纠纷频发；④财富分配范围广、形式多。

2. 王某的养父母(收养关系成立)于2012年同时去世，留有遗产100万元，假设王某是唯一继承人。王某的亲生父亲于2015年去世，留有遗产20万元。王某的亲生母亲还健在，王某能继承到的遗产一共为(　　)。[2018年10月真题]

A. 100万元　　B. 20万元　　C. 110万　　D. 10万元

【解析】养子女是指因收养关系的成立而与养父母形成父母子女关系的子女。养子女与亲生子女享有同等的继承权。收养关系一旦成立，养子女与生父母间的权利义务关系消除，因此，养子女无权继承生父母的遗产。

3. 下列关于财富传承规划的功能，表述错误的是(　　)。

A. 遗产税是我国税制改革的重要内容，未来有可能实施

B. 设立信托后，委托人死亡或者依法解散、被依法撤销、被宣告破产时，委托人是唯一受益人的，信托终止，信托财产作为其遗产或者清算财产

C. 委托人不是唯一受益人的，信托存续，信托财产作为其遗产或者清算财产

D. 通过设立他益信托，可以事先将部分财产从委托人身上剥离，从而减少遗产总数，以实现降低税负的效果

【解析】C项，委托人不是唯一受益人的，信托存续，信托财产不作为其遗产或者清算财产。

4. 父母子女有着极为密切的人身关系和财产关系，《民法典》规定父母子女有(　　)遗产的权利。[2018年6月真题]

A. 赠与　　B. 相互处置　　C. 顺序继承　　D. 相互继承

【解析】子女包括婚生子女、非婚生子女、养子女和有扶养关系的继子女。父母子女有着极为密切的人身关系和财产关系。《民法典》规定父母和子女有相互继承遗产的权利。

5. 李某和赵某是夫妻，二人共同持有50万元存款，甲是李某之母，乙是赵某之姐，赵某和李某均无其他亲属，2013年李某病逝，不久赵某也因为过分悲伤，于同年病故，下列正确的法定继承方式是(　　)。[2018年6月真题]

A. 甲继承37.5万元，乙继承12.5万元　　B. 甲、乙各继承25万元

1D　2A　3C　4D　5D

C. 甲继承50万元　　　　　　　　　　D. 甲继承12.5万元，乙继承37.5万元

【解析】本题中，50万元存款是夫妻共有财产，李某病逝，遗产为25万元。第一顺序继承人为甲和赵某，每人得到12.5万元。赵某病故，留有遗产为12.5+25=37.5(万元)，只有一个继承人，即乙，乙继承37.5万元。

6. 下列关于遗产的一般规定，说法不正确的是(　　)。

A. 遗产是自然人死亡时遗留的个人合法财产

B. 继承开始后，继承人放弃继承的，应当在遗产处理前，以书面形式作出放弃继承的表示

C. 继承的开始时间是由被继承人死亡时开始，相互有继承关系的数人在同一事件中死亡，难以确定死亡时间的，推定没有其他继承人的人先死亡

D. 相互有继承关系的数人在同一事件中死亡，难以确定死亡时间的，都有其他继承人，辈分不同的，推定晚辈先死亡

【解析】相互有继承关系的数人在同一事件中死亡，难以确定死亡时间的，推定没有其他继承人的人先死亡。都有其他继承人，辈分不同的，推定长辈先死亡；辈分相同的，推定同时死亡，相互不发生继承。

7. 下列不需要有两个以上见证人在场见证的立遗嘱方式是(　　)。[2017年10月真题]

A. 自书遗嘱　　　　B. 代书遗嘱　　　　C. 口头遗嘱　　　　D. 录音录像遗嘱

【解析】自书遗嘱指遗嘱人亲笔书写的遗嘱。这种方式简便易行，而且可以保证内容真实，便于保密。其制作应符合如下要求：①须由遗嘱人亲笔书写下其全部内容，要用笔写下来；②须是遗嘱人关于嗣后财产处置的真实意思表示；③须由遗嘱人签名；④须注明了年、月、日。BCD三项，根据《民法典》的规定，代书遗嘱、打印遗嘱、录音录像遗嘱和口头遗嘱都必须有两个以上的见证人在场见证。

8. 关于人寿保险在财富传承中作用的表述错误的是(　　)。[2017年6月真题]

A. 合理避税是现阶段高资产人群投保高额保单的驱动因素之一

B. 通过合理安排在为投保人及受益人构建了一层保护膜

C. 人寿保险单不指定受益人，也能保证被保险人在一定程度上避免家庭内部的纷争

D. 人寿保险的给付可防止财产变现带来的损失

【解析】C项，人寿保险单可以指定多名受益人，同时还可以指定受益份额和受益顺序。即便被保险人离世时未留下遗嘱，也可在一定程度上避免家庭内部的纷争。

9. 继承人有下列(　　)行为的，不会丧失继承权。

A. 遗弃被继承人，或者虐待被继承人情节严重，但确有悔改表现，被继承人表示宽恕或者事后在遗嘱中将其列为继承人

B. 故意杀害被继承人

C. 为争夺遗产而杀害其他继承人

D. 伪造、篡改、隐匿或者销毁遗嘱，情节严重

【解析】《民法典》第一千一百二十五条规定，继承人有下列行为之一的，丧失继承权：

6D　7A　8C　9A

①故意杀害被继承人；②为争夺遗产而杀害其他继承人；③遗弃被继承人，或者虐待被继承人情节严重；④伪造、篡改、隐匿或者销毁遗嘱，情节严重；⑤以欺诈、胁迫手段迫使或者妨碍被继承人设立、变更或者撤回遗嘱，情节严重。继承人有上述第③项至第⑤项行为，确有悔改表现，被继承人表示宽恕或者事后在遗嘱中将其列为继承人的，该继承人不丧失继承权。受遗赠人有上述第①项规定行为的，丧失受遗赠权。

10. 下列关于遗嘱的说法不正确的是（　　）。［2016 年 11 月真题］

A. 遗嘱可以由其他有行为判断能力的人代理

B. 遗嘱在遗嘱人死亡后才发生法律效力

C. 遗嘱仅仅是遗嘱人自己的意愿反映，并不需要征得其他人的同意

D. 遗嘱的内容是遗嘱人在遗嘱中表示出来的对自己合法财产进行处分的意思

【解析】A 项，遗嘱人必须具备完全民事行为能力，遗嘱的内容必须是遗嘱人的真实意思表示，应由遗嘱人本人亲自作出，不能由他人代理。如是代书遗嘱，也必须由本人在遗嘱上签名。

11. 以下关于口头遗嘱的说法错误的是（　　）。［2016 年 6 月真题］

A. 危急情况过后能够用书面形式立遗嘱，所立口头遗嘱仍有效

B. 遗嘱人在危急情况下可以立口头遗嘱

C. 口头遗嘱指由遗嘱人口头表述而不以任何方式记载的遗嘱

D. 口头遗嘱有两个以上见证人在场见证，才是有效的遗嘱

【解析】口头遗嘱指由遗嘱人口头表述而不以任何方式记载的遗嘱。遗嘱人在危急情况下，可以立口头遗嘱。口头遗嘱应当有两个以上见证人在场见证。危急情况消除后，遗嘱人能够以书面或者录音录像形式立遗嘱的，所立的口头遗嘱无效。

12. 下列人员能够作为遗嘱见证人的是（　　）。［2015 年 10 月真题］

A. 继承人、受遗赠人

B. 继承人或者受遗赠人共同经营的合伙人

C. 无民事行为能力人

D. 与继承人、受遗赠人没有利害关系的人

【解析】《民法典》第一千一百四十条规定，下列人员不能作为遗嘱见证人：①无民事行为能力人、限制民事行为能力人以及其他不具有见证能力的人；②继承人、受遗赠人；③与继承人、受遗赠人有利害关系的人。

13. 人寿保险单未经（　　），不得转让或质押。［2015 年 10 月真题］

A. 保险人书面同意　　B. 被保险人书面同意

C. 被保险人口头同意　　D. 保险人口头同意

【解析】人寿保险金不得用于偿还被保险人破产债务，债权人不能要求债务人变现还债；人寿保险单未经被保险人书面同意，不得转让或者质押。

14. 下列关于遗产的处理，说法错误的是（　　）。

A. 对遗产管理人的确定有争议的，利害关系人可以向人民法院申请指定遗产管理人

10A　11A　12D　13B　14C

B. 遗产管理人应当依法履行职责，因故意或者重大过失造成继承人、受遗赠人、债权人损害的，应当承担民事责任

C. 在遗嘱继承中，遗嘱执行人不可由遗嘱人指定

D. 遗产管理人可以依照法律规定或者按照约定获得报酬

【解析】C 项，在遗嘱继承中，遗嘱执行人可以由遗嘱人指定，若没有指定，则按《民法典》的相关规定进行认定。

15. 甲生前立遗嘱将一件古玩赠给乙，甲死后乙表示接受遗嘱，在遗产分割前乙死亡，应如何处理古玩？(　　)[2015 年 10 月真题]

A. 古玩由乙子女继承

B. 经甲子女同意，可让乙子女继承

C. 古玩由甲子女继承

D. 将古玩出售，由甲、乙子女共同继承价款

【解析】《民法典》第一千一百五十二条规定，继承开始后，继承人于遗产分割前死亡，并没有放弃继承的，该继承人应当继承的遗产转给其继承人，但是遗嘱另有安排的除外。

16. 下列关于财富传承规划基本概念的认识，不正确的是(　　)。

A. 对象包括客户的资产和负债

B. 财富传承是基于特定受益人或继承人，而特定受益人大多是家庭中重要的成员

C. 财富传承工具的选择关系到财富传承的安全、成本和效率

D. 对象不包括企业经营管理、家族精神文化

【解析】D 项，财富传承规划的对象既包括客户的资产和负债，又包括企业经营管理、家族精神文化等。

17. 姜先生离婚后与儿子小姜一同生活，父母早亡，与前妻离婚后将一个残疾的儿子大姜交给前妻抚养，姜先生 2009 年因车祸去世，在清理遗产时发现姜先生留有一份自书遗嘱，将全部财产 60 万元留给儿子小姜，则姜先生的遗嘱(　　)。

A. 有效，将财产给小姜　　B. 无效，因为没有给大姜留遗产份额

C. 有效，姜先生有权处理自己的财产　　D. 无效，因为没有给前妻留赡养费

【解析】《民法典》第一千一百四十一条规定，遗嘱应当为缺乏劳动能力又没有生活来源的继承人保留必要的遗产份额。另外，遗产分割时，应当保留胎儿的继承份额。胎儿娩出时是死体的，保留的份额按照法定继承办理。

18. 李某自幼丧父，后来母亲与继父王某结婚，李某长期与祖母住在一起。后李某母亲去世，王某无人照顾，又没有生活来源。后王某去世，李某向法院申请王某财产的继承权。根据规定，法院下列判决正确的是(　　)。

A. 李某为继子女可以继承　　B. 李某不是继子女无权继承

C. 李某是继子女但无权继承　　D. 若王某无子女，李某可继承

【解析】继子女是指妻与前夫的子女或者夫与前妻的子女。继子女只有与其继父母形成

15A　16D　17B　18C

了抚养教育关系，才有权继承其继父母的遗产。继子女享有双重的继承权，既有权继承其继父或者继母的遗产，也有权继承其生父母的遗产。

19. 甲的生母离婚后嫁给甲的继父，甲与其生母和继父共同生活长达十年，后在 2013 年，甲的生父和继父相继去世，依照我国法律规定，甲(　　)。

A. 对生父、继父的遗产都有权继承　　B. 只能继承继父的遗产

C. 对生父、继父的遗产都无权继承　　D. 只能继承生父的遗产

【解析】继子女是指妻与前夫的子女或者夫与前妻的子女。继子女只有与其继父母形成了抚养教育关系，才有权继承其继父母的遗产。继子女享有双重的继承权，既有权继承其继父或者继母的遗产，也有权继承其生父母的遗产。甲与其继父共同生活并受其抚养长达十年，形成了抚养教育关系。

20. 如果设立家庭信托将财富通过信托(　　)的方式传承给下一代的话，就可以合法规避遗产税和赠与税。

A. 收益权分配　　B. 财产权分配　　C. 处分权分配　　D. 使用权分配

【解析】虽然目前我国还暂未开始征收遗产税和赠与税，但一旦开征，如果用遗产继承的方式进行财富传承，就可能缴纳巨额的遗产税及赠与税；而如果设立家庭信托将财富通过信托收益权分配的方式传承给下一代的话，就可以合法规避遗产税和赠与税。

21. 依据我国《民法典》第十条的规定，作为法定继承人的兄弟姐妹不包括(　　)。

A. 同父同母的兄弟姐妹　　B. 同父异母或者同母异父的兄弟姐妹

C. 养兄弟姐妹　　D. 没有扶养关系的继兄弟姐妹

【解析】作为法定继承人的兄弟姐妹，包括同父母的兄弟姐妹，同父异母或者同母异父的兄弟姐妹、养兄弟姐妹、有扶养关系的继兄弟姐妹。

22. 遗产管理人应当履行的职责不包括(　　)。

A. 清理遗产并制作遗产清单　　B. 向继承人报告遗产情况

C. 采取必要措施防止遗产毁损、灭失　　D. 均等分割遗产

【解析】遗产管理人应当履行下列职责：①清理遗产并制作遗产清单；②向继承人报告遗产情况；③采取必要措施防止遗产毁损、灭失；④处理被继承人的债权债务；⑤按照遗嘱或者依照法律规定分割遗产；⑥实施与管理遗产有关的其他必要行为。

23. 自然人可以立遗嘱将(　　)赠与国家、集体或者法定继承人以外的组织、个人。

A. 个人财产　　B. 非合法财产　　C. 夫妻共同财产　　D. 公司财产

【解析】自然人可以立遗嘱将个人财产指定由法定继承人中的一人或者数人继承。自然人可以立遗嘱将个人财产赠与国家、集体或者法定继承人以外的组织、个人。自然人可以依法设立遗嘱信托。

24. 王先生由于车祸死亡，生前并没有立遗嘱，请问他的遗产应当按照(　　)方式继承。

A. 法定继承　　B. 协商继承　　C. 抚养继承　　D. 推定继承

【解析】当继承开始后，遵循遗嘱继承优先于法定继承原则，即有遗嘱的，按照遗嘱继

19A　20A　21D　22D　23A　24A

承或者遗赠办理；有遗赠扶养协议的，按照协议办理。若无以上协议，则按照法定继承办理。

25. 王某意外死亡，没有立下遗嘱，留下300万的遗产，妻子有固定工作，母亲由哥哥一家照顾，王某还有一个五岁的女儿。如果你为王先生准备一份遗嘱的话，你认为他的(　　)应获得较多的遗产。

A. 妻子　　B. 女儿　　C. 哥哥　　D. 无法判定

【解析】按照《民法典》第一千一百三十条规定，对生活有特殊困难又缺乏劳动能力的继承人，分配遗产时，应当予以照顾。王先生的妻子有工作，母亲有人赡养，而女儿没有收入来源，应当给予其照顾，在分遗产时应适当多分。

26. 王某(男)丧偶，一日，王某随儿子王甲乘车外出，坠入山涧，王某不幸当场死亡，王甲经抢救无效，于当天晚些时候也死亡。王某有一笔财产，并且生前未留遗嘱。本案涉及的法律关系是(　　)。

A. 遗嘱继承　　B. 代位继承

C. 转继承　　D. 法定继承和遗嘱继承

【解析】在遗产分割前，继承人死亡的，不是由死亡的继承人的法定继承人代其参加继承被继承人的遗产，而是由其法定继承人直接参加遗产的分割，所以，转继承是发生了又一次继承，称为连续继承或者二次继承更为恰当。

27. 下列关于遗嘱的有效要件表述不正确的是(　　)。

A. 立遗嘱人在立遗嘱时可以是无行为能力人

B. 受胁迫、欺骗所设立的遗嘱无效

C. 伪造的遗嘱无效

D. 遗嘱中所处分的财产须为遗嘱人的个人财产

【解析】A项，遗嘱人立遗嘱时必须具有完全民事行为能力。

28. 公民在遗书中涉及其死后个人财产处分的内容，确为死者真实意思表示，有本人签名并注明了年、月、日，又无相反证据的，可按(　　)对待。

A. 录音遗嘱　　B. 口头遗嘱　　C. 代书遗嘱　　D. 自书遗嘱

【解析】依据《最高人民法院关于适用(中华人民共和国民法典)继承编的解释(一)》第二十七条，自然人在遗书中涉及死后个人财产处分的内容，确为死者的真实意思表示，有本人签名并注明了年、月、日，又无相反证据的，可以按自书遗嘱对待。

29. 关于人寿保险的描述错误的是(　　)。

A. 人寿保险产品在财富传承规划中起着很大的作用

B. 人寿保险主要是以人的寿命为保障对象

C. 人寿保险以被保险人在保险期间生存或身故为给付保险金的条件

D. 人寿保险以指定当事人来完成保险合同约定

【解析】人寿保险是主要以人的寿命为保障对象的保险，以被保险人在保险期间生存或身故为给付保险金的条件，通常以指定受益人来完成保险合同约定。随着保险市场的

25B　26C　27A　28D　29D

发展，将人寿保险作为实现财富传承工具的情况变得越发普遍。

30. 财富传承工具不包括(　　)。

A. 遗嘱　　B. 家族信托　　C. 保险　　D. 财产赠与合同

【解析】财富传承工具的选择关系到财富传承的安全、成本和效率。一般而言，财富传承的工具包括遗嘱、家族信托、保险、保险金信托等。

31. 祖父母、外祖父母属于第二顺序继承人，祖父母、外祖父母享有继承权，其继承方式不包括(　　)。

A. 法定继承　　B. 遗嘱继承　　C. 转继承　　D. 代位继承

【解析】根据《民法典》第一千一百二十八条的规定，被继承人的子女先于被继承人死亡的，由被继承人的子女的直系晚辈血亲代位继承。

32. 在法定继承中，不是由法律直接规定的是(　　)。

A. 可参加继承的继承人

B. 继承的时间

C. 继承人参加继承的顺序

D. 继承人应继承的遗产份额以及遗产的分配原则

【解析】在法定继承中，可参加继承的继承人、继承人参加继承的顺序、继承人应继承的遗产份额以及遗产的分配原则，都是由法律直接规定的。

33. 下列关于遗产处理的注意事项，说法不正确的是(　　)。

A. 为胎儿保留的遗产份额，如胎儿娩出时是死体的，由被继承人的继承人继承

B. 被继承人生前与他人订有遗赠扶养协议，同时又立有遗嘱的，继承开始后，如果遗赠扶养协议与遗嘱没有抵触，遗产分别按协议和遗嘱处理

C. 无人继承又无人受遗赠的遗产，归国家所有，用于公益事业

D. 自然人不可与继承人以外的组织或者个人签订遗赠扶养协议

【解析】D 项，关于遗赠扶养协议，《民法典》第一千一百五十八条规定，自然人可以与继承人以外的组织或者个人签订遗赠扶养协议。

34. 下列关于公证遗嘱的说法，不正确的是(　　)。

A. 如果确有困难，可以跟公证人员说明，由他人代为办理

B. 口头遗嘱可以对公证遗嘱进行撤销、变更

C. 代书遗嘱可以对公证遗嘱进行撤销、变更

D. 录音遗嘱可以对公证遗嘱进行撤销、变更

【解析】公证遗嘱由遗嘱人经公证机构办理。《民法典》继承编允许其他遗嘱对公证遗嘱进行撤销、变更。

35. 下列不属于家族信托的要素的是(　　)。

A. 委托人　　B. 监察人

C. 信托财产　　D. 家族信托设立时间

30D　31D　32B　33D　34A　35D

【解析】家族信托的要素主要包括：委托人、受托人、受益人、监察人、投资顾问、信托财产和家族信托设立地点。

36. 小马在婴儿时期即被养父母抱养，后来养父与养母离婚，小马跟着养父生活。2011 年小马 10 岁时养父与赵女士再婚。再婚后赵女士对小马照顾有加。2015 年赵女士突发意外去世，则赵女士的法定继承人是(　　)。

A. 养父　　B. 小马　　C. 赵女士的前夫　　D. 养父、小马

【解析】我国《民法典》确定的法定继承人具体包括：①配偶；②子女，包括婚生子女、非婚生子女、养子女和有扶养关系的继子女；③父母，包括生父母、养父母和有抚养关系的继父母；④兄弟姐妹；⑤祖父母、外祖父母。此外，丧偶儿媳对公婆，丧偶女婿对岳父母，尽了主要赡养义务的，作为第一顺序继承人。

37. 王先生与赵女士相识，并确定了恋爱关系，2015 年 12 月二人到当地婚姻登记机关申请结婚登记，婚姻机关经过审查，准予登记，但因客观原因没有领到结婚证。王先生外出旅行时因意外身故，则赵女士(　　)。

A. 不可以继承王先生的遗产，因为二人没有结婚证

B. 不可以继承王先生的遗产，因为没有完成正式结婚登记手续

C. 可以继承王先生的遗产，因为婚姻登记机关批准了二人的登记申请

D. 可以继承王先生的遗产，因为王先生是因意外身亡

【解析】依据《民法典》的规定，结婚的男女双方出于完全自愿，亲自到婚姻登记机关申请结婚登记。完成结婚登记，即确立婚姻关系。王先生和赵女士已登记则夫妻关系成立，赵女士有权继承王先生的遗产。

38. 耿某结婚 8 年，因感情不和提出离婚，但是在离婚的前两个月时，其妻张某因病失去劳动能力而又无生活来源，此时耿某应当(　　)。

A. 承担扶养义务　　B. 交由其子扶养

C. 送到福利院　　D. 送到张某父母家

【解析】夫妻双方有相互扶养的义务，夫妻在婚姻家庭中地位平等，有相互继承遗产的权利。

39. 如果继父母与继子女形成抚养教育关系，则下列说法错误的是(　　)。

A. 继子女有权继承其生父母的遗产　　B. 继父母与继子女有相互继承遗产的权利

C. 继父母不是继子女的法定继承人　　D. 继父母有抚养教育子女的义务

【解析】C 项，作为法定继承人，父母包括生父母、养父母和有扶养关系的继父母。父母子女之间具有最密切的人身关系和财产关系，父母有抚养教育子女的义务，父母子女有相互继承遗产的权利。

40. 林某(他还有一个弟弟)幼年被送给张家做养子，在其结婚时，张家因无钱给其盖房，林某的生母便将自己居住的两间房屋腾给林某居住。假若林某生母后来病故，林某的弟弟和林某都要继承该房屋，按照法律规定，该房屋由(　　)继承。

A. 林某的弟弟　　B. 林某和林某的弟弟

36D　37C　38A　39C　40A

C. 林某和张家　　D. 林某

【解析】收养关系一旦成立，养子女与生父母间的权利义务关系消除，因此，养子女无权继承生父母的遗产。

41. 下列不属于遗嘱继承适用条件的是(　　)。

A. 被继承人立有合法有效的遗嘱

B. 遗嘱中指定的遗嘱继承人未丧失继承权，也未放弃继承权，具有继承资格

C. 遗嘱继承应有合法有效的遗嘱存在

D. 有被继承人的子女先于被继承人死亡这一法律事实

【解析】在被继承人死亡后，只有具备以下条件，才按遗嘱继承办理：①被继承人立有合法有效的遗嘱，遗嘱继承应有合法有效的遗嘱存在；②遗嘱中指定的遗嘱继承人未丧失继承权，也未放弃继承权，具有继承资格。D 项是代位继承的条件之一。

42. 按照法律规定，法定继承人中的子女不包括(　　)。

A. 婚生子女　　B. 未形成抚养教育关系的继子女

C. 非婚生子女　　D. 养子女

【解析】法定继承人中的子女，包括婚生子女、非婚生子女、养子女和有扶养关系的继子女。其中，继子女只有与其继父母形成了抚养教育关系，才有权继承其继父母的遗产。

43. 下列不属于个人所有财产的是(　　)。

A. 存款　　B. 房产　　C. 耕地　　D. 股权

【解析】随着个人财富的增加，个人拥有的、待传承的财产种类和数量也越来越多。除了房产之外，一般家庭还拥有存款、股票、汽车、股权等诸多形式的财产，而高净值家庭拥有的财产种类和数量将更多，比如名贵字画、古董、珍奇收藏等。C 项，耕地属于国家所有，不能成为个人财产。

44. 下列关于法定继承人的表述，错误的是(　　)。

A. 父母和子女有相互继承遗产的权利

B. 非婚生子女享有与婚生子女同等的权利，任何组织或者个人不得加以危害和歧视

C. 养子女与生父母以及其他近亲属间的权利义务关系，因收养关系的成立而消除

D. 遗产分割时，应当保留胎儿的继承份额，胎儿娩出时是死体的，不需保留遗产份额

【解析】D 项，遗产分割时，应当保留胎儿的继承份额。胎儿娩出时是死体的，保留的份额按照法定继承办理。

45. 根据法律规定，遗嘱在(　　)发生法律效力。

A. 被继承人死亡后　　B. 遗嘱订立时

C. 被继承人允许时　　D. 继承合法时

【解析】遗嘱是于遗嘱人死亡后才发生法律效力的民事行为。遗嘱是否合乎法律规定的条件，能否有效，一般应以遗嘱人死亡时为准，遗嘱人死亡前，遗嘱继承人不享有主观意义上的继承权。

41D　42B　43C　44D　45A

46. 转继承的客体是(　　)。

A. 继承人　　B. 被继承人　　C. 遗产所有权　　D. 继承权

【解析】转继承所转移的不是继承权，而是遗产所有权，因此，应将转继承人应继承的遗产份额视为其同配偶的共同财产，转继承的客体，即转继承人承受的是被转继承人应取得的遗产份额，但不是被转继承人应取得的全部遗产份额。

47. 下列关于遗产的表述错误的是(　　)。

A. 是自然人死亡时遗留的财产

B. 是公民个人所有的财产

C. 是合法财产

D. 指死者生前个人享有的财物和可以继承的其他合法权益

【解析】遗产是自然人死亡时遗留的个人合法财产。

48. 下列关于以商业银行私人银行为主导模式的家族信托，说法错误的是(　　)。

A. 私人银行往往在该模式中占据主导地位

B. 信托公司仅提供通道

C. 以商业银行私人银行为主导模式的家族信托业务，是为客户规划财富传承时最常见的信托模式

D. 在这种模式下，信托公司处于主动地位

【解析】D 项，在以商业银行私人银行为主导的模式下，信托公司往往处于被动地位，投资领域的选择以及信托产品的设计都由商业银行私人银行的相关顾问或者理财师来完成。

49. 张三有两个儿子张甲、张乙，一个女儿张丙，妻子早亡，张三死后留有存款 40 万元，立有遗嘱一份，表示死后把 10 万元作为嫁妆留给女儿丙。下列就遗产分配说法正确的是(　　)。

A. 应当先按照法定继承进行分配　　B. 张甲应当分得 10 万元

C. 张丙应当分得 10 万元　　D. 张甲、张乙、张丙应当平均分配 40 万元

【解析】当继承开始后，遵循遗嘱继承优先于法定继承原则，即有遗嘱的，按照遗嘱继承或者遗赠办理。因此，如果留有遗嘱，首先应按遗嘱继承方式分割被继承人的财产。题中应当先按照遗嘱来继承，10 万分配给张丙，其余 30 万元再平均分配，张甲、张乙各得 10 万元，张丙得 20 万元。

50. 下列关于遗嘱继承特征的相关说法，错误的是(　　)。

A. 遗嘱是否合乎法律规定的条件，能否有效，一般应以遗嘱人死亡时为准

B. 遗嘱人处分合法财产的自由受到法律的限制，即不得违反法律和社会公德

C. 继承人的顺序由被继承人在遗嘱中指定

D. 遗嘱人以遗嘱处分了国家、集体或者他人财产的，该部分遗嘱是有效的

【解析】D 项，遗嘱人以遗嘱处分了国家、集体或者他人财产的，应当认定该部分遗嘱无效。

46C　47D　48D　49B　50D

51. 下列不属于我国法律规定的遗嘱形式的是(   )。

A. 公证遗嘱　　B. 转述遗嘱　　C. 自书遗嘱　　D. 口头遗嘱

【解析】根据《民法典》的规定，遗嘱的法定方式有：公证遗嘱、自书遗嘱、代书遗嘱、录音录像遗嘱、口头遗嘱。

52. 下列人员可以作为遗嘱见证人的是(   )。

A. 甲是被继承人的弟弟，不参与继承

B. 乙是被继承人的女儿，不是遗嘱受益人

C. 丙是被继承人的好友，曾一起合伙经营企业

D. 丁是被继承人的邻居，曾受刑事处罚

【解析】《民法典》第一千一百四十条规定，下列人员不能作为遗嘱见证人：①无民事行为能力人、限制行为能力人以及其他不具有见证能力的人；②继承人、受遗赠人；③与继承人、受遗赠人有利害关系的人。ABC 三项均属于利害关系人；D 项，丁受过刑事处罚不是见证人的限制条件。

53. 转继承与代位继承的区别不包括(   )。

A. 性质不同　　B. 发生的时间和条件不同

C. 主体不同　　D. 权利不同

【解析】转继承与代位继承的区别包括：①性质不同；②发生的时间和条件不同；③主体不同；④适用的范围不同。

54. 在法定继承中，继承人只能依法定的顺序依次参加继承，前一顺序的继承人总是排斥后一顺序继承人继承，这属于继承顺序的(   )。

A. 法定性　　B. 排他性　　C. 强行性　　D. 限定性

【解析】法定继承人的继承顺序具有以下特征：①法定性；②强行性；③排他性；④限定性。其中，排他性是指继承人只能依法定的顺序依次参加继承，前一顺序的继承人总是排斥后一顺序继承人继承的。

55. 保险金信托的功能及优势不包括(   )。

A. 资产隔离　　B. 灵活传承　　C. 资金杠杆　　D. 利率较低

【解析】保险金信托的功能及优势包括：资产隔离、灵活传承、资金杠杆、专业管理。

56. 下列关于保险金信托的架构，说法错误的是(   )。

A. 业务主体一般涉及委托人、受托人、信托受益人、投保人、保险人、被保险人、指令权人(或有)、监察人(或有)、财务顾问(或有)、托管行等

B. 信托公司作为受托人兼有两重身份，既是保单的受益人，享有保险金请求权，又是保险金信托的受托人，承担受托人的责任

C. 保险金信托期限较短

D. 信托框架下信托收益分配方式灵活多样，可充分满足委托人对资产安排的个性化要求

【解析】C 项，保险金信托一般为他益信托，以家庭财富的保护、传承和管理等为目的

51B　52D　53D　54B　55D　56C

而设立，信托期限较长，一般不随委托人的死亡而终止，如发生法律法规或合同约定的情形，信托可提前终止。

57. 保险金信托签订流程不包括(　　)。

A. 签订保险合同　　B. 尽职调查
C. 保险金信托成立　　D. 信托财产分配

【解析】保险金信托签订流程包括：签订保险合同、尽职调查、保险金信托成立、信托财产管理。

二、多选题(下列选项中有两项或两项以上符合题目要求，请将符合题目要求选项的代码填入括号内)

1. 刘先生与张女士领取结婚证仅三天，还没有来得及举行婚礼，张女士就意外死亡。可以参加继承张女士遗产的法定继承人有(　　)。[2018 年 10 月真题]

A. 张女士的兄弟姐妹　　B. 张女士的父母
C. 张女士与前夫所生之子　　D. 刘先生
E. 张女士的养女

【解析】我国《民法典》确定的法定继承人包括：①配偶；②子女(包括婚生子女、非婚生子女、养子女和有扶养关系的继子女)；③父母(包括生父母、养父母和有抚养关系的继父母)；④兄弟姐妹；⑤祖父母、外祖父母。此外，丧偶儿媳对公婆，丧偶女婿对岳父母，尽了主要赡养义务的，作为第一顺序继承人。

2. 甲和乙领取结婚证但还没有举行婚礼，甲就意外死亡，此时，乙已经怀孕 3 个月，可以参加继承甲遗产的法定继承人有(　　)。[2018 年 6 月真题]

A. 乙所怀的孩子　　B. 乙
C. 甲的父亲　　D. 甲的母亲
E. 甲与前妻所生的孩子

【解析】法定继承人包括配偶、子女、父母等，其中子女包括婚生子女、非婚生子女、养子女和有扶养关系的继子女。婚生子女是指具有合法婚姻关系的男女双方所生育的子女。婚生子女有权继承父母的遗产。

3. 下列属于自书遗嘱生效所包含的条件有(　　)。[2017 年 10 月真题]

A. 由遗嘱人签名　　B. 确为遗嘱人的真实意思表示
C. 由遗嘱人亲笔书写　　D. 注明了年、月、日
E. 当地居委会出具的证明

【解析】自书遗嘱生效的条件包括：①由遗嘱人亲笔书写；②确为遗嘱人的真实意思表示；③由遗嘱人签名；④注明年、月、日。

4. 下列关于人寿保险在财富传承中的作用表述正确的是(　　)。[2017 年 6 月真题]

A. 人寿保险可实现遗嘱的部分功能
B. 人寿保险金不得用于偿还被保险人破产债务
C. 人寿保险赔款可实现节税功能

57D　▎　1ABCDE　2ABCDE　3ABCD　4ABCE

D. 投保时无须指定受益人

E. 人寿保险的给付可防止财产变现带来的损失

【解析】人寿保险功用特征包括：①人寿保险赔款可实现节税功能。②人寿保险金可实现避债功能。人寿保险金不得用于偿还被保险人破产债务，债权人不能要求债务人变现还债；人寿保单未经被保险人书面同意，不得转让或者质押。③人寿保险可实现遗嘱的部分功能。④人寿保险的给付可防止财产变现带来的损失。D 项，人寿保险投保时须指定受益人。

5. 李林的儿子李金于 2010 年去世，且去世前未留有遗嘱，依照法定继承顺序，对于李金的遗产，下列能够成为第一顺序继承人的有(　　)。[2016 年 6 月真题]

A. 李林的妻子　B. 李金的儿子　C. 李林的养子　D. 李林的哥哥

E. 李林的女儿

【解析】《民法典》第一千一百二十七条规定，遗产按照下列顺序继承：第一顺序：配偶、子女、父母；第二顺序：兄弟姐妹、祖父母、外祖父母。A 项属于李金的父母；B 项属于李金的子女；CDE 三项都不属于李金遗产的第一顺序继承人范畴。

6. 下列关于法定继承特征的表述，正确的有(　　)。[2015 年 10 月真题]

A. 法定继承的效力等同于遗嘱继承　B. 法定继承的效力低于遗嘱继承

C. 法定继承是对遗嘱继承的补充　D. 法定继承的效力高于遗嘱继承

E. 法定继承以身份关系为基础

【解析】法定继承的特征包括以下三个方面：①法定继承是遗嘱继承的补充，在适用效力上，法定继承的效力低于遗嘱继承，遗嘱继承的效力优于法定继承；②法定继承中法定继承人是基于一定的身份关系而确定的，法定继承是以身份关系为基础的；③法定继承中有关继承人的范围、继承的顺序以及遗产的分配原则的规定具有强行性。

7. 关于财富传承规划，下列说法正确的有(　　)。

A. 传承规划的对象不包括家族精神文化

B. 财富传承规划涉及大量的民事法律关系的协调和处理

C. 财富传承工具只包括遗嘱和家族信托

D. 个人财富的积累使得有关财富传承的需求越来越强烈

E. 有利于维持家庭成员生活质量

【解析】A 项，财富传承规划的对象既包括客户的资产和负债，又包括企业经营管理、家族精神文化等；C 项，一般而言，财富传承工具包括遗嘱、家族信托、保险、保险金信托等。

8. (　　)是选择遗嘱作为财富传承方法的局限性。

A. 监护人道德风险　B. 隐私曝光

C. 可能面临的遗产税　D. 可能导致亲人反目

E. 继承人财产管理不当

【解析】财富传承工具包括遗嘱、家族信托、保险、保险金信托等。其中，以遗嘱方式安

5AB　6BCE　7BDE　8ABCDE

排传承是最常见的方法，但遗嘱具有很大的局限性，比如遗嘱争议带来的亲人反目、财富缩水、隐私曝光，还可能面临巨额的遗产税，继承人管理财产不当或挥霍遗产的情况，监护人道德风险等。

9. 遗产管理人应当履行的职责有(　　)。

A. 清理遗产并制作遗产清单　　B. 采取必要措施防止遗产毁损、灭失

C. 处理被继承人的债权债务　　D. 按照遗嘱或者依照法律规定分割遗产

E. 实施与管理遗产有关的其他必要行为

【解析】遗产管理人应当履行下列职责：①清理遗产并制作遗产清单；②向继承人报告遗产情况；③采取必要措施防止遗产毁损、灭失；④处理被继承人的债权债务；⑤按照遗嘱或者依照法律规定分割遗产；⑥实施与管理遗产有关的其他必要行为。

10. 在进入退休期之后，客户对财富保障和财富传承的需求会逐渐增大，对于客户来说，财富传承规划主要有(　　)的功能。

A. 避免遗产继承纠纷　　B. 降低财富损失风险

C. 沉淀短期金融资产　　D. 维持家庭成员生活质量

E. 降低税收风险

【解析】财富传承规划的功能主要包括：①避免遗产继承纠纷；②维持家庭成员生活质量；③降低财富损失风险；④降低税收风险；⑤建立长期有效的客户维护关系。C 项，理财师为客户进行财富传承规划往往涉及客户二代或者三代的财富管理，因此能够有效稳定客户资产，实现长期合作关系，具体表现在以下三个方面：①增加客户黏性，沉淀长期金融资产；②维护客户关系，实现长期合作；③提升专业形象。

11. 关于遗产管理人制度，下列说法正确的是(　　)。

A. 继承开始后，遗嘱执行人为遗产管理人

B. 没有遗嘱执行人的，继承人应当及时推选遗产管理人

C. 继承人未推选的，由继承人随机担任遗产管理人

D. 没有继承人或者继承人均放弃继承的，由继承人住所地的民政部门或者村民委员会担任遗产管理人

E. 对遗产管理人的确定有争议的，利害关系人可以向人民法院申请指定遗产管理人

【解析】《民法典》第一千一百四十五条规定：①继承开始后，遗嘱执行人为遗产管理人；②没有遗嘱执行人的，继承人应当及时推选遗产管理人；③继承人未推选的，由继承人共同担任遗产管理人；④没有继承人或者继承人均放弃继承的，由被继承人生前住所地的民政部门或者村民委员会担任遗产管理人。第一千一百四十六条规定，对遗产管理人的确定有争议的，利害关系人可以向人民法院申请指定遗产管理人。

12. 财富传承规划的原则包括(　　)。

A. 及早着手　　B. 充分沟通　　C. 专业分工　　D. 及时提醒

E. 定期检视

【解析】理财师在做财富传承规划时，应遵循以下几点原则，力求工作的专业性和有效

9ABCDE　10ABDE　11ABE　12ABCDE

性：①及早着手；②充分沟通；③专业分工；④及时提醒；⑤定期检视。

13. 在国际上，(　　)可作为财富传承的工具。

A. 遗嘱继承　　B. 家族信托　　C. 寿险　　D. 个人账户

E. 基金会

【解析】在国际上，遗嘱继承、家族信托、寿险、基金会、联名账户以及赠与都可作为财富传承的工具。

14. 为客户进行财富传承规划能够丰富金融机构和理财师的专业服务内容，提升专业形象，加强客户关系，具体表现包括(　　)。

A. 增加客户黏性，沉淀长期金融资产　　B. 降低税收风险

C. 降低财富损失风险　　D. 维护客户关系，实现长期合作

E. 提升专业形象

【解析】理财师为客户进行财富传承规划往往涉及客户二代或者三代的财富管理，因此能够有效稳定客户资产，实现长期合作关系，具体表现在以下三个方面：①增加客户黏性，沉淀长期金融资产；②维护客户关系，实现长期合作；③提升专业形象。BC两项属于财富传承规划对于客户在财富保障和财富传承方面的功能。

15. 现阶段最常用的财富传承方式包括(　　)。

A. 家族信托　　B. 人寿保险　　C. 保险金信托　　D. 遗产继承

E. 共同账户

【解析】现阶段最常用的财富传承方式包括：遗产继承、家族信托、人寿保险、保险金信托等。

16. 家族信托的优势包括(　　)。

A. 财富灵活传承　　B. 财产安全隔离

C. 节税　　D. 信息严格保密

E. 利率较低

【解析】家族信托的优势包括：①财富灵活传承；②财产安全隔离；③节税；④信息严格保密。

17. 关于非继承人对遗产的取得，下列说法正确的有(　　)。

A. 继承人协商同意的，遗产的份额分配也可以不均等

B. 继承人应当本着互谅互让、和睦团结的精神，协商处理继承问题

C. 遗产分割的时间、办法和份额协商不成的，只能向人民法院提起诉讼

D. 遗产分割的时间、办法和份额，由继承人协商确定

E. 可分得遗产的人是基于法律规定的可以取得遗产的特别条件，而不是基于继承权

【解析】C项，遗产分割的时间、办法和份额，由继承人协商确定；协商不成的，可以由人民调解委员会调解或者向人民法院提起诉讼。

18. 下列关于遗嘱继承的相关说法，正确的有(　　)。

13ABCE　14ADE　15ABCD　16ABCD　17ABDE　18BCDE

A. 自然人不可以设立遗嘱信托
B. 自然人可以依照规定立遗嘱处分个人财产，并可以指定遗嘱执行人
C. 自然人可以立遗嘱将个人财产指定由法定继承人中的一人或者数人继承
D. 无民事行为能力人或者限制民事行为能力人所立的遗嘱，即使其本人后来具有完全民事行为能力，仍属无效遗嘱
E. 遗嘱人立遗嘱时具有完全民事行为能力，后来成为无民事行为能力人或者限制民事行为能力人的，不影响遗嘱的效力

【解析】A 项，自然人可以依法设立遗嘱信托。

19. 代位继承的条件有（　　）。
A. 被继承人的子女先于被继承人死亡
B. 继承人在继承开始后实际接受遗产前死亡
C. 被代位人是被继承人子女及其直系血亲
D. 被代位人具有继承权
E. 代位人为被代位人的晚辈直系血亲

【解析】根据《民法典》第一千一百二十八条的规定，被继承人的子女先于被继承人死亡的，由被继承人的子女的直系晚辈血亲代位继承。B 项适用于转继承，《民法典》第一千一百五十二条规定，继承开始后，继承人于遗产分割前死亡，并没有放弃继承的，该继承人应当继承的遗产转给其继承人，但是遗嘱另有安排的除外。未能实际接受遗产而死去的人，称为被转继承人；实际接受遗产的继承人的法定继承人，称为转继承人。

20. 在代位继承中，被代位人的（　　）可作为代位人。
A. 兄弟姐妹　　B. 子女　　C. 孙子女　　D. 外曾孙子女
E. 祖父母

【解析】在代位继承中，代位继承人只能是被代位继承人的晚辈直系血亲。AE 两项不属于晚辈直系血亲。

21. 关于转继承与代位继承，下列说法不正确的有（　　）。
A. 转继承是一次继承，代位继承是连续发生两次继承
B. 发生的时间和条件不同
C. 享有转继承权的人是被转继承人死亡时生存的所有法定继承人
D. 代位继承人只能是被代位继承人的晚辈直系血亲
E. 转继承和代位继承都只能发生于法定继承中

【解析】A 项，转继承是连续发生两次继承，代位继承是一次继承；E 项，转继承可以发生于法定继承中，也可以发生于遗嘱继承中，代位继承只能发生在法定继承方式中。

22. 下列关于遗嘱继承的表述，不正确的是（　　）。
A. 遗嘱人立遗嘱时必须具有完全民事行为能力
B. 发生遗嘱继承的法律事实构成包括三个方面

19ACDE　20BCD　21AE　22BD

C. 继承人、继承人的顺序、继承人继承的遗产份额或者具体的遗产都是由被继承人在遗嘱中指定

D. 遗嘱可以由他人代为设立

E. 遗嘱人死亡前，遗嘱继承人不享有主观意义上的继承权

【解析】B 项，发生遗嘱继承的法律事实构成包括两个方面，即被继承人的死亡和被继承人生前立有合法有效的遗嘱；D 项，遗嘱是遗嘱人独立的民事行为。遗嘱是被继承人生前对自己财产的处分，无须征得他人的同意。

23. 关于遗嘱和遗赠，下列说法正确的有(　　)。

A. 遗嘱直接体现了被继承人的意愿

B. 遗嘱继承人在继承开始后未明确表示接受继承的，丧失继承权

C. 遗嘱是须依法律规定作出的民事行为

D. 受遗赠人在知道或应当知道受遗赠后两个月内未做出接受遗赠表示的，丧失受遗赠权

E. 遗赠与遗嘱继承都是通过遗嘱方式处分财产

【解析】B 项，遗嘱继承人在继承开始后，在遗产处理前没有表示的，视为接受继承。受遗赠人应当在知道受遗赠后六十日内，作出接受或放弃受遗赠的表示；到期没有表示的，视为放弃受遗赠。

24. 关于遗嘱的形式与见证，下列说法正确的有(　　)。

A. 公证遗嘱可由他人代为办理

B. 自书遗嘱须由遗嘱人签名并注明年月日

C. 代书遗嘱须由代书人、其他见证人和遗嘱人在遗嘱上签名方为有效

D. 以录音录像形式立的遗嘱，应当有两个以上见证人在场见证

E. 立遗嘱人在危急情况下，可以立口头遗嘱

【解析】A 项，公证遗嘱由遗嘱人经公证机构办理。

25. 下列关于遗产处理的注意事项，说法正确的有(　　)。

A. 无人继承又无人受遗赠的遗产，死者生前是集体所有制组织成员的，归所在集体所有制组织所有

B. 既有法定继承又有遗嘱继承、遗赠的，超过法定继承遗产实际价值部分，由遗嘱继承人所得遗产清偿

C. 继承人以所得遗产实际价值为限清偿被继承人依法应当缴纳的税款和债务

D. 继承人放弃继承的，对被继承人依法应当缴纳的税款和债务可以不负清偿责任

E. 执行遗赠不得妨碍清偿遗赠人依法应当缴纳的税款和债务

【解析】B 项，既有法定继承又有遗嘱继承、遗赠的，由法定继承人清偿被继承人依法应当缴纳的税款和债务；超过法定继承遗产实际价值部分，由遗嘱继承人和受遗赠人按比例以所得遗产清偿。

26. 下列关于家族信托的说法，正确的有(　　)。

23ACDE　24BCDE　25ACDE　26ABCE

A. 家族信托是指信托公司接受单一个人或者家庭的委托，代为管理、处置家庭财产的财产管理方式

B. 家族信托财产金额或价值不低于 1000 万元

C. 家族信托最早可追溯到古罗马帝国时期

D. 委托人为家族信托的唯一受益人

E. 委托人是信托的创立者，既可以是自然人也可以是法人

【解析】D 项，家族信托财产金额或价值不得低于 1000 万元，受益人应包括委托人在内的家庭成员，但委托人不得为唯一受益人。

27. 家族信托的优势有(　　)。

A. 财富灵活传承

B. 财产安全隔离

C. 经过遗产认证

D. 节税避税

E. 信息透明

【解析】家族信托的优势：①财富灵活传承；②财产安全隔离；③节税；④信息严格保密。C 项，使用家族信托时，在委托人去世前，财产已完成转移，避免了遗产认证的过程；E 项，家族信托设立后，信托财产管理和运用都以受托人的名义进行，除特殊情况外，受托人没有权利向外界披露信托财产的运用情况。

28. 人寿保险的功用特征有(　　)。

A. 人寿保险赔款可实现节税功能

B. 人寿保险金可用于偿还被保险人破产债务

C. 人寿保险可实现遗嘱的部分功能

D. 人寿保险的给付可防止财产变现带来的损失

E. 可随意转让或者质押

【解析】人寿保险的功用特征：①人寿保险赔款可实现节税功能；②人寿保险金可实现避债功能，不得用于偿还被保险人破产债务，债权人不能要求债务人变现还债，人寿保单未经被保险人书面同意，不得转让或者质押；③人寿保险可实现遗嘱的部分功能；④人寿保险的给付可防止财产变现带来的损失。

29. 下列关于人寿保险的注意事项，说法错误的有(　　)。

A. 被保险人死亡后，受益人先于被保险人死亡，没有其他受益人的，保险金作为被保险人的遗产，由保险人依照《民法典》的规定履行给付保险金的义务

B. 在指定受益人时一定要谨慎的自行做决定

C. 被保险人死亡后，没有指定受益人的，保险金作为被保险人的遗产，由保险人依照《民法典》的规定履行给付保险金的义务

D. 受益人与被保险人的关系，不会影响保险金的给付方式

E. 当事人对保险合同约定的受益人存在争议，除投保人、被保险人在保险合同之外另有约定外，受益人约定为“法定”或者“法定继承人”的，以《民法典》规定的法定继承人为受益人

【解析】B 项，在指定受益人时一定要谨慎，须与专业人士沟通后再做决定；D 项，受

27ABD　28ACD　29BD

益人与被保险人的关系，会直接影响保险金的给付方式。

30. 理财师在做财富传承规划时，应遵循(　　)的原则。
A. 及早着手　　B. 充分沟通　　C. 专业分工　　D. 独立思考
E. 定期检视

【解析】理财师在做财富传承规划时，应遵循的原则有：①及早着手；②充分沟通；③专业分工；④及时提醒；⑤定期检视。

31. 遗产的分配原则中，对有些继承人应当予以照顾，其中不包括(　　)。
A. 生活有特殊困难且缺乏劳动能力的继承人
B. 生活有特殊困难且劳动能力不强的继承人
C. 生活并无特殊困难但因年老、病残等原因缺乏劳动能力的继承人
D. 继承人虽有劳动能力但发生了重大意外事故
E. 继承人劳动能力不强且发生了重大意外事故

【解析】对生活有特殊困难又缺乏劳动能力的继承人，分配遗产时，应当予以照顾。继承人虽生活有特殊困难(如发生天灾、意外事故等)但有劳动能力，或者虽因年老、病残等原因缺乏劳动能力但生活并无特殊困难，都不在照顾之列。

32. 下列关于代位继承和转继承的说法正确的有(　　)。
A. 如孙子女、外孙子女也先于继承人死亡的，其曾孙子女，外曾孙子女可以成为代位继承人
B. 被继承人的配偶、父母、兄弟姐妹等被继承人的旁系血亲或长辈直系亲属均没有代位继承权
C. 代位继承适用于法定继承和遗嘱继承
D. 未能实际接受遗产而死去的人，称为转继承人
E. 在遗产分割前，继承人死亡的，由死亡的继承人的法定继承人代其参加继承被继承人的遗产

【解析】C 项，代位继承只适用于法定继承，不适用于遗嘱继承。D 项，未能实际接受遗产而死去的人，称为被转继承人；实际接受遗产的继承人的法定继承人，称为转继承人。E 项，在遗产分割前，继承人死亡的，不是由死亡的继承人的法定继承人代其参加继承被继承人的遗产，而是由其法定继承人直接参加遗产的分割。

33. 非法定继承人包括(　　)。
A. 对岳父、岳母尽了主要赡养义务的丧偶女婿
B. 同父异母或者同母异父的兄弟姐妹
C. 有抚养关系的继父母
D. 继承人以外的依靠被继承人扶养的人
E. 继承人以外的对被继承人扶养较多的人

【解析】《民法典》第一千一百三十一条规定，对继承人以外的依靠被继承人扶养的人，或者继承人以外的对被继承人扶养较多的人，可以分给适当的遗产。ABC 三项属于法

30ABCE　31BCDE　32AB　33DE

定继承人。

34. 下列关于国内家族信托发展现状，说法正确的有(　　)。

A. 大型金融集团大多不采用以信托公司为主导的模式

B. 有商业银行私人银行主导模式和信托公司主导模式两种模式

C. 在信托公司主导模式下信托公司利用信托牌照的制度优势，在家族信托的运作中发挥主要作用

D. 在私人银行与信托公司合作模式下，并不存在一方主导的状况

E. 私人银行与信托公司合作模式往往被大型金融集团系统内的信托公司与银行共同采纳

【解析】A 项，以信托公司为主导模式的家族信托多为大型金融集团。B 项，家族信托有商业银行私人银行主导模式、信托公司主导模式以及私人银行与信托公司合作模式三种模式。

35. 下列关于代书遗嘱和录音遗嘱的说法，正确的有(　　)。

A. 代书遗嘱应当有两个以上的见证人在场见证

B. 代书遗嘱需注明年、月、日

C. 以录音录像形式立的遗嘱，遗嘱人和见证人应当在录音录像中记录其姓名或者肖像

D. 遗嘱人和见证人应当在打印遗嘱首页签名

E. 以录音录像形式立的遗嘱，应当有两个以上的见证人在场见证

【解析】D 项，遗嘱人和见证人应当在打印遗嘱每一页签名。

36. 下列关于保险金信托的说法，不正确的有(　　)。

A. 保险金信托以其能够有效结合保险与信托的双重优势，已成为当前财富传承的重要金融工具

B. 与家族信托相比，保险金信托最大的不同就是信托财产的资金形式

C. 保险条款在受益分配的安排上个性化程度较高

D. 保险金信托不能指定指令权人或者监察人

E. 保险金信托可以借助信托分配财产的灵活性，通过信托框架设计受益人分配比例、分配时间、触发事件、对等提拨等约束机制，从时间和空间两个维度确保财富平稳过渡

【解析】C 项，保险一般为标准化的条款，在受益分配的安排上个性化程度较低，赔偿或者给付的资金一般只能一次性领取，无法长期按照委托人的意志来持续管理和传承；D 项，保险金信托可以指定指令权人或者监察人，在保障委托人去世后保险金信托的正常运行，帮助客户真正实现多样化、灵活性的传承需求。

37. 英国家族信托业务的主要种类有(　　)。

A. 财产管理　　B. 执行遗嘱　　C. 管理遗产　　D. 财务咨询

E. 投资信托业务

【解析】英国现行的信托业务可分为一般信托业务和投资信托业务。一般信托业务根据

34CDE　35ABCE　36CD　37ABCD

对象可划分为家族信托和法人信托。其中，家族信托业务的主要种类有：①财产管理；②执行遗嘱；③管理遗产；④财务咨询。

38. 下列关于西方发达国家家族信托现状的说法，正确的有(　　)。
A. 美国目前由商业银行兼营信托业务
B. 美国信托业务和银行业务在银行内部是严格分工的
C. 英国信托业以家族信托为主
D. 英国金融信托业主要采用专营方式
E. 日本银行一般业务与专业业务相分离

【解析】D 项，英国金融信托业主要集中在银行和保险公司，主要采用兼营方式，专营比例很小。

39. 我国财富传承需求越来越旺盛的主要原因有(　　)。[2020 年 10 月真题]
A. 职业经理人制度的缺失　　B. 富裕人群步入中老年
C. 遗产分配纠纷频发　　D. 财富分配范围广、形式多
E. 个人财富逐步积累

【解析】B 项，先富人群已经步入中老年，他们面临的一个共同问题就是未来企业管理接班和财富传承。C 项，在我国，通过订立遗嘱进行财富传承规划的习惯并未形成，很多中国富豪一旦突然离世，生前未对遗产继承作出安排，继承者之间很有可能因财产继承发生争执，甚至对簿公堂。D 项，随着人们财富积累的增加，财富分布范围或形式也更广、更多样化，身后这些遗产的处置或分配，无疑需要事前进行充分的考虑和规划。E 项，随着个人财富的增加，个人拥有的、待传承的财产种类和数量也越来越多，有关财富传承的需求越来越强烈。

40. 张某因突发脑梗去世，弥留之际在病房里留下了口头遗嘱。继承人为其长子和次子，在场的人员有：值班医生甲、护士乙、其长子丙、次子丁、合伙人戊。上述人员中可作为遗嘱见证人的有(　　)。[2020 年 10 月真题]
A. 乙　　B. 戊　　C. 丁　　D. 丙
E. 甲

【解析】BCD 三项，《民典法》第一千一百四十条规定，下列人员不能作为遗嘱见证人：①无民事行为能力人、限制民事行为能力人以及其他不具有见证能力的人。②继承人、受遗赠人。③与继承人、受遗嘱人有利害关系的人。

三、案例分析题(下列选项中至少有一项符合题目要求，请将正确选项的代码填入括号内)

1. 赵先生打拼多年，积累大量财富，终身未婚，膝下有一养子，另有一个亲姐姐。赵先生临终前未留下任何遗嘱，回答下列问题。[2018 年 10 月真题]
(1) 关于赵先生的财产继承人，下列说法正确的是(　　)。
A. 赵先生的养子为第一顺位继承人
B. 赵先生的养子和姐姐均为第一顺位继承人，且双方对于遗产各有 50% 的继承权
C. 赵先生的亲姐姐为第一顺位继承人

38ABCE　39BCDE　40AE　❙　1(1) A

D. 赵先生的养子和姐姐均无继承权，遗产应归国家所有

【解析】养子女属于第一顺序继承人，兄弟姐妹属于第二顺序继承人。继承开始后，由第一顺序继承人继承，第二顺序继承人不继承；没有第一顺序继承人继承的，由第二顺序继承人继承。

(2)若赵先生的养子先于赵先生死亡，按法定继承的原则，赵先生的财产应归谁所有(　　)。

A. 养子的晚辈直系血亲　　B. 赵先生的姐姐

C. 养子的爱人　　D. 应被收归国有

【解析】子女应为第一顺序的法定继承人。被继承人的子女先于被继承人死亡的，由被继承人的子女的直系晚辈血亲代位继承，所以子女及其晚辈直系血亲均为第一顺序继承人。继承开始后，应由第一顺序人继承，第二顺序的继承人不能继承。

(3)下列赵先生的财产中，不能作为遗产的是(　　)。

A. 养老金请求权　　B. 股权的分红款

C. 专利权中的财产权　　D. 自有住房抵押权

【解析】遗产必须是非专属于死者自身的财产。有些财产依其人身专属性不具有可继承性，因此不得继承。如养老保险金请求权，被保险人死亡后该种权利归于消灭。

(4)若赵先生生前立有遗嘱，该遗嘱有两个以上见证人在场见证，遗嘱人和见证人在遗嘱每一页签名，注明年、月、日，则该遗嘱为(　　)。

A. 打印遗嘱　　B. 代书遗嘱　　C. 自书遗嘱　　D. 录音遗嘱

【解析】打印遗嘱应当有两个以上见证人在场见证。遗嘱人和见证人应当在遗嘱每一页签名，注明年、月、日。

(5)若赵先生在立遗嘱时无法找到两个以上见证人或公证人参加，则需要选择的方式为(　　)。

A. 自书遗嘱　　B. 录音录像遗嘱　　C. 代书遗嘱　　D. 口头遗嘱

【解析】自书遗嘱由遗嘱人亲笔书写，签名，注明年、月、日。这种方式简便易行，而且可以保证内容真实，便于保密。除自书遗嘱外，BCD 三项均需要两个以上见证人或公证人。

2. 杨女士 2006 年与吴先生结婚，生一子小吴，婚后二人购买了一套两居室的房屋居住，2008 年吴先生用家庭财产 20 万与朋友合伙成立了一家股份公司，占 50% 的股权。2012 年二人起诉离婚，离婚时公司价值 200 万，房产价值 150 万，其他家庭资产 80 万。2013 年杨女士带着 7 岁的小吴嫁给金先生，二人都是再婚，金先生带了一个九岁的女儿小金。婚后二人感情很好，对子女视如己出。同年 12 月一直单身的吴先生因意外去世，吴先生父母均已过世。2014 年 6 月金先生因病去世，二人家庭财产共计 300 万。金先生婚前购买的房屋价值 200 万。金先生父亲在世。

根据以上材料回答(1)~(6)题。

(1)杨女士与吴先生离婚后，可分得(　　)万元。

---

(2)A　(3)A　(4)A　(5)A　2(1)B

A. 115　　B. 165　　C. 210　　D. 330

【解析】在未做公证和特殊约定的情况下，家庭财产属于夫妻双方，个人可分配的财富只有归属于个人自己的一半。共同财产为公司一半的股份100万元，房产150万元，其他家庭资产80万元，夫妻均分，所以杨女士可获得(100+150+80)/2=165(万元)。

(2)吴先生去世后杨女士可以继承(　　)万元的遗产。

A. 0　　B. 82.5　　C. 105　　D. 165

【解析】因为已经离婚，所以对于吴先生的个人财产杨女士不能继承。

(3)吴先生去世后小吴可以继承(　　)万元的遗产。

A. 0　　B. 82.5　　C. 105　　D. 165

【解析】婚生子女是指具有合法婚姻关系的男女双方所生育的子女，婚生子女有权继承父母的遗产。所以，小吴是惟一能继承吴先生遗产的人。

(4)金先生的法定继承人是(　　)。

A. 父亲　　B. 父亲、小金

C. 父亲、小金、杨女士　　D. 父亲、小金、杨女士、小吴

【解析】我国的法定继承人具体包括：①配偶；②子女，包括婚生子女、非婚生子女、养子女和有抚养关系的继子女；③父母，包括生父母、养父母和有抚养关系的继父母；④兄弟姐妹；⑤祖父母、外祖父母。此外，丧偶儿媳对公婆，丧偶女婿对岳父母，尽了主要赡养义务的，作为第一顺序继承人。

(5)金先生去世后杨女士可以继承(　　)万元的遗产。

A. 62.5　　B. 87.5　　C. 125　　D. 175

【解析】金先生的个人财产共计为$\frac{300}{2}+200=350$(万元)，4个继承人均分，每人获得87.5万元，杨女士可以继承到87.5万元。

(6)金先生去世后小吴可以继承(　　)万元金先生的遗产。

A. 0　　B. 87.5　　C. 125　　D. 175

【解析】金先生的个人财产共计为$\frac{300}{2}+200=350$(万元)，4个继承人均分，每人获得87.5万元，则小吴可以继承到87.5万元。

3. 张强夫妇生有一子张瑞，一女张欣。两个孩子先后成家，张欣嫁给李明。由于张瑞在外地工作，张强夫妇一直住在张欣家里，由张欣夫妇照料。2012年张欣因意外事故不幸身亡，李明通知张瑞将父母接回家，但是张瑞一直以各种理由推脱，也不给付生活费。无奈之下，李明只好继续赡养岳父母。2015年，张强夫妇双双离开人世，留下了一笔遗产，关于遗产的分割问题，张瑞和李明产生了纠纷，二人诉至法院。

根据以上材料回答(1)~(3)题。

(1)张强夫妇离开人世后，对于李明的继承权问题，人们产生了以下几种观点，对此，下列说法正确的是(　　)。

---

(2)A　(3)D　(4)D　(5)B　(6)B　3(1)B

A. 李明不享有继承权，但是由于对老人照顾多年，可以分得适量遗产

B. 李明可以作为第一顺序继承人

C. 李明可以作为第二顺序继承人

D. 李明不享有继承权，但是可以作为受遗赠人获得部分财产

【解析】丧偶儿媳对公婆，丧偶女婿对岳父母，尽了主要赡养义务的，作为第一顺序继承人。李明作为丧偶女婿，对岳父母尽了主要的赡养义务，可以作为第一顺序继承人继承张强夫妇的遗产。

(2)关于李明和张强夫妇之间的关系，以下说法正确的是(　　)。

A. 李明不得作为张强夫妇的第一顺序继承人

B. 李明与张强夫妇之间属于拟制血亲关系

C. 李明与张强夫妇之间没有赡养和抚养的权利和义务

D. 李明与张强夫妇之间可以相互继承

【解析】儿媳、女婿与公婆、岳父母之间是以婚姻关系为纽带而产生的亲属关系，属于姻亲关系。姻亲间没有法定的权利和义务，因而，李明和张强夫妇之间没有赡养、抚养的权利义务关系。但是，由于李明尽了赡养的主要义务，享有对岳父岳母遗产的继承权，这里只是李明对张强夫妇享有继承权，张强夫妇对李明并不具有继承权，故他们之间不能相互继承。

(3)关于本案中张强夫妇遗产的分配，下列说法错误的是(　　)。

A. 李明和张瑞之间应当平均分配　　B. 李明可以适当多分张强夫妇的遗产

C. 可以少分给张瑞遗产　　D. 可以不分给张瑞遗产

【解析】对被继承人尽了主要扶养义务或者与被继承人共同生活的继承人，分配遗产时，可以多分；有扶养能力和有扶养条件的继承人，不尽扶养义务的，分配遗产时，应当不分或者少分。张瑞在有扶养能力的条件下，拒绝扶养，其应不分或者少分遗产。

4. 胡先生今年35岁，是一家设计所的高级合伙人。虽收入丰厚，但不善理财。其妻邹女士今年31岁，是区政府的一名普通公务员。胡先生的父亲已经去世，母亲一直和胡先生惟一的姐姐生活在一起。孩子囡囡今年5岁。非常不幸的是，胡先生在一次事故中去世，没有留下任何遗嘱。胡先生一家总财产价值210万元。

根据以上材料回答(1)～(6)题。

(1)胡先生的遗产应当以(　　)方式被继承。

A. 协商继承　　B. 法定继承　　C. 扶养继承　　D. 推定继承

【解析】法定继承是指全体继承人按照《民法典》规定的继承人范围、继承人顺序、遗产分配原则等继承遗产的一种继承方式。当被继承人生前未立遗嘱处分其财产或遗嘱无效时，应按法定继承的规定继承。

(2)胡先生第一顺序继承人中不包括(　　)。

A. 囡囡　　B. 胡母　　C. 邹女士　　D. 胡的姐姐

【解析】第一顺序继承人有：配偶、子女、父母以及对公婆、岳父母尽了主要赡养义务的

---

(2)C　(3)A　4(1)B　(2)D

丧偶儿媳和丧偶女婿。

(3)各继承人应按照(　　)标准划分遗产。

A. 年龄　　B. 继承顺序　　C. 等分　　D. 经济收入情况

【解析】《民法典》第一千一百三十条规定，同一顺序继承人继承遗产的份额，一般应当均等。

(4)假定胡先生夫妇在婚前未公证个人财产，则胡先生的遗产总额为(　　)万元。

A. 150　　B. 105　　C. 210　　D. 无法判断

【解析】在未做公证和特殊约定的情况下，家庭财产属于夫妻双方，个人可分配的财富只有归属于个人自己的一半。胡先生一家总财产价值210万，由于胡先生夫妇在婚前未公证个人财产，所以夫妻婚姻关系存续期间所得的财产以及婚前财产为共同所有，所以胡先生的遗产总额为：210/2＝105(万元)。

(5)根据《民法典》的规定，邹女士可获得的遗产总额为(　　)万元。

A. 75　　B. 26.25　　C. 35　　D. 105

【解析】由上题可知，胡先生的遗产总额为105万元，胡先生第一顺序继承人中包括：囡囡、胡母、邹女士三人，根据同一顺序继承人原则上平均分配的原则，邹女士可获得的遗产总额为：105/3＝35(万元)。

(6)如果胡先生2年前购买了一份人寿保险，保险金额为200万元，指定受益人为囡囡，则继承完成后囡囡名下的总资产为(　　)万元。

A. 235　　B. 101.67　　C. 91.67　　D. 135

【解析】胡先生第一顺序继承人中包括：囡囡、胡母、邹女士三人，而各继承人应按照等分标准划分遗产，所以囡囡可获得的遗产额为35万元，如果胡先生2年前购买了一份人寿保险，保险金额为200万元，指定受益人为囡囡，被保险人身故后，寿险的保险金直接归受益人所有，不属于被保险人的遗产，则继承完成后囡囡名下的总资产为：35＋200＝235(万元)。

5. 冯老先生现年78岁，和老伴相依为命，膝下有三个孩子，冯老大、冯老二、冯老三。冯老二三年前因为车祸去世，留下两个儿子冯枫与冯强。冯老先生感到自己身体日渐虚弱，决定通过遗嘱分配自己的遗产。他先后留下两份遗嘱，第一份自书遗嘱将二老居住的价值40万的房屋留给大儿子，并由大儿子赡养老伴。第二份代书遗嘱将家中全部存款20万元平均分配给二儿媳妇和冯老三。2013年12月，冯老先生突发脑溢血，被送往医院抢救，在治疗期间冯老先生曾一度清醒，并留下口头遗嘱，将自己的全部遗产留给老伴。对此医院的医生与护士均可证明。后冯先生因抢救无效死亡。

根据以上材料回答(1)～(7)题。

(1)此案例没有涉及(　　)。

A. 遗嘱见证　　B. 遗嘱继承　　C. 遗赠　　D. 遗嘱效力

【解析】遗赠是公民以遗嘱方式将个人财产赠给国家、集体或者法定继承人以外的人，而于其死亡时发生法律效力的民事行为。

---

(3)C　(4)B　(5)C　(6)A　5(1)C

(2)冯老先生的口头遗嘱(　　)。
A. 有效，个人可以根据自己的意愿处理财产
B. 有效，有医生和护士作为见证人
C. 无效，因为遗产已经通过自书和代书遗嘱分配
D. 无效，因为没有指定见证人

【解析】遗嘱人在危急情况下，可以立口头遗嘱。口头遗嘱应当有两个以上见证人在场见证。

(3)冯老先生的遗产包括(　　)。
A. 40 万房产，存款 20 万　　B. 40 万房产，存款 10 万
C. 20 万房产，存款 10 万　　D. 存款 10 万

【解析】夫妻在婚姻家庭中地位平等，有相互继承遗产的权利。房产和存款都属于夫妻的共同财产，夫妻双方各占一半，则冯老先生的遗产包括价值 20 万元的房产和 10 万元的存款。

(4)冯老先生的遗产应按照(　　)继承。
A. 法定原则　　B. 自书遗嘱
C. 口头遗嘱　　D. 自书遗嘱、代书遗嘱、口头遗嘱

【解析】《民法典》第一千一百四十二条规定，遗嘱人可以撤销、变更自己所立的遗嘱。立有数份遗嘱，内容相抵触的，以最后的遗嘱为准。

(5)冯老先生的老伴可以分得冯老先生(　　)的遗产。
A. 24 万房产，12.5 万存款　　B. 25 万房产，12.5 万存款
C. 5 万房产，2.5 万存款　　D. 20 万房产，10 万存款

【解析】本案中以冯老先生最后的口头遗嘱为准，所以冯老先生的老伴将获得冯老先生的所有遗产，即价值 20 万元的房产和 10 万元的存款。

(6)冯枫可以分得价值(　　)万元的遗产。
A. 0　　B. 1.25　　C. 3.75　　D. 4

【解析】本案中以冯老先生最后的口头遗嘱为准，所以冯枫没有任何遗产可以继承。

(7)冯老大可以分得价值(　　)万元的遗产。
A. 0　　B. 20　　C. 6.5　　D. 7.5

【解析】本案中以冯老先生最后的口头遗嘱为准，所以冯老大没有任何遗产可以继承。

6. 张伟，男，56 岁；刘翠，女，55 岁，二人均早年丧偶，张伟的儿子丁丁，1998 年参加工作后和父亲分开居住。刘翠身边有一个儿子东东。1999 年张伟与刘翠经人介绍结婚，东东跟着他们在一起生活。2000 年，刘翠因病去世，没有留下遗嘱。
根据以上材料回答(1)~(3)题。
(1)(　　)不属于刘翠的法定继承人。
A. 张伟　　B. 丁丁　　C. 东东　　D. 无法确定

(2)B　(3)C　(4)C　(5)D　(6)A　(7)A　6(1)B

【解析】继子女是指妻与前夫的子女或者夫与前妻的子女。继子女只有与其继父母形成了抚养教育关系，才有权继承其继父母的遗产。

(2)下列(　　)说法是正确的。

A. 刘翠的遗产要按照法定继承分配

B. 丁丁可以通过转继承获得刘翠的遗产

C. 丁丁可以通过代位继承获得刘翠的遗产

D. 本案例中涉及到遗赠扶养关系

【解析】法定继承是指全体继承人按照《民法典》规定的继承人范围、继承人顺序、遗产分配原则等继承遗产的一种继承方式。当被继承人生前未立遗嘱处分其财产或遗嘱无效时，应按法定继承的规定继承。题中，刘翠没有立遗嘱，因此她的遗产要按照法定继承分配。

(3)关于父母子女关系的说法中正确的是(　　)。

A. 养父母离婚，养父母与养子女间的权利义务消除

B. 非婚生子女对其生父母不享有继承权

C. 继兄弟姐妹之间没有继承权

D. 形成抚养关系的继父母与其继子女之间能发生继承关系

【解析】根据《民法典》的规定，本法所说的子女，包括婚生子女、非婚生子女、养子女和有抚养关系的继子女，继子女只有与其继父母形成了抚养教育关系，才有权继承其继父母的遗产。

7. 叶天是某大学的退休老师，热心公益事业。叶天的父母、妻子早已亡故，有一个儿子叶强，已长大成人并结婚单过，对叶天捐助公益事业十分不满。2012 年 3 月 5 日，叶天亲笔立下遗嘱，要将自己多年的积蓄 50 万捐献给某公益机构，自己居住的房子赠给学生胡志军。2012 年 6 月 10 日，叶天突然精神失常，一直没有医治好。2013 年 7 月，叶天去世。叶天惟一的弟弟叶明原是一家上市公司的会计师，2012 年 5 月 10 日出车祸致残，生活不能自理，一直由某家护理机构照料，叶天负担其所有的费用和开支。丧事料理完毕后，某公益机构和胡志军都要求按照遗嘱处分叶天的遗产，遭到叶强的拒绝。经查，叶天在 2010 年 6 月还给自己买了一份人寿保险，保额 10 万，但没有指定受益人。

根据以上材料回答(1) ~ (8)题。

(1)(　　)是本案涉及的法律关系。

A. 遗嘱继承和法定继承　　B. 法定继承和遗赠

C. 遗赠　　D. 遗赠扶养协议

【解析】法定继承是指全体继承人按照《民法典》规定的继承人范围、继承人顺序、遗产分配原则等继承遗产的一种继承方式。子女属于第一顺序法定继承人。遗赠是公民以遗嘱方式将个人财产赠给国家、集体或者法定继承人以外的人，而于其死亡时发生法律效力的民事行为。

(2)关于遗嘱，下列说法正确的是(　　)。

---

(2) A　(3) D　7(1) B　(2) D

A. 遗嘱必须办理公证
B. 遗嘱可以在遗嘱人死亡时生效，也可以由遗嘱人自行确定遗嘱生效的时间
C. 遗嘱是一种多方法律行为
D. 遗嘱设立后，遗嘱人可以随时变更或撤销遗嘱

【解析】遗嘱人可以随时变更或者撤销遗嘱。A 项，遗嘱的法定方式有公证遗嘱、自书遗嘱、代书遗嘱、录音录像遗嘱和口头遗嘱；B 项，遗嘱是于遗嘱人死亡后才发生法律效力的民事行为；C 项，遗嘱是一种单方法律行为，只要有遗嘱人一方的意思表示即可成立，不需征得他方的同意。

(3)叶强拒绝按照遗嘱处理财产，下列(　　)理由可以使他的要求成立。
A. 他是惟一合法的继承人，应该继承所有遗产
B. 叶天是无民事行为能力的人，遗嘱无效
C. 遗产应当保留叶明的份额
D. 遗产中应有他的必留份额

【解析】遗嘱应当为缺乏劳动能力又没有生活来源的继承人保留必要的遗产份额。题目中，叶天唯一的弟弟叶明身体残疾，生活不能自理，遗产应当保留叶明的份额。

(4)在本案例中，(　　)属于法定第一顺序继承人。
A. 某公益机构　　B. 叶强　　C. 叶明　　D. 胡志军

【解析】法定第一顺序继承人包括：配偶、子女、父母以及对公婆、岳父母尽了主要赡养义务的丧偶儿媳和丧偶女婿，所以叶强作为叶天的儿子属于法定第一顺序继承人。

(5)关于胡志军在本案例的权利，说法正确的是(　　)。
A. 胡志军最后不能取得对房子的继承
B. 胡志军是遗嘱继承人
C. 胡志军应当在知道叶天将房子留给他的两个月内明确做出接受的表示，到期没有表示接受的，视为放弃
D. 胡志军无权放弃房产

【解析】受遗赠人在知道或应当知道受遗赠后六十日内没有表示的，视为放弃受遗赠。

(6)从本案例中不能得到体现的是(　　)。
A. 遗嘱是否有效也是影响遗产分配的重要因素
B. 遗嘱人在立遗嘱以后必须是完全民事行为能力的人
C. 遗嘱并不能完全消除争议
D. 遗嘱人通过遗嘱还不能完全实现自己的意愿

【解析】从上题知，遗嘱是否有效也是影响遗产分配的重要因素，遗嘱人通过遗嘱还不能完全实现自己的意愿，所以遗嘱并不能完全消除争议。

(7)关于叶天人寿保险金的分配，(　　)说法正确。
A. 叶强是第一顺序继承人，全部由其获得
B. 叶明是第二顺序继承人，不能参与分配

---

(3)C　(4)B　(5)C　(6)B　(7)A

C. 胡志军可以参与分配

D. 叶明可以获得部分

【解析】本题中，叶强是第一顺序继承人，叶明是第二顺序继承人，根据《民法典》的规定，继承开始后，由第一顺序继承人继承，第二顺序的继承人不继承；没有第一顺序继承人继承的，由第二顺序继承人继承。

(8)关于本案，(　　)说法正确。

A. 某公益机构不是自然人，不能取得50万

B. 胡志军与叶强在继承叶天的遗产问题上，所享有的法律上的权利是一致的

C. 叶天可以以叶强为受托人，叶明为受益人设立信托

D. 理财师分析本案例时，需要了解客户婚姻的有效性

【解析】由题意叶天的妻子早已亡故，所以理财师分析本案例时，不需要了解客户婚姻的有效性，而且遗嘱人须对财产享有处分权，遗嘱应当对缺乏劳动能力又没有生活来源的继承人保留必要的遗产份额，叶明可以获得部分，所以叶天可以以叶强为受托人，叶明为受益人设立信托。

8. 李志和妻子胡丽2005年8月5号出行遭遇车祸，李志当场死亡，胡丽送往医院抢救无效后去世。夫妇俩生前居住的房子价值人民币50万元。李志遗有伤残补助金6万元。胡丽2002年以个人名义在单位集资入股获得收益4万元。李志夫妇有一个儿子李达，于2001年病故，李达和妻子马娜生育有一个儿子李飞，父亲去世后随母亲改嫁，李志夫妇年老体弱，一直由李志的表侄鲁明及改嫁儿媳马娜照顾。

根据以上材料回答(1)~(6)题。

(1)李志的伤残补助金、胡丽的集资入股收益的性质为(　　)。

A. 伤残补助金和集资收益均为个人财产

B. 伤残补助金为个人财产，集资收益为夫妻共同财产

C. 伤残补助金为夫妻共同财产，集资收益为个人财产

D. 伤残补助金和集资收益均为夫妻共同财产

【解析】婚姻关系存续期间所得的下列财产，为夫妻的共同财产，归夫妻共同所有：①工资、奖金、劳务报酬；②生产、经营、投资的收益；③知识产权的收益；④继承或者受赠的财产，但是《民法典》第一千零六十三条规定的除外；⑤其他应当归共同所有的财产。有下列情形之一的，为夫妻一方的财产：①一方的婚前财产；②一方因受到人身损害获得的赔偿或者补偿；③遗嘱或赠与合同中确定只归夫或妻一方的财产；④一方专用的生活用品；⑤其他应当归一方的财产。

(2)下列关于鲁明身份的说法，(　　)正确。

A. 鲁明是李志的法定继承人

B. 在特定条件下，鲁明可以作为遗赠受赠人

C. 在某种情形下，鲁明也可以作为遗嘱继承人

D. 在特定条件下，鲁明可以被视为法定继承人

【解析】遗赠与遗嘱继承都是通过遗嘱方式处分财产，遗嘱继承人只能是法定继承人范围

---

(8)C　8(1)B　(2)B

以内的人，而受遗赠人可以是法定继承人以外的公民，也可以是国家或集体单位。

(3)关于李飞，(　　)说法正确。

A. 按照法律规定，李飞是李志的第二顺序继承人

B. 在本案例中，李飞不可以获得胡丽的遗产

C. 在本案例中，李飞可以代位继承李志的遗产

D. 在本案例中，李飞随母改嫁，与李志夫妻没有法定身份关系

【解析】被继承人的子女先于被继承人死亡的，由被继承人的子女的直系晚辈血亲代位继承。

(4)关于马娜的说法正确的是(　　)。

A. 马娜不能继承遗产，因为她不是李志夫妇的法定继承人

B. 马娜可以继承遗产，因为她属于李志夫妇第二顺序继承人

C. 马娜可以代其丈夫继承李志夫妇的遗产

D. 马娜可以作为第一顺序继承人继承李志夫妇的遗产

【解析】根据我国《民法典》的规定，丧偶儿媳对公婆，丧偶女婿对岳父母，尽了主要赡养义务的，作为第一顺序继承人。

(5)对于理财师而言，(　　)对分析本案例没有意义。

A. 了解李志夫妇的死亡时间　　B. 掌握李志夫妇的财产数额

C. 了解李达的财产情况　　D. 了解李达的死亡时间

【解析】C 项，李达的财产在其死亡后所有权会发生转移。

(6)下列关于李志夫妇财产继承的说法，(　　)正确。

A. 胡丽的遗产就是她与李志共同生活期间的个人财产部分

B. 李飞对李志夫妇的财产继承中发生代位继承关系

C. 马娜在婚后所生子女也可以继承胡丽的遗产

D. 鲁明可以转继承取得胡丽的遗产

【解析】B 项，被继承人的子女先于被继承人死亡时，由被继承人的子女的直系晚辈血亲代位继承。因此，李飞可代位继承应属于李达的遗产。

9. 周峰(男)和刘玉(女)1960 年结婚，婚后无子女，收养周天为养子。周天成年后娶妻赵琳，生一女周美。2003 年 6 月周天外出时出车祸身亡。之后，赵琳承担赡养义务。2004 年 8 月周峰到某公证处立遗嘱一份，其内容大致为：将其财产中的房屋留给妻子刘玉，存款留给周美。经查，周峰夫妇共有房屋 6 间，存款 2 万元。2005 年初，周峰去世。

根据以上材料回答(1) ~ (6)题。

(1)本案中所涉及的房屋和存款属于(　　)。

A. 周峰的个人财产　　B. 周峰夫妇的夫妻共有财产

C. 周峰夫妇按份共有的财产　　D. 刘玉的个人财产

【解析】夫妻共同所有的财产，除有约定的外，遗产分割时，应当先将共同所有的财产的一半分出为配偶所有，其余的为被继承人的遗产。夫妻共同财产为夫妻共有的财产，案

---

(3)C　(4)D　(5)C　(6)B　9(1)B

例中所涉及的房屋和存款属于周峰夫妇的夫妻共有财产。

(2)周峰的遗产为(　　)。

A. 房屋6间　　B. 存款2万元

C. 房屋6间，存款1万元　　D. 房屋3间，存款1万元

【解析】遗产指自然人死亡时遗留的个人合法财产。夫妻共同所有的财产，除有约定的外，遗产分割时，应当先将共同所有的财产的一半分出为配偶所有，其余的为被继承人的遗产。

(3)本案中，周峰如果没有立遗嘱，其遗产应当法定继承，则继承人为(　　)。

A. 刘玉　　B. 刘玉、周美

C. 刘玉、周美、赵琳　　D. 周美

【解析】继承开始后，由第一顺序继承人继承，第二顺序继承人不继承；没有第一顺序继承人继承的，由第二顺序继承人继承。第一顺序继承人为配偶、子女、父母以及对公婆、岳父母尽了主要赡养义务的丧偶儿媳和丧偶女婿。

(4)本案中，周峰遗产分割完毕后，刘玉的财产为(　　)。

A. 房屋6间，存款1万元　　B. 房屋4间半，存款1万五千元

C. 房屋6间，没有存款　　D. 房屋3间，存款1万元

【解析】夫妻共同所有的财产，除有约定的外，遗产分割时，应当先将共同所有的财产的一半分出为配偶所有，其余的为被继承人的遗产。即刘玉拥有的财产为房屋3间，存款1万元。另外，周峰遗嘱中将自己的3间房产归于刘玉。在周峰遗产分割完毕后，刘玉的财产为房屋6间和存款1万元。

(5)本案中，周美继承的遗产份额为(　　)。

A. 房屋1间半，存款五千元　　B. 房屋3间，没有存款

C. 存款1万元，没有房屋　　D. 存款2万元，没有房屋

【解析】C项，周美继承的只是属于周峰的存款1万元。

(6)如果周峰生前就本案例中的事务进行规划，那么该规划属于(　　)。

A. 子女教育规划　　B. 现金规划

C. 风险管理规划　　D. 财富传承规划

【解析】财富传承规划可以归纳为：基于委托人的意愿，通过运用相关工具、方法和安排，有效降低债务、税务、财产所有权变更等因素带来的财富损失，以财富保值为目标实施财产分配。

10. 高老病逝，生有二子高大、高二，领养一子高三，妻子尚在。留有房屋六间，存款24万元，人身保险一份，指定受益人为高老妻子。高老酷爱字画，留有名人字画若干。生前立有遗嘱，把自己全部字画留给小儿子高三。

根据以上材料回答(1)~(5)题。

(1)高老的遗产应当先按照(　　)方式继承。

---

(2)D　(3)C　(4)A　(5)C　(6)D　10(1)D

A. 法定继承　　B. 协商继承　　C. 抚养继承　　D. 遗嘱继承

【解析】我国《民法典》规定，当继承开始后，遵循遗嘱继承优先于法定继承原则，即有遗嘱的，按照遗嘱继承或者遗赠办理；有遗赠抚养协议的，按照协议办理。因此，如果留有遗嘱，首先应按遗嘱继承方式分割被继承人的财产。

(2)下列各项中不能作为遗产继承的是(　　)。

A. 房屋　　B. 存款　　C. 养老保险金　　D. 名人字画

【解析】C 项，遗产必须是非专属于死者自身的财产。有些财产依其人身专属性不具有可继承性，因此不得继承。如养老保险金请求权，被保险人死亡后则该种权利归于消灭。

(3)下列不属于高老第一顺序继承人的是(　　)。

A. 高大　　B. 高三　　C. 高老的妻子　　D. 高老的哥哥

【解析】《民法典》第一千一百二十七条规定，遗产按照下列顺序继承：第一顺序继承人为：配偶、子女、父母以及对公婆、岳父母尽了主要赡养义务的丧偶儿媳和丧偶女婿；第二顺序：兄弟姐妹、祖父母、外祖父母。高老的哥哥是第二顺序继承人。

(4)同一顺序继承人之间一般按照(　　)标准划分遗产。

A. 长幼　　B. 经济收入

C. 与被继承人关系的亲疏　　D. 等分

【解析】《民法典》第一千一百三十条规定，同一顺序继承人继承遗产的份额，一般应当均等。

(5)就存款而言，高老的妻子可以分得的数额为(　　)万元。

A. 6　　B. 10　　C. 15　　D. 20

【解析】夫妻共同所有的财产，除有约定的外，遗产分割时，应当先将共同所有的财产的一半分出为配偶所有，其余的为被继承人的遗产。首先要进行夫妻财产分割，将属于妻子的财产分出去，一般是均分。剩余部分在第一顺序继承人中均分。题中妻子应分得的数额为：$24/2+(24/2)\div 4=15$(万元)。

---

(2)C　(3)D　(4)D　(5)C

第八章　中小企业主理财规划

一、单选题(下列选项中只有一项最符合题目要求，请将正确选项的代码填入括号内)

1. 解决中小企业资金难题可以使用“开源节流”的手段，其中“开源”主要的方式包括(　　)。[2018 年 10 月真题]

A. 银行借贷、小贷公司　　B. 小贷公司、现金管理

C. 银行借贷、税务筹划　　D. 税务筹划、现金管理

【解析】中小企业资金难题可以使用“开源节流”的手段，“开源”主要是通过拓宽外部资金来源来增加现金流，手段是融资，主要有银行借贷、小贷公司等。“节流”主要是通过内部管理手段，减少或避免不必要的支出，使企业合理地使用现有资金。主要方式有税务筹划和现金管理等。

2. 根据中小企业主的人群分类特征，一般而言，(　　)类型的中小企业主经常与资金方打交道，对投资感兴趣，并精通投资，且通常具有多年的资本运作经验，对银行依赖度很低。[2018 年 6 月真题]

A. 紧密联系型　　B. 业余投资爱好者

C. 企业主导　　D. 精明生意人

【解析】按照中小企业主资产特征、投资需求和人口特征等方面可以将中小企业主简单地分为业余投资爱好者、精明生意人和企业主导型企业主。精明生意人是指经常与资金方打交道，对投资感兴趣，并精通投资的企业主，通常具有多年的资本运作经验，对银行依赖度很低。

3. 公司年末会计报表上部分数据为：流动负债 60 万元，流动比率为 2，速动比率 1.2，销售成本为 100 万元，年初存货为 52 万元，则本年度存货周转次数为(　　)。[2018 年 6 月真题]

A. 2 次　　B. 1.65 次　　C. 1.45 次　　D. 2.3 次

【解析】根据流动比率 = 流动资产 ÷ 流动负债，流动资产 = 60 × 2 = 120(万元)；根据速动比率 =(流动资产 − 期末存货)÷ 流动负债，期末存货 = 120 − 1.2 × 60 = 48(万元)；存货周转次数 = 销售成本 ÷ 存货平均余额 = 100 ÷ [(52 + 48) ÷ 2] = 2(次)。

4. 2014 年 A 公司财务报表的部分信息如下：净利润 300 万元，销售收入 2000 万元，总资产平均余额 1000 万元，负债股东权益比 = 1∶2。则 A 公司的净资产收益率为(　　)。[2018 年 6 月真题]

A. 35%　　B. 45%　　C. 40%　　D. 25%

【解析】资产周转率 = 销售收入 ÷ 资产总额 = 2000 ÷ 1000 = 2，净资产收益率 = 资产收益率 × 权益乘数 = 销售利润率 × 资产周转率 × 资产总额 ÷ 所有者权益 =(300 ÷ 2000)× 2 ×(1 + 2)÷ 2 = 45%。

1A　2D　3A　4B

5. 对于中小企业而言，理财的目标除了应具有普通企业的资金安全性、流动性与收益性的理财目标外，还包括(　　)。[2017年10月真题]

A. 保证资金安全，规避资金风险　　B. 使资金最大限度地升值

C. 保证资金流的充足性　　D. 企业和个人风险的有效隔离

【解析】一般而言，企业理财的主要目标包括保证资金安全，规避资金风险，保证资金流的充足性，以应对内外部压力，使资金最大限度地升值。对于中小企业而言，理财的目标不仅包括资金安全性、流动性与收益性，还面临其他问题，其中包括企业经营必需的资金需求、企业和个人风险的有效隔离等。

6. 中小企业融资需求特征一般具有(　　)的特点。[2019年6月真题]

A. 周期长、频率高、额度小　　B. 周期长、频率低、额度小

C. 周期短、频率低、额度小　　D. 周期短、频率高、额度小

【解析】中小企业融资需求一般具有"周期短、频率高、额度小"的特点。由于生产规模小，企业自身的资产规模不大，相对而言，信用级别较低是造成中小企业融资难的关键。从银行角度来看，中小企业信贷成本效益低，中小企业单体小，对银行消耗的人力、物力、财力相对比较大，回报较小，这影响了银行对中小企业贷款的积极性。同时，由于资产规模不大，中小企业普遍缺乏抵押物，因此很多中小企业都是因此被挡在了银行的大门之外。

7. 一般而言，获利能力指标主要包括(　　)等财务指标。[2016年11月真题]

A. 销售利润率、资产负债率、净资产利润率、现金比率

B. 实收资本利润率、资产负债率、净资产利润率、基本获利率

C. 销售净利润率、实收资本利润率、净资产利润率、基本获利率

D. 已获利息倍数、销售利润率、实收资本利润率、现金比率

【解析】获利能力分析反映的是企业获取利润的能力，有如下几类：①销售净利润率；②净资产利润率(从所有者和债权人双方的共同角度考察)；③实收资本利润率；④净资产利润率(从所有者角度考察)；⑤基本获利率。对于上市公司而言，每股收益、每股股利和市盈率等与公司股票表现相关的指标也是需要关注的获利能力指标。

8. 存货流动性将直接影响企业的流动比率，因此，企业特别重视对存货的分析。下列有关存货流动性的表述，错误的是(　　)。[2015年10月真题]

A. 一般来说，存货周转次数越多，周转天数越少

B. 销售收入越高，存货周转率越低

C. 用时间表示的存货周转率就是存货周转天数

D. 存货的流动性，一般用存货的周转速度指标来反映，即存货周转次数或存货周转天数

【解析】存货周转率反映的是企业存货周转次数，包括存货周转次数和存货周转天数两个指标：①存货周转次数 = 销售成本/存货平均余额。存货周转次数越多，说明企业存货周转速度快，企业存货管理水平高。②存货周转天数 = 存货平均余额 × 360/销售成本。存货周转天数越少，说明存货周转次数越多，存货管理水平越高。B项，存货周转率和销售成本有关，和销售收入无关。

5D　6D　7C　8B

9. 中小企业的财务分析师想了解和掌握一些基本财务比率。下列指标属于偿债能力分析指标的是(　　)。[2015 年 10 月真题]

A. 资产负债率　　B. 应收账款周转次数

C. 基本获利率　　D. 净资产利润率

【解析】偿债能力分析是指企业偿还到期债务的能力。通过偿债能力分析指标，一方面可以看出企业偿还长、短期债务的能力和存在的风险，另一方面也能看出企业运用现金、借款的能力。偿债能力分析指标主要有以下几项：①流动比率；②速动比率；③现金比率；④资产负债率；⑤有形资本负债率；⑥产权比率；⑦已获利息倍数。B 项属于资产运营能力指标；CD 两项属于获利能力指标。

10. 按照资产特征、投资需求等方面可将中小企业主进行简单地分类，不同类别的中小企业主在理财需求和理财渠道偏好上具有明显的差异。其中，以财富增值为主要理财目标，但普遍对自己的风险承受能力不清楚，企业经营过程中有一定的融资需求，希望及时了解有关行业信息。在渠道上倾向于物理网点和网上银行，喜欢通过论坛和讲座获取信息的中小企业主为(　　)。[2015 年 10 月真题]

A. 风险偏好型　　B. 精明生意人　　C. 企业主导型　　D. 业余投资爱好者

【解析】业余投资爱好者是指企业发展到一定规模，但由于自身原因和忙于工作，普遍缺乏理财知识，片面追求高收益的产品的中小企业主。他们一般具有以下特征：①资产及投资特征：a. 在企业上投入大量时间，对投资理财不太熟悉。b. 积累了大量资产，并且个人资产和企业资产分离。c. 喜欢购买各种理财产品，除收益率外，不太关注其他特征。②人口特征：以 40～60 岁为主，年龄偏大。制造业和商贸业企业主较多。③理财需求：以财富增值为主要理财目标，但普遍对自己的风险承受能力不清楚；企业有一定的融资需求，同时，企业主希望能及时了解行业相关信息。④渠道偏好：倾向于物理网点和网上银行，喜欢通过论坛和讲座获取信息。

11. 下列属于对中小企业进行界定的定量方面的指标是(　　)。

A. 企业的组织形式　　B. 所处行业地位

C. 融资方式　　D. 资产总值

【解析】多数国家对中小企业的界定从定性和定量两方面进行。其中，定性的指标主要包括企业的组织形式、融资方式及所处行业地位等；定量的指标则主要包括雇员人数、实收资本、资产总值等。

12. 阳光超市拥有营业员 15 人，营业收入为 150 万元，则阳光超市属于(　　)。

A. 大型企业　　B. 中型企业　　C. 小型企业　　D. 微小型企业

【解析】零售业企业划型标准如表 8－1 所示。

表 8－1　零售业企业划型标准

行业名称	指标名称	单位	大型	中型	小型	微小
零售业	从业人员数	人	≥300	50～300	10～50	<10
	营业收入	万元	≥20000	500～20000	100～500	<100

9A　10D　11D　12C

13. 对于建筑业，营业收入______万元及以上，且资产总额______万元及以上的为中型企业。(　　)

A. 3000；3000　　B. 3000；5000　　C. 6000；5000　　D. 5000；3000

【解析】对于建筑业，营业收入 80000 万元以下或资产总额 80000 万元以下的为中小微型企业。其中，营业收入 6000 万元及以上，且资产总额 5000 万元及以上的为中型企业；营业收入 300 万元及以上，且资产总额 300 万元及以上的为小型企业；营业收入 300 万元以下或资产总额 300 万元以下的为微型企业。

14. 对于交通运输业，从业人员______人及以上，且营业收入______万元及以上的为小型企业。(　　)

A. 20；300　　B. 20；200　　C. 30；500　　D. 50；300

【解析】对于交通运输业，从业人员 1000 人以下或营业收入 30000 万元以下的为中小微型企业。其中，从业人员 300 人及以上，且营业收入 3000 万元及以上的为中型企业；从业人员 20 人及以上，且营业收入 200 万元及以上的为小型企业；从业人员 20 人以下或营业收入 200 万元以下的为微型企业。

15. 某宾馆服务人员 9 人，营业收入为 80 万，根据《关于印发中小企业划型标准规定的通知》的规定，该宾馆属于(　　)。

A. 大型企业　　B. 中型企业　　C. 小型企业　　D. 微型企业

【解析】对于住宿业，从业人员 300 人以下或营业收入 10000 万元以下的为中小微型企业。其中，从业人员 100 人及以上，且营业收入 2000 万元及以上的为中型企业；从业人员 10 人及以上，且营业收入 100 万元及以上的为小型企业；从业人员 10 人以下或营业收入 100 万元以下的为微型企业。

16. 下列关于中小企业主家庭特征说法不正确的是(　　)。

A. 带有浓厚的企业特征

B. 企业建立初期一家人共同打拼

C. 步入正轨后，企业经营和家庭生活的两个中心会在家庭成员中有所分工

D. 家庭重组现象较少

【解析】大部分中小企业主是白手起家，作为群体来看，企业经营往往占据了他们生活的主要方面，因此家庭特征带有浓厚的企业特征。一般而言，在企业建立初期他们往往是一家人共同打拼。随着企业步入正轨后，企业经营和家庭生活的两个中心会在家庭成员中有所分工。与其他家庭一样，中小企业主的家庭重组现象较为常见。

17. 在企业经营过程中，中小企业主往往采用(　　)形式来经营，且企业的商业伙伴比较集中，因此面临来自于这两个方面的信用风险对中小企业主影响巨大。

A. 合伙　　B. 个人独资　　C. 有限责任　　D. 无限责任

【解析】在企业经营过程中，中小企业主往往采用合伙形式来经营，且企业的商业伙伴比较集中，因此面临来自这两个方面的信用风险对中小企业主影响巨大。此外，企业的组织形式也会给中小企业主带来风险。如果企业采用无限责任公司的形式，那么中

13C　14B　15D　16D　17A

小企业主将会对企业的债务承担连带责任。如果采用有限责任公司的形式，注册资金不实、利用公司的设立、变更逃避债务、财产混同、业务混同也会造成对公司债务承担连带责任。

18. 精明生意人的资产及投资特征不包括(　　)。

A. 对私人银行服务及创新产品均有较多的了解

B. 较多进行股票和不动产投资

C. 大多属于风险厌恶投资者

D. 可投资金融资产总量不多

【解析】C 项，精明生意人虽然可投资金融资产总量不多，他们普遍有比较高的风险偏好。

19. (　　)风险承受能力较低，希望能够稳步以财富增值为主要理财目标。

A. 业余投资爱好者　　B. 精明生意人

C. 企业主导型企业主　　D. 投资主导型企业主

【解析】业余投资爱好者以财富增值为主要理财目标，但普遍对自己的风险承受能力不清楚；精明生意人风险承受能力较高，以财富增值为主要理财目标；企业主导型企业主风险承受能力较低，希望能够稳步以财富增值为主要理财目标。

20. 中小企业理财的特点不包括(　　)。

A. 企业融资需求迫切　　B. 资产保值需求强烈

C. 风险隔离要求规范　　D. 财务管理需求强烈

【解析】中小企业理财的特点包括：企业融资需求迫切、风险隔离要求规范以及财务管理需求强烈。

21. 中小企业基本财务比率分析的内容不包括(　　)。

A. 偿债能力分析　　B. 资产运营能力分析

C. 获利能力分析　　D. 融资能力分析

【解析】中小企业基本财务比率分析主要包括偿债能力分析、资产运营能力分析和获利能力分析等三方面。

22. (　　)反映的是资本结构，用于衡量企业财务结构是否稳健及企业的长期偿债能力。

A. 资产负债率　　B. 流动比率　　C. 产权比率　　D. 速动比率

【解析】产权比率 = 负债总额/所有者权益总额。产权比率反映的是资本结构，用于衡量企业财务结构是否稳健及企业的长期偿债能力。产权比率高说明高风险、高报酬的财务结构，反之则相反。

23. (　　)的公式为净利润/资产平均总额。

A. 销售净利润率　　B. 净资产利润率

C. 实收资本利润率　　D. 基本获利率

【解析】A 项，销售净利润率 = 净利润/销售收入净额；C 项，实收资本利润率 = 净利

18C　19C　20B　21D　22C　23B

润/实收资本；D 项，基本获利率 = 息税前利润/总资产平均余额。

24. 流动资金管理措施不包括(　　)。
A. 编制现金预算，加强资金调控
B. 加强投资方案评价，积极防范投资风险
C. 采取融资渠道多元化，确保现金流充盈
D. 合并会计与出纳职能，确保资金安全
【解析】对于中小企业而言，为保证现金的安全性，应建立适应自身情况的现金收支控制程序，做到会计与出纳分开。在此基础上，所有现金收入应每天结算后如数存入银行；对所有主要的现金支出均应使用支票结算或通过支票控制；收支均需做好凭证，并由专人管理和记录。

25. 下列关于应收账款周转率的说法，不正确的是(　　)。
A. 应收账款周转率是反映企业获利能力的指标
B. 应收账款周转率包括应收账款周转次数和应收账款周转天数两个指标
C. 应收账款周转次数 = 企业销售收入净额/应收账款平均余额
D. 应收账款周转次数越多，说明企业应收账款变现能力越强
【解析】A 项，应收账款周转率是反映企业资产运营能力的指标。

26. 下列关于信用期的制定的说法，不正确的是(　　)。
A. 信用期的制定可分为三步
B. 首先应该计算延长信用期所增加的利润
C. 最后计算放宽信用条件而需增加的资金占用额
D. 信用期的制定还需要考虑赊账企业的信用标准
【解析】信用期的制定可分为三步，首先，计算延长信用期所增加的利润；其次，计算放宽信用条件而需增加的资金占用额；最后，比较有利的信用期。信用期的制定还需要考虑赊账企业的信用标准，一般通过“5C”系统进行，即评估对方的品质(Character)、能力(Capacity)、资本(Capital)、抵押品(Collateral)和条件(Condition)，以更全面地考察信用期的制定。

27. 下列关于企业融资的说法错误的是(　　)。
A. 债务方式主要有银行借款、企业发行债券和民间借贷
B. 银行借款具有节税功能
C. 企业发行债券尽量不要选择定期还本付息方式
D. 民间借贷具有很强的操作空间
【解析】在企业融资方面，从债务方式选择上，主要有银行借款、企业发行债券和民间借贷三大类。银行借款的成本主要是利息，可在税前扣除，所以具有节税功能；企业发行债券的利息可计入成本，要尽量选择定期还本付息方式，使企业在债券有效期内不用付息；民间借贷具有很强的操作空间，企业可选择有利于自己的方案。

28. 目前，随着人才竞争的加剧，下列哪项措施不是企业吸引人才的重要条件？(　　)

24D　25A　26C　27C　28D

A. 补充养老保险　　B. 补充医疗保险

C. 企业年金　　D. 基本养老保险

【解析】随着人才竞争的加剧，企业有没有补充养老保险、补充医疗保险和企业年金，已经成为吸引人才的重要条件，一些保险公司已经积极与地方劳动保障部门合作，参与企业补充医疗保险和养老保险的业务，发挥专业优势，提供管理服务。

29. 中小企业闲置资金理财主要投资于(　　)。

A. 高收益的产品　　B. 低风险性的产品

C. 高流动性的产品　　D. 低流动性的产品

【解析】很多中小企业都面临资金紧缺的问题，较少存有闲置的资金，即使有闲置资金投资理财，其对流动性的要求也处在第一位，所以企业闲置资金理财主要投资于高流动性的产品。

30. 产权比率反映的企业财务指标是(　　)。[2020 年 10 月真题]

A. 流动比率　B. 资产负债率　C. 已获利息倍数　D. 资本结构

【解析】产权比率反映的是资本结构，用于衡量企业财务结构是否稳健及企业的长期偿债能力。产权比率高说明高风险、高报酬的财务结构，反之则相反。在经济萧条时，产权比率高说明负债占比大，利息支出和财务风险大，长期偿债能力差。但在通货膨胀时，产权比率高有利于发挥财务杠杆作用获取额外利润。

二、**多选题**(下列选项中有两项或两项以上符合题目要求，请将符合题目要求选项的代码填入括号内)

1. 在经济萧条时，产权比率高说明企业的(　　)。[2018 年 6 月真题]

A. 财务风险大　B. 负债占比大　C. 利息支出多　D. 经营较稳健

E. 偿债能力好

【解析】产权比率 = 负债总额/所有者权益总额。产权比率反映的是资本结构，用于衡量企业财务结构是否稳健及企业的长期偿债能力。产权比率高说明高风险、高报酬的财务结构，反之则相反。在经济萧条时，产权比率高说明负债占比大，利息支出和财务风险大，长期偿债能力差。但在通货膨胀时，产权比率高有利于发挥财务杠杆作用获取额外利润。

2. 在实际操作中，一些非官方组织对中小企业的界定的特征包括(　　)。[2017 年 6 月真题]

A. 员工受教育程度低　　B. 没有固定管理结构

C. 市场占有率小，影响力弱　　D. 业务利润率低

E. 具有自主决策权

【解析】在实际操作中，一些非官方组织对中小企业的界定提出了三个特征：①市场占有率小，影响力弱；②没有固定的管理机构；③具有自己决策的自主权。

3. 对中小企业而言，在风险规避方面需要考虑的内容包括(　　)。[2016 年 11 月真题]

A. 为保障人才竞争优势为员工提供养老保险、医疗保险和企业年金等

29C　30D　▎　1ABC　2BCE　3ABD

B. 通过使用远期结售汇等金融工具锁定汇率波动风险
C. 为降低成本尽量减少保险支出
D. 为降低意外灾害，通过事先防范购买财产保险
E. 为股东和企业关键人物的风险进行管理

【解析】中小企业风险规避方面的内容包括：①汇率波动风险，很多银行有远期结售汇、期权、掉期业务，可以让企业锁定汇率成本，既能满足企业的资金需求，又能达到规避风险的目的；②财产保险，可以让中小企业在遭受意外灾害时，通过事先防范的措施，减轻企业在意外中所受的损失；③补充养老保险、医疗保险及企业年金，随着人才竞争的加剧，企业有没有补充养老保险和补充医疗保险及企业年金，已经成为吸引人才的重要条件。

4. 国民经济中，中小企业在下列(　　)方面起着重要的作用。[2016 年 6 月真题]
A. 保持社会稳定　B. 促进市场竞争　C. 增加就业机会　D. 分享社会资源
E. 增加财政收入

【解析】在国民经济中，中小企业在增加就业机会、促进市场竞争、保持社会稳定、增加财政收入等方面起着重要的作用。不同国家、不同经济发展的阶段、不同行业对其界定的标准不尽相同，且随着经济的发展而动态变化。

5. 相对于大型企业，中小企业具有以下(　　)的特点，同样也面临着经营风险高，资金周转需求旺盛，融资难，企业主个人和企业财务联系紧密的挑战。[2015 年 10 月真题]
A. 规模小　B. 投资见效快
C. 经营决策权高度集中　D. 机制灵活
E. 有效率

【解析】中小企业通常由个人或少数人发起设立，人员规模、资金规模与经营规模都比较小，在经营上多半是由企业主直接管理，因此企业主与企业之间关联度极高。相对于大型企业，中小企业具有企业规模小、投资见效快、经营决策权高度集中、机制灵活且有效率的特点，同样也面临着经营风险高，资金周转需求旺盛，融资难，企业主个人和企业财务联系紧密的挑战。

6. 按照中小企业主的资产特征，投资需求等方面内容可以将中小企业主简单地分为(　　)，不同类型的企业主的理财需求各不相同。[2015 年 10 月真题]
A. 企业主导型　B. 风险偏好者
C. 业余投资爱好者　D. 风险规避者
E. 精明生意人

【解析】按照中小企业主资产特征、投资需求和人口特征等方面可以将中小企业主简单地分为：①业余投资爱好者，即企业发展到一定规模，但由于自身原因和忙于工作，普遍缺乏理财知识，片面追求高收益的产品的中小企业主。②精明生意人，即经常与资金方打交道，对投资感兴趣，并精通投资的企业主，通常具有多年的资本运作经验，对银行依赖度很低。③企业主导型企业主，即中小企业主中个人与企业联系紧密的企业主，企业需求对个人理财的影响较大，风险承受能力较低。不同类型的企业主在理财需求和理

4ABCE　5ABCDE　6ACE

财渠道偏好上具有明显的差异。

7. 我国中小企业类型有(　　)。

A. 大型企业　　B. 中型企业　　C. 小型企业　　D. 微型企业

E. 小微型企业

【解析】2011 年，工业和信息化部、国家统计局、国家发展和改革委员会、财政部联合印发了《关于印发中小企业划型标准规定的通知》，将中小企业划分为中型、小型、微型三种类型，具体标准根据企业从业人员、营业收入、资产总额等指标，结合行业特点制定。

8. 就管理而言，从中小企业自身来看，中小企业面临着哪些问题？(　　)

A. 风险抵抗能力较弱　　B. 管理水平整体较低

C. 资金筹集渠道较窄　　D. 资金使用规划不足

E. 资本规模较大

【解析】一般就管理而言，从中小企业自身来看，面临着以下一些问题：①风险抵抗能力较弱；②管理水平整体较低；③资金筹集渠道较窄；④资金使用规划不足。

9. 中小企业风险抵抗能力较弱的原因有(　　)。

A. 资本规模较小　　B. 内部管理基础薄弱

C. 产品繁杂　　D. 投资见效快

E. 机制灵活且有效率

【解析】中小企业资本规模较小，决定了它们抗风险的能力先天不足，加上中小企业内部管理基础又薄弱，产品比较单一，市场风险很大，而市场风险很容易转变为企业的财务风险和银行的信贷风险，从而影响其信用等级。

10. 中小企业管理水平整体较低表现在(　　)。

A. 缺乏现代科学管理手段　　B. 内部控制制度不完善

C. 财务人员素质水平相对较差　　D. 成本核算缺乏真实的准确的数据资料

E. 易于确定企业生产的盈亏平衡点

【解析】许多中小企业缺乏现代科学管理手段，管理机构简单，专业性不强，内部控制制度不完善，甚至没有内部控制制度。财务人员素质水平相对较差，部分中小企业会计基础工作不健全，成本核算缺乏真实的准确的数据资料，企业内部缺乏科学有效的成本费用控制体系。囿于管理水平，中小企业难以确定企业生产的盈亏平衡点。

11. 中小企业主的性格特征包括(　　)。

A. 以自我为中心　　B. 斤斤计较

C. 做事干练　　D. 决策简练

E. 时间观念强

【解析】中小企业主一般都是私营业主，在企业中具有绝对的领导地位，企业的利益与自身利益之间联系紧密，一般而言，作为群体，中小企业主的性格有以下几个特色：①以自我为中心；②做事干练，作为整体，中小企业主的门槛较低，部分中小企业主

7BCD　8ABCD　9AB　10ABCD　11ACDE

的文化水平不高，但做事讲究实效，不斤斤计较；③决策简练；④时间观念强。

12. 中小企业主面临哪些风险？(　　)

A. 企业经营风险　　B. 个人人身风险

C. 家庭成员人身风险　　D. 资产传承风险

E. 资产保管风险

【解析】在实际生活中，中小企业主的生活与企业之间关联度较高，因此中小企业主所面临的风险不仅来自家庭，其中有很大一部分来自自己所开办的企业。一般而言，他们作为一个群体所面临的风险有：企业经营风险、个人人身风险和资产传承风险。

13. 中小企业的理财规划中最重要的问题是(　　)。

A. 企业融资问题　　B. 企业生产经营问题

C. 企业投资问题　　D. 企业财务管理问题

E. 企业人事管理问题

【解析】中小企业在做公司理财规划时必须要考虑企业主个人的家庭理财需求，在了解企业主的需求同时可以根据其企业的特点和需求制定理财规划。但总体上，中小企业的理财规划中最重要的问题是企业融资和企业财务管理问题。

14. 中小企业主要融资工具和渠道有(　　)。

A. 银行贷款　　B. 发行债券　　C. 产权交易　　D. 杠杆收购

E. 引进风险投资

【解析】中小企业融资方式比较多，其中包括银行贷款、发行债券(私募债)、民间借贷、信用担保融资、金融租赁、股权出让、增资扩股、产权交易、杠杆收购、引进风险投资、投资银行投资、国内上市(新三板、创业板)、境外上市、买壳上市、留存盈余、资产管理融资、票据贴现、资产典当、商业信用融资、国际贸易融资、补偿贸易融资、项目包装融资、高新技术融资、BOT 项目融资、专项基金的投资、产业政策投资等不一而足。但囿于企业规模，这些融资模式往往并不能顺利让中小企业得到所需资金。

15. 资产运营能力指企业资产及其组成要素在生产过程中的运营能力。分析指标主要包括(　　)。

A. 流动比率　　B. 应收账款周转率

C. 现金比率　　D. 存货周转率

E. 资产负债率

【解析】资产运营能力主要包括应收账款周转率和存货周转率两大类财务指标。ACE 三项属于偿债能力分析指标。

16. 杜邦分析法的缺点有(　　)。

A. 过分注重企业短期财务结果　　B. 侧重反映企业过去的经营业绩

C. 忽略企业长期价值　　D. 对无形资产无法做出评价

E. 分清决定权益资本收益率的主要因素

12ABD　13AD　14ABCDE　15BD　16ABCD

【解析】杜邦分析法有助于分清决定权益资本收益率的主要因素，以及销售净利润率、总资产周转率、债务比率之间的关系。但是该指标过分注重企业短期财务结果，侧重反映企业过去的经营业绩，易忽略企业长期价值。对顾客、供应商、员工、技术创新，尤其是无形资产无法作出评价。

17. 财务预测的作用主要是为今后经营决策提供依据，便于合理安排收支、提高资金使用效益。财务预测按预测对象可分为(　　)。[2020 年 10 月真题]

A. 筹资预测　B. 投资预测　C. 收入预测　D. 成本预测

E. 费用预测

【解析】财务预测按预测对象可分为：筹资预测、投资预测、收入预测、成本预测、费用预测和盈利预测等。财务预测的作用主要是为今后经营决策提供依据，便于合理安排收支、提高资金使用效益。

18. 税收筹划的主要原则有(　　)。

A. 系统性原则　B. 事先性原则　C. 合法性原则　D. 时效性原则

E. 资料完整原则

【解析】除 ABCDE 五项外，税收筹划的主要原则还有综合平衡原则，即要服从、服务于企业整体财务管理目标，注重综合平衡。

19. 下列关于企业投融资中的税收筹划的说法，正确的是(　　)。

A. 不同的投资方式所面对的税收法规也不同

B. 股利支付不作为费用支出，而在税后利润中支付

C. 计算应纳税所得额时不得扣除利息支出

D. 税收筹划遵循时效性原则

E. 企业投资股票所得股利无须缴纳所得税

【解析】C 项，利息支出作为费用支出，在计算应纳税所得额时予以扣除；E 项，企业投资股票所得股利须缴纳所得税，但企业购买国债的利息收入则可免征所得税。

20. 企业销售中的税收筹划主要表现在哪些方面？(　　)

A. 收入结算方式　B. 收入结算价格

C. 收入结算金额　D. 销售规模

E. 销售结构

【解析】企业销售中的税收筹划主要表现在收入结算方式、结算价格、销售规模和结构等方面。通过选择不同的销售结算方式，收入确认的时间不同，企业收入可以进行规划，做到节税或递延缴税时间。

21. 企业经营中的税收筹划措施包括(　　)。

A. 采购对象首选一般纳税人

B. 采取赊销的方式

C. 采取订单销售，确认时间以交付货物为准

D. 适度负债经营

17ABCDE　18ABCDE　19ABD　20ABDE　21ABC

E．尽量增加成本费用扣除项目

【解析】D项属于投融资中的税收筹划措施；E项属于利润分配中的税收筹划措施。

22．利润分配中的税务筹划可以从哪几方面考虑？（　　）

A．尽量使应纳税收入数额越小越好　　B．增加成本费用扣除项目

C．费用列支最大化　　D．充分利用税收优惠政策

E．确保净利润在再分配时价值最大化

【解析】利润分配中的税务筹划可以从以下几方面考虑：①尽量使应纳税收入数额越小越好；②尽量增加成本费用扣除项目，使费用列支最大化；③充分利用税收优惠政策减少税收支出；④确保净利润在再分配时价值最大化。

23．我国普惠金融重点服务对象有（　　）。

A．城镇低收入人群　　B．偏远地区居民

C．小微企业　　D．农民

E．残疾人

【解析】普惠金融是指立足机会平等要求和商业可持续原则，以可负担的成本为有金融服务需求的社会各阶层和群体提供适当、有效的金融服务。小微企业、偏远地区居民、农民、城镇低收入人群、贫困人群和残疾人、老年人等特殊群体是普惠金融重点服务对象。

24．关于中小企业的特征，下列说法中正确的是（　　）。［2020年10月真题］

A．资金筹集渠道较窄　　B．资金使用规划不足

C．经营风险低　　D．抵抗风险能力弱

E．管理水平整体较低

【解析】一般就管理而言，从中小企业自身来看，面临着风险抵抗能力较弱、管理水平整体较低、资金筹集渠道较窄、资金使用规划不足等问题。C项，相对于大型企业，中小企业具有企业规模小、投资见效快、经营决策权高度集中、机制灵活且有效率的特点，同样也面临着经营风险高，资金周转需求旺盛，融资难，企业主个人和企业财务联系紧密的挑战。

三、案例分析题（下列选项中至少有一项符合题目要求，请将正确选项的代码填入括号内）

1．丁先生计划由自己家人主导开一家汽车修理美容店。正好，附近有一家汽修厂（原企业有营业执照，属小型微利企业）准备对外承包租赁，每年租赁费100000元。丁先生准备以丁太太的名义承包租赁下来，承租期定为2019年1月1日至2023年12月31日。丁太太不从汽修厂领工资。汽修厂预计每年实现会计利润240000元。

根据以上材料回答（1）～（2）题。

（1）若丁太太将所承租企业的工商登记变更为个体工商户，则丁太太2019年实际取得的税后利润为（　　）元。

A．133500　　B．120450　　C．120300　　D．74150

【解析】丁太太将所承租企业的工商登记变更为个体工商户，则按照经营所得计算、缴纳

22ABCDE　23ABCDE　24ABDE　｜　1（1）A

个人所得税。经营所得适用五级超额累进税率，税率为5%～35%。经营所得，以每一纳税年度的收入总额减除成本、费用以及损失后的余额，为应纳税所得额。取得经营所得的个人，没有综合所得的，计算其每一纳税年度的应纳税所得额时，应当减除费用60000元、专项扣除、专项附加扣除以及依法确定的其他扣除。全年应纳税所得额＝240000－100000－60000＝80000(元)；全年应纳税额＝80000×10%－1500＝6500(元)；丁太太实际取得的税后利润＝240000－100000－6500＝133500(元)。

(2)如果仍使用汽修厂原来的营业执照，则丁太太2019年承租税后收入为(　　)元。

A. 120350　　B. 92000　　C. 80000　　D. 122700

【解析】如果仍使用汽修厂原来的营业执照，由于丁太太所承租的企业属于小型微利企业，对小型微利企业年应纳税所得额不超过100万元的部分，减按25%计入应纳税所得额，按20%的税率缴纳企业所得税，则应纳企业所得税＝240000×25%×20%＝12000(元)；在按规定在缴纳企业所得税后，还要就其税后所得，按经营所得缴纳个人所得税。丁太太承租收入总额＝240000－12000－100000＝128000(元)；丁太太承租收入全年应纳税额＝(128000－60000)×10%－1500＝5300(元)；丁太太承租税后收入＝128000－5300＝122700(元)。

2. 张先生的家庭资产负债情况如表8－2所示。

表8－2　家庭资产负债表

客户：张先生家庭　　　日期：2016年1月1日　　　单位：元

资产	金额	负债与净资产	金额
		消费性负债	0
流动性资产		自用性负债	
现金		住房贷款	1200000
活期存款	50000	负债合计	1200000
流动性资产小计	50000		
投资性资产			
定期存款	300000		
债券	50000		
股票	500000		
保险产品	100000		
银行理财产品	1000000		
投资性资产小计	1950000		
金融资产小计	2000000	净资产	4400000
自用性资产			
自住房	3500000		
奥迪A6	100000		
自用性资产小计	3600000		
资产总计	5600000	负债与净资产总计	5600000

(2)D

根据表 8－2 中的信息回答(1)～(2)题。

(1)张先生家庭的资产负债比率为(　　)。

A. 21.43%　　B. 22.43%　　C. 21.33%　　D. 25.43%

【解析】张先生家庭的资产负债比率＝负债总额/总资产＝1200000÷5600000＝21.43%，远在家庭资产负债比率参考值 50% 以下，反映张先生家庭综合偿债能力强。

(2)假定张先生家庭月支出为 10000 元，则张先生家庭的流动性比率为(　　)。

A. 1　　B. 2　　C. 3　　D. 5

【解析】张先生家庭的流动性比率＝流动性资产/每月支出＝50000/10000＝5。

3. 李先生家庭收入支出情况如表 8－3 所示。

表 8－3　家庭收入支出表

客户：李先生家庭　　日期：2014 年 1 月 1 日至 2014 年 12 月 31 日　　单位：元

年收入	金额	百分比	年支出	金额	百分比
工资和薪金			房屋按揭还贷	159870	53.31%
李先生	495060	84.04%	日常生活支出	120000	40.02%
			商业保险费用	20000	6.67%
投资收入	94000	15.96%			
收入总计	589060	100.00%	支出总计	299870	100.00%
年结余	289190				

根据表 8－3 回答(1)～(3)题。

(1)李先生家庭财务自由度为(　　)。

A. 1　　B. 78.33%　　C. 79.33%　　D. 75.33%

【解析】李先生家庭财务自由度＝投资理财收入/生活支出＝94000/120000＝78.33%。

(2)下列对李先生家庭财务状况的描述错误的是(　　)。

A. 李先生家庭的结余比例较高

B. 李先生家庭离财务自由的距离比较近

C. 李先生家庭财富积累速度较慢，资金较紧张

D. 李先生家庭可通过投资策略的改变提高收益率，增加理财收入

【解析】AC 两项，李先生家庭结余比率＝年结余/年税后收入＝289190/589060＝49.09%，在参考值 30% 之上，反映李先生家庭财富积累速度较快，在资金安排方面也有很大的余地。BD 两项，李先生家庭的财务自由度已经接近 1，离财务自由的距离比较近。一方面，可以通过投资策略的改变提高收益率，理财收入会增加；另一方面，李先生家庭的结余比例较高，随着每年增加的投资资金积累，理财收入会随之增加。

(3)李先生家庭负债收入比率为______，偿债能力较______。(　　)

A. 24.52%；弱　　B. 22.43%；弱　　C. 32.29%；强　　D. 25.43%；强

【解析】李先生家庭负债收入比率＝年度本息支出/年度家庭税后工作收入＝159870÷

2(1)A　(2)D　3(1)B　(2)C　(3)C

495060＝32.29%，该比率的参考值为40%，李先生家庭的负债收入比率在40%以下，说明李先生家庭偿债能力可以得到保证，偿债能力较强。

4. 王先生家庭财务情况如下：存款50万元，股票投资60万元，购买保障金额60万元的保单，保单目前现金价值为20万元，已完成装修的自住住房一套，市价220万元，王先生住房尚余120万元银行贷款未还，尚余15年才能还清，每月还款1万元，同期贷款基准利率为4.5%。住房装修借款余额30万元，每月还款本息共1万元，按贷款基准利率支付利息。王先生家庭每月生活费等支出约0.5万元，税后收入3万元。[2020年10月真题]

根据以上材料回答(1)～(5)题。

(1)王先生家庭资产负债率最接近(　　)。(答案取近似数值)

A. 43%　　B. 50%　　C. 30%　　D. 38%

【解析】资产负债率是总负债占总资产的比例，表现的是负债和财务负担情况。王先生的总资产包括流动资产：存款50万元；投资性资产：股票投资60万元，现金价值为20万元的保单；自用性资产：自住住房市价220万元，共计350万元。总负债包括：120万元银行贷款和住房装修借款30万元，共计150万元。所以资产负债率＝总负债/总资产＝150/350＝42.8%。

(2)王先生家庭每月房贷的年利率最接近(　　)。(答案取近似数值)

A. 5.5%　　B. 5.0%　　C. 5.8%　　D. 6%

【解析】$PV=120$，$FV=20$，$n=15\times12$，$PMT=-1$，月利率＝0.4837%，年利率＝0.4837%×12＝5.8%。即王先生家庭每月房贷的年利率最接近5.8%。

(3)对王先生家庭平均负债利率的评价属于(　　)。

A. 偏高　　B. 如还清装修借款就在合理范围内

C. 在合理范围内　　D. 偏低

【解析】王先生家庭平均负债利率分析指标＝统计年度利息支出/总负债＝(120×4.5%＋30×4.5%)/150＝4.5%，恰好等于基准贷款利率。平均负债利率的合理区间应小于基准贷款利率的1.2倍，在合理的范围之内。如果平均负债利率高于基准贷款利率的20%以上，理财师一方面需提醒客户关注自己的财务负担，另一方面则可根据实际情况，在负债管理计划中提出债务重组的建议。

(4)王先生家庭准备的家庭备用金应不低于(　　)万元。

A. 5　　B. 3　　C. 6　　D. 7.5

【解析】除了工作收入以外，通常理财师会要求客户考虑准备3～6个月以上的家庭预备金，以应付紧急情况的现金流支付需求。王先生家庭每月支出包括：住房银行贷款每月还款1万元；住房装修借款余额每月还款本息共1万元；家庭每月生活费等支出约0.5万元，共计2.5万元。王先生家庭准备的家庭备用金应不低于2.5×3＝7.5万元。

(5)王先生家庭中投资性资产不包括(　　)。

A. 住房　　B. 股票　　C. 存款　　D. 保单的现金价值

4(1)A　(2)C　(3)C　(4)D　(5)A

【解析】投资性资产包括股票、基金投资、投资性房产、债券等。通常可分为两类：可配置投资性资产和不可配置投资性资产。前者包括流动性相对较强的证券类投资、储蓄或房地产等资产；后者包括流动性较差、一时无法变现的投资性资产，如未上市公司或合伙企业的股权、保单现金价值、住房公积金和个人养老金账户余额等。A 项，住房属于自用性资产。

第九章　理财规划与客户关系管理

一、单选题(下列选项中只有一项最符合题目要求，请将正确选项的代码填入括号内)

1. 客户关系管理的终极目标是(　　)的最大化。[2018 年 10 月真题]

A. 客户资源　　B. 客户终身价值　　C. 客户资产　　D. 客户忠诚度

【解析】金融服务包括理财规划服务中的客户关系管理，可以定位为收集、整理客户的详细信息，在了解客户的基础上严格管理所有的客户接触点，以使客户忠诚度最大化的过程。

2. 客户忠诚度是建立在(　　)基础之上的，因此需提供高品质的产品和服务来提升客户体验。[2018 年 10 月真题]

A. 客户的盈利率　　B. 客户的满意度

C. 客户资产规模　　D. 客户价值

【解析】客户满意是客户忠诚的前提和基础。

3. 下列不属于客户忠诚度衡量指标的是(　　)。[2018 年 10 月真题]

A. 对公司和产品的满意程度　　B. 为公司介绍新客户

C. 重复购买次数　　D. 客户本年为公司创造的利润

【解析】一般而言，忠诚客户包含下面三个特点：①非常满意；②重复购买；③介绍别人。客户必须具备上述三个特质才能称为忠诚客户。

4. 总体而言，银行实施客户关系管理的最终目的是(　　)。[2017 年 6 月真题]

A. 把握客户的消费动态，及时了解客户需求

B. 提供个性化服务，客户价值最大化

C. 做好客户服务工作，实现银行收益最大化

D. 尽可能多的收集客户信息，了解客户情况

【解析】客户关系管理是企业的一项商业策略，它按照客户的分类情况有效地组织企业资源，培养以客户为中心的经营行为，实施以客户为中心的业务流程，并以此为手段来提高企业的获利能力、收入以及客户满意度。

5. 客户关系管理里，客户的满意度是由以下哪两个因素决定的？(　　)[2019 年 6 月真题]

A. 客户体验和预期　　B. 客户体验和忠诚

C. 客户预期和价格　　D. 客户忠诚和价格

【解析】客户的满意度不仅取决于金融机构、理财师的服务水平，还与客户的预期相关。客户满意度可以用以下公式说明：客户满意度 = 客户体验(获得的服务水平) - 客户预期。

1D　2B　3D　4C　5A

6. 客户关系管理是信息技术与管理相结合的产物，其理念的核心在于(　　)。[2015 年 10 月真题]

A. 以产品的销售带动客户的发展

B. 是企业管理中信息技术，软硬件系统集成的管理方法和应用解决方案的总和

C. 运用创新的企业管理模式和运营机制

D. 以客户为中心，视客户为资源，通过客户关怀来实现客户满意度

【解析】目前关于客户关系管理的定义很多，不同的组织或个人对客户关系管理有不同的定义或解释。所有关于客户关系管理定义的共同之处是强调企业生产经营必须以客户为中心，并一致认为与客户的关系及其管理应该提升到企业竞争与发展战略的高度。

7. 扩大生产、提高产量成为企业经营的核心是(　　)的显著特征。

A. 产值中心论　　B. 销售中心论　　C. 利润中心论　　D. 客户中心论

【解析】产值中心论认为，行业或产品市场发展初期，由于产品供不应求，企业生产几乎没有竞争，因此扩大生产、提高产量成为企业经营的核心。

8. 下列关于客户消费观念的变化过程，说法正确的是(　　)。

A. 客户消费观念由理性消费过渡到感性消费再发展到感情消费

B. 客户消费观念由感性消费过渡到理性消费再发展到感情消费

C. 客户消费观念由感情消费过渡到理性消费再发展到感性消费

D. 客户消费观念由感情消费过渡到感性消费再发展到理性消费

【解析】与企业生产经营理念的发展相呼应，客户的消费观念也经历了理性消费、感性消费和感情消费三个不同阶段。

9. 下列客户消费观念阶段与其价值标准，对应正确的是(　　)。

A. 理性消费：喜欢与不喜欢　　B. 感性消费：好与坏

C. 感性消费：满意与不满意　　D. 感情消费：满意与不满意

【解析】与企业生产经营理念的发展相呼应，客户的消费观念也经历了理性消费、感性消费和感情消费三个不同阶段，这三个阶段的特点和价值标准如表 9－1 所示。

表 9－1　客户消费观念的变化

阶段	消费特征	价值标准
第一阶段：理性消费	追求价廉物美、经久耐用	好与坏
第二阶段：感性消费	注重品牌、式样、便利等	喜欢与不喜欢
第三阶段：感情消费	追求过程及情感的满足感	满意与不满意

10. 所有关于客户关系管理定义的共同之处是(　　)。

A. 强调客户关系管理是一种管理理念或商业策略

B. 强调企业生产经营必须以客户为中心

C. 客户关系管理被看成是一种管理机制或手段

D. 客户关系管理被看成是一种管理技术

6D　7A　8A　9D　10B

【解析】所有关于客户关系管理定义的共同之处是：强调企业生产经营必须以客户为中心，并一致认为与客户的关系及其管理应该提升到企业竞争与发展战略的高度。

11. (　　)是客户对某一企业、某一品牌的产品或服务认同和信赖，它是客户满意不断强化的结果。

A. 客户忠诚　　B. 客户认同　　C. 客户满意　　D. 客户信任

【解析】客户信任是指客户对某一企业、某一品牌的产品或服务认同和信赖，它是客户满意不断强化的结果，与客户满意倾向于感性感觉不同，客户信任是客户在理性分析基础上的肯定、认同和信赖。

12. 下列对于不同客户的需求特点表述不正确的是(　　)。

A. 企业主客户多以金融资产为主要财产传承的方式

B. 许多高端客户，尤其私营企业主在财富积累到一定程度之后，更加关注生活品质的享受，以求尽快步入"有钱阶层"

C. 高端客户都有被尊重、被服务的心理

D. 私营企业主比较关注财富保障、传承和子女教育等方面的规划服务

【解析】B 项，许多高端客户，尤其私营企业主在财富积累到一定程度之后，更加关注生活品质的享受，以求尽快步入"贵族阶层"而非"有钱阶层"。而银行能为客户提供的信息或服务可谓方方面面，当下以留学、移民、旅游、艺术品收藏、养生、风水国学讲座、奢侈品鉴赏、家族信托、全球资产配置等最为热门话题。

13. 银行根据自身经营状况，确定客户价值与准入门槛的工作属于(　　)。[2020 年 10 月真题]

A. 发现客户　　B. 细分客户　　C. 客户需求分析　　D. 客户定位

【解析】客户定位所要解决的问题，是依据客户细分的结果，从巨大而松散的客户群体中，依据客户的价值选择，保留和锁定银行的目标客户，亦即要明确谁是银行的真正客户，银行应该有什么样的客户。

14. 一般而言，下列选项中不影响客户满意度的是(　　)。[2020 年 10 月真题]

A. 客户体验　　B. 获得的服务水平

C. 客户预期　　D. 客户忠诚度

【解析】客户满意度 = 客户体验(获得的服务水平) - 客户预期。该公式说明，客户的满意度不仅取决于金融机构、理财师的服务水平，还与客户的预期相关。

二、多选题(下列选项中有两项或两项以上符合题目要求，请将符合题目要求选项的代码填入括号内)

1. 在客户投诉处理上，下列说法正确的有(　　)。[2017 年 10 月真题]

A. 完成销售任务优先于处理客户投诉　　B. 将投诉作为赢取或维护客户的机会

C. 充分认识到正确处理投诉的重要性　　D. 尽可能满足客户提出的所有诉求

E. 及时阻止客户发泄不满情绪

【解析】在客户投诉及处理上，理财师应该认识和掌握如下几个要点：①充分认识到正确

11D　12B　13D　14D　┃　1BC

处理好客户投诉的重要性；②把危机转化为机会，客户投诉是赢取或维护客户的机会；③正确处理好客户投诉。

2. 在日益激烈的市场竞争环境下，仅靠价格优势已经难以留住客户，（　　）成为理财师成功的关键。[2016 年 11 月真题]

A. 市场竞争和产品营销　　B. 银行资本规模和网点数

C. 银行资本规模和广告宣传　　D. 专业化服务

E. 客户关系管理

【解析】从国内银行的竞争看，在现行的市场竞争环境下，各家银行都提供相似的产品、服务，同质化严重。银行服务的客户数量是衡量银行业务开展情况的重要指标，而且当前的客户尤其高端客户已不再是被动接受服务的角色，他们有诸多的选择权，对金融机构的体验不好、不满意就会导致客户的流失。在人员、资金和技术已不再是决定市场竞争、实力关键因素的情况下，个性化、差异化和专业化的服务，特别是基于对客户的了解和分析，以及开展相应的针对性活动管理，也就是客户关系管理，成为现代银行经营的重点。

3. 理财师日常工作中进行客户关系管理的内容包括（　　）。[2017 年 6 月真题]

A. 收集、整理客户的详细信息，了解客户

B. 根据客户需求、偏好、提供精细化、个性化的金融服务

C. 无条件地满足客户，将客户变成自己的忠诚客户

D. 提供专业服务，解决客户的财务问题，实现客户的理财目标

E. 严格管理所有的客户接触点，如网点布置陈设、宣传资料的内容和形式、业务人员的言谈举止等

【解析】理财师进行客户关系管理的内容包括：①收集、整理客户的详细信息，了解客户，这是理财师客户关系管理的第一步，是前提和基础。②严格管理所有的客户接触点，客户接触点就是客户接触到的影响或决定客户关于企业品牌、产品和服务的印象、体验和判断的所有方面，如网点布置陈设、宣传资料的内容和形式、业务人员的言谈举止和工作方法、网站和广告等。接触点管理就是要在了解客户的基础上，根据客户的需求、偏好为客户提供标准化、精细化和个性化的金融服务。③理财师进行客户关系管理的目的是培养忠诚的客户、提升客户的忠诚度。理财师为客户提供的专业服务，即理财规划，是为了解决客户的财务问题或实现客户家庭的理财目标。

4. 客户投诉指责时自我调节的解压法有（　　）。[2015 年 10 月真题]

A. 保持冷静，做深呼吸

B. 我是问题的解决者，我要控制住局面

C. 我要知道事情的经过和真相，所以我不能激动

D. 马上给客户解释，分清谁的差错

E. 客户不满意，不是我不满意，我不能受他的影响

【解析】D 项，作为金融机构的代表，除了行动迅速外，不应马上向客户解释、说明问题或试图说服客户，那样容易给客户留下理财师在推卸责任的印象，而是应该对客户的处

2DE　3ABDE　4ABCE

境和反应表示理解，安抚客户和尽力让客户放心，问题会尽快得到解决。

5. 推动客户关系管理思想和方法的诞生、发展的因素有(　　)。
A. 社会企业经营理念的变化　　B. 社会生产方式的变化
C. 客户消费观念的改变　　D. 客户投资观念的变化
E. 信息技术的推动

【解析】客户关系管理思想和方法的诞生、发展，有着下列三方面的因素：①社会企业经营理念的变化；②客户消费观念的改变；③信息技术的推动。

6. 下列关于客户中心论说法错误的有(　　)。
A. 以客户满意为中心　　B. 把客户的需求、满意和关系放到首位
C. 销售成为企业经营的关键目标　　D. 提高产量成为企业经营的核心
E. 以利润为中心

【解析】客户中心论，即“客户满意中心论”。随着市场竞争加剧和成熟，一方面企业面临成本、费用削减空间日益缩小的困境；另一方面，由于科技手段、自动化、标准化的提高，产品同质化越来越严重，企业经营管理把客户的需求、满意和关系放到了首位。

7. 客户关系管理对理财业务发展的意义(　　)。
A. 为理财师提供客户服务的方法和工具
B. 有助于培养高端客户忠诚度，与客户建立主办行关系
C. 有助于拉拢客户，使客户始终如一的选择自己的产品
D. 防止客户流失，降低客户开发成本
E. 将客户需求转化为生产力，带来银行产品服务升级

【解析】作为未来银行(其他金融机构如证券、保险、基金等也类似)最具发展潜力和专业化服务代表的理财业务，其发展、成熟更加离不开客户关系管理。客户关系管理对理财业务发展的意义：①为理财师提供客户服务的方法和工具；②有助于培养高端客户忠诚度，与客户建立主办行关系；③防止客户流失，降低客户开发成本；④将客户需求转化为生产力，带来银行产品服务升级。

8. 客户接触点包括(　　)。
A. 网点布置陈设　　B. 宣传资料的内容和形式
C. 业务人员的言谈举止和工作方法　　D. 网站
E. 广告

【解析】客户接触点就是客户接触到的影响或决定客户关于企业品牌、产品和服务的印象、体验和判断的所有方面，如网点布置陈设、宣传资料的内容和形式、业务人员的言谈举止和工作方法、网站和广告等。

9. 满意的客户要成为忠诚客户需要满足的条件有(　　)。
A. 满意度提高，即要让客户非常满意
B. 客户满意或有好感
C. 持续让其满意或非常满意

5ACE　6CDE　7ABDE　8ABCDE　9AC

D. 客户有一次非常满意的体验

E. 客户对公司先前、现在、未来的所有服务都非常满意

【解析】只有非常满意的客户，才有可能成为忠诚客户。客户满意是对某一产品、某项服务的肯定评价，即使客户对某金融机构满意，也只是基于他们所接受的产品和服务令其满意。满意的客户不一定是忠诚的客户，要成为忠诚客户还有几个条件：①满意度提高，即要让客户非常满意。满意是一种感觉、感性评价，客户仅仅满意或有好感还不能肯定会“回头再来”或主动热情地推荐其他客户。只有非常满意的客户才能成为忠诚客户，才会重复购买、推荐他人。②持续让其满意或非常满意，这样客户才会由感性的满意发展到理性的信任。客户信任是指客户对某一企业、某一品牌的产品或服务认同和信赖，它是客户满意不断强化的结果，与客户满意倾向于感性感觉不同，客户信任是客户在理性分析基础上的肯定、认同和信赖。

10. 理财师应如何做好超常服务？(　　)

A. 提供增值服务　　B. 提供个性化服务

C. 挖掘客户潜在意识的需求　　D. 注意每一个服务细节

E. 建立相应的企业文化和制度

【解析】做好超常服务，让工作锦上添花，大大提高客户的满意度、忠诚度，理财师应从以下三方面着手：①挖掘客户潜在意识的需求，只有这样才能给客户惊喜；②注意每一个服务细节，如有人住在一家四星级酒店，服务生打扫房间时看到客人的电脑电源线，马上给客户留下鼠标垫、手腕垫和一张温馨的纸条；③建立相应的企业文化和制度，这样才能保证公司优异的客户服务不完全是依靠个别员工的努力或员工自发的行为。

11. 客户关系维护或营销中，企业拿出一定比例的费用用于奖励忠诚顾客和改善与客户的关系，这些营销费用主要用于(　　)方面。

A. 财务层面

B. 生活层面

C. 社交层面

D. 其他层面的可以增加银行或其他金融机构和理财师服务附加价值的活动或安排

E. 开办相关讲座

【解析】公司愿意拿出一定比例的费用用于奖励忠诚顾客和改善与客户的关系，这些营销费用主要用于三方面：①财务层面，如奖励客户购买计划，类似于会员积分制，譬如航空公司、银行的贵宾卡客户享受到的积分、返现和其他特殊礼遇；②社交层面，如组织一些客户社交、业余兴趣(高尔夫、养生)类活动等；③其他层面的可以增加银行或其他金融机构和理财师服务附加价值的活动或安排，譬如成立客户俱乐部(海尔俱乐部)、长期提供相关资讯的专门刊物等，影响客户的生活习惯和长期依赖关系。

12. 银行客户关系管理基本内容主要包括(　　)。[2020年10月真题]

A. 明确客户策略　　B. 制定考核相关政策

C. 制定产品与服务策略　　D. 加强客户关系维护管理

10CDE　11ACD　12ACDE

E. 制定和实施营销策略

【解析】银行客户关系管理，是指银行通过富有意义的交流沟通和卓有成效的金融产品与服务，理解并影响客户行为，最终达到提高客户获得、客户保留、客户忠诚和客户创利的目的，有效培育和拓展高价值客户群体，提高银行的经营效益。银行客户关系管理主要包括四个方面的内容：明确客户策略，制定产品与服务策略，制定和实施营销策略，加强客户关系的维护与管理。

第十章 综合理财规划服务

一、单选题(下列选项中只有一项最符合题目要求，请将正确选项的代码填入括号内)

1. 现金储备是检验客户家庭资产流动性最主要的指标，现金储备一般以(　　)资本流出为基数进行酌情增减。[2018 年 10 月真题]

A. 1 个月　　B. 9 个月　　C. 6 个月　　D. 12 个月

【解析】一个家庭的现金储备通常是 3 到 6 个月的家庭月平均支出加上短期的大额资本流出为基数，酌情增减。

2. 下列选项中，不属于客户家庭财务信息收集方法的是(　　)。[2018 年 10 月真题]

A. 调查问卷　　B. 开户资料　　C. 面谈征询　　D. 户口信息

【解析】客户家庭财务信息收集方法主要有：①开户资料；②调查问卷；③面谈征询；④客户能提交的一些账户、财务资料。

3. 下列关于全生涯模拟仿真的说法错误的是(　　)。[2018 年 6 月真题]

A. 列出未来不同阶段的各项收入、支出

B. 设置模拟环境，如假设收入增长率、退休年龄等

C. 计算客户所需投资报酬率，并评估是否太高或太低

D. 计算历年的净现金流，如果净现金流出现负数，说明计算错误，要及时修正

【解析】D 项，历年的净现金流可正可负，正数代表当年的结余金额，负数代表当年的收入不足以支付当年的支出，需要变现投资性资产即理财准备来弥补缺口。

4. 以下各项中，(　　)不属于由于人身风险导致的财务风险。[2018 年 6 月真题]

A. 王某是钢琴家，在车祸中双手的手指致残，以后无法弹奏钢琴

B. 李某是家里的主要收入来源，昨天因患癌症去世

C. 张某带病开车，不幸与前车严重追尾，车子损坏严重，张某头上磕破点皮

D. 白某在逛商场时，不小心滑倒，盆骨粉碎性骨折，需大量医药费

【解析】一个普通家庭可能面对以下三种由人身风险而导致的财务风险：①因意外或疾病造成家庭主要成员身故，从而导致家庭收入大幅度减少甚至中断的风险；②由于意外或疾病导致医疗费用的大幅度增加的风险；③因意外或疾病造成家庭成员失去从事原来的工作的能力(伤残)，从而导致家庭收入大幅减少甚至中断的风险。A 项属于第三种情况；B 项属于第一种情况；D 项属于第二种情况。

5. 要帮助客户清楚地了解“现在在哪里”或现在和将来拥有多少可配置资源是对客户(　　)的了解。[2017 年 10 月真题]

A. 收入情况　　B. 支出情况　　C. 家庭财务状况　　D. 负债信息

【解析】了解、分析客户的家庭财务状况，就是帮助客户了解“现在在哪里”或现在和将

1C　2D　3D　4C　5C

来拥有多少可配置的资源，这是综合理财规划服务中关键的一步。

6. 在家庭财务状况分析中，下列表述最不恰当的是(　　)。[2019 年 6 月真题]

A. 投资性资产比率越大说明理财积极度越高

B. 投资负债率越高说明财务负担越大

C. 现金储备是检验家庭资产流动性的主要指标

D. 自由储蓄率是支出结构中较为重要的指标

【解析】自由储蓄率衡量的是客户的储蓄效率是否还有提升的空间，而家庭生活支出比率是支出结构分析中较为重要的指标。

7. 理财师在为客户进行投资规划前，首先要了解客户的风险属性，判断客户的风险属性，要将(　　)与风险容忍态度两者综合考虑。[2019 年 6 月真题]

A. 风险承受能力　B. 风险偏好　C. 家庭财富　D. 个人收入

【解析】理财师在为客户进行投资规划之前，首先要了解客户的风险属性。客户的风险属性分为客户的风险承受能力与风险容忍态度两个层面。判断客户的风险属性，要将风险承受能力与风险容忍态度两者综合考虑。

8. 家庭财富保障规划应以(　　)优先为原则来制定。[2015 年 10 月真题]

A. 保障　B. 分红　C. 盈利　D. 风险

【解析】在保险产品的配置问题上，理财师具体应注意以下几个原则：①先依照客户的保障需求做好人寿保险规划，考虑客户的预算能力来配置险种；②发生概率虽小但后果严重的风险应优先考虑；③应以“保障优先”的原则来制定家庭财富保障规划，优先配置保障型险种。同时要综合考虑客户的财务状况或预算开支能力再考虑储蓄分红或投资连结的险种。对于普通家庭，保险的主要功能是财富保障，而非资产增值(资产增值手段有多种其他选择)；④保费预算不充足时，尽量不要减少客户所需的保额。

9. 全生涯现金流量模拟主要反映了(　　)。[2017 年 6 月真题]

A. 客户过去 10 年的现金流变化状况　B. 客户过去各年的收支变化状况

C. 客户未来 10 年的现金流变化状况　D. 客户未来历年的现金流变化状况

【解析】全生涯现金流量模拟主要反映了客户未来历年的现金流变化状况。每一年的净现金流量可用以下公式表现出来：每一年的净现金流量 = 固定收入(流入) + 非固定收入(流入) - 固定支出(流出) - 非固定支出(流出)。

10. 综合理财规划服务的主要特征不包括(　　)。

A. 全面性　B. 长期性　C. 稳定性　D. 专业性

【解析】综合理财规划服务涉及客户所有的理财目标，是全方位的、全生涯的，而且必须严格遵循理财规划的步骤和要求，比较系统、专业。其特征可以概括为以下几点：①全面性；②专业性；③针对性；④长期性；⑤动态性。

11. 投资性资产比率的参考值是(　　)。

A. 20%　B. 40%　C. 50%　D. 70%

6D　7A　8A　9D　10C　11C

【解析】投资性资产比率 = 投资性资产/总资产，投资性资产比率越大说明理财积极度越高，投资资产比率应保持在 50% 以上，以保证已有的财务资源能有较为适当的增长率。

12. 反映客户家庭还贷能力的指标是(　　)。

A. 融资比率　　B. 偿付比率　　C. 资产负债率　　D. 收入负债率

【解析】收入负债率是客户贷款的年本息摊还额占年收入的比率，反映了客户家庭的还贷能力。根据经验法则，以 30% 为标准，尽量不超过 40%。

13. 综合理财规划服务的第一步是(　　)。

A. 整理服务对象家庭财务状况信息

B. 收集服务对象家庭财务状况信息

C. 明确服务对象的背景信息和初步需求

D. 明确服务对象及其家庭财务状况信息

【解析】综合理财规划服务的第一步就是要明确服务对象的背景信息和初步需求。

14. 钱先生与其太太今年均为 39 岁，全家人生活费支出平均每月为 4000 元，休闲娱乐消费平均每月为 2000 元。夫妇二人共存有银行活期储蓄 100000 元，其他流动性资产 200000 元。则理财师根据资料计算出钱先生家庭的紧急准备金月数为(　　)。

A. 45　　B. 50　　C. 55　　D. 60

【解析】紧急准备金月数 = 流动性资产/平均月支出 =（100000 + 200000）÷（4000 + 2000）= 50。

15. 孙先生与张女士均为外企职员，夫妇俩的税后家庭年收入约为 40 万元。2001 年夫妇俩购买了一套总价为 90 万元的复式住宅，该房产还剩 10 万左右的贷款未还，因当初买房时采用等额本息还款法，孙先生没有提前还贷的打算。夫妇俩在股市的投资约为 70 万元(现值)。银行存款 25 万元左右。则该家庭的资产负债率为(　　)。

A. 0.05　　B. 0.1　　C. 0.15　　D. 0.2

【解析】总负债为 100000 元，总资产为：900000 + 700000 + 250000 = 1850000(元)。资产负债率 = 总负债 ÷ 总资产 = 100000/1850000 = 0.05。

16. 收入负债率是年本息摊还额与税后总收入的比值，它以______为标准，尽量不超过______。(　　)

A. 20%；40%　　B. 30%；40%　　C. 30%；60%　　D. 40%；40%

【解析】收入负债率是客户贷款的年本息摊还额占年收入的比率，反映了客户家庭的还贷能力。根据经验法则，以 30% 为标准，尽量不超过 40%。

17. 偿付比率反映的是还债能力的高低，和资产负债率的功能一致，一般在(　　)以上为宜。

A. 20%　　B. 30%　　C. 40%　　D. 50%

【解析】偿付比率(净资产/总资产)反映的是还债能力的高低，和资产负债率的功能一致，一般在 50% 以上为宜。

12D　13C　14B　15A　16B　17D

18. 根据经验法则，在没有贷款本息负担的情况下，消费性支出占税后总收入的比例以不超过(　　)为宜。

A. 40%　　B. 50%　　C. 60%　　D. 70%

【解析】根据经验法则，在没有贷款本息负担的情况下，消费性支出占税后总收入的比例以不超过70%为宜，在有贷款本息负担的情况下，以不超过50%为宜。

19. 净储蓄率衡量的是客户的(　　)。

A. 理财积极性　　B. 家庭储蓄能力　　C. 家庭偿债能力　　D. 家庭还贷能力

【解析】净储蓄率衡量的是客户家庭的储蓄能力，根据经验法则，净储蓄一般不低于家庭可支配收入(税后收入)的25%为宜。

20. 一个普通家庭潜在的家庭财务风险比较广泛，其中，对客户影响最大的风险是(　　)。

A. 财产风险　　B. 人身风险　　C. 责任风险　　D. 信用风险

【解析】风险识别是帮助客户分析、明确财富保障的需求。一个普通家庭潜在的家庭财务风险有多种形式，其中包括人身风险、财产风险、责任风险、信用风险、投资风险等。其中，对客户影响最大的莫过于人身风险。

21. 下列对保险产品的配置原则问题，说法不正确的是(　　)。

A. 先依照客户的保障需求做好人寿保险规划，考虑客户的预算能力来配置险种

B. 发生概率虽小但后果严重的风险应优先考虑

C. 保费预算不充足时，尽量不要减少客户所需的保额

D. 牢记保险的主要功能是资产增值

【解析】D项，理财师在保险产品的配置问题上，应以“保障优先”的原则来制定家庭财富保障规划，优先配置保障型险种。同时要综合考虑客户的财务状况或预算开支能力再考虑储蓄分红或投资连结的险种。对于普通家庭，保险的主要功能是财富保障，而非资产增值(资产增值手段有多种其他选择)。

22. 评估风险管理效果是指对风险管理策略的(　　)及收益性情况的分析、检查、评估和修正。

A. 适用性　　B. 最优性　　C. 普遍性　　D. 简便性

【解析】评估风险管理效果是指对风险管理策略的适用性及收益性情况的分析、检查、评估和修正。风险管理效益的大小，取决于是否能以最小成本获得最大保障，同时在实务中还要考虑风险管理和整体目标是否一致，是否可行，即可操作性和有效性。

23. 下列不属于评估风险管理效果这一工作包括的内容的是(　　)。

A. 风险覆盖评估　　B. 可行性评估

C. 整体性评估　　D. 单项评估

【解析】评估风险管理效果是指对风险管理策略的适用性及收益性情况的分析、检查、评估和修正。这一工作包括以下三个方面的内容：①风险覆盖评估；②可行性评估；③整体性评估。

18D　19B　20B　21D　22A　23D

24. 一般来说保障型保险的保费预算不应超过可支配收入的(　　)。

A. 5%　　B. 10%　　C. 20%　　D. 30%

【解析】一般来说保障型保险的保费预算不超过可支配收入的10%，但如果客户通过保险进行储蓄的话，这个比例可以相应提高，应该具体分析、分别计算。但如果偏高的话，则需要做一定的调整。

25. 在理财规划实际工作中，资产配置的第一个步骤是(　　)。

A. 在有效前沿上找到最优风险资产组合

B. 找到最优投资组合

C. 选择风险资产类别

D. 确定相应的资产配置比例及其标准差

【解析】在理财规划实际工作中，资产配置主要包括以下几个步骤：①选择风险资产类别；②根据所选择的资产类别的长期预期报酬率、标准差和相互之间的相关系数，在有效前沿上找到最优风险资产组合及其预期收益率和标准差；③选择无风险资产及其无风险利率，结合客户的风险系数，在资本市场线上找到无风险资产和最优风险资产组合的比例，即最优投资组合；④对应客户现阶段的预期报酬率，和最优资产组合进行比较，并确定相应的资产配置比例及其标准差。

26. 对理财规划方案的执行和跟踪服务，说法不正确的是(　　)。

A. 理财师的服务是“持续”的

B. 与客户接触、沟通的形式包括面对面、电话和电邮等

C. 通常理财规划服务的内容不应包括其他金融机构组织的讲座、联谊活动

D. 通常理财规划服务的内容包括节日、生日问候

【解析】理财师的服务是“持续”的，定期或不定期沟通的内容是多方面的；与客户接触、沟通的形式除了面对面，常用工具或形式也包括电话和电邮等。通常理财规划服务还包括以下内容：①定期的投资市场分析报告；②定期投资、理财刊物、文章；③不定期解读市场事件的快报；④年度或半年度理财规划会议；⑤其他金融机构组织的讲座、联谊活动；⑥节日、生日问候。

27. 在综合理财服务中，最有利于增进客户关系，提高客户黏性，促进客户转介绍新客户的工作是(　　)。[2020年10月真题]

A. 理财规划的跟踪服务　　B. 充分了解客户家庭、财务信息

C. 帮助客户精选投资品种　　D. 提供科学的资产配置服务

【解析】理财师应当认识到理财规划跟踪服务的重要性，这也是产生客户黏性、维护良好客户关系，以及开发新客户(包括转介绍)的一个重要手段。

二、多选题(下列选项中有两项或两项以上符合题目要求，请将符合题目要求选项的代码填入括号内)

1. 一般而言，理财规划服务的对象是(　　)。[2018年10月真题]

A. 未成年子女　　B. 配偶

24B　25C　26C　27A　|　1ABCD

C. 需要赡养的父母　　　　　　　　　　　D. 客户本人

E. 经济上已独立的子女

【解析】E 项，对有收入来源，尤其是已经成家的子女，以及自身有收入来源的父母，可以做独立的规划，而不要在一份规划中体现出来。

2. 在综合理财规划服务中，家庭资产配置的主要资产类别为(　　)。[2017 年 6 月真题]

A. 不动产　　　　B. 固定收益资产　　C. 权益类资产　　D. 现金

E. 贵金属

【解析】家庭资产配置的主要资产类别包括：①权益类资产；②固定收益资产；③现金；④不动产；⑤贵金属；⑥海外的上述资产等。

3. 家庭财务现状分析主要包括(　　)的内容。[2020 年 10 月真题]

A. 投资和资产配置方面　　　　　　　B. 信用和债务管理方面

C. 流动性方面　　　　　　　　　　　D. 收支结余方面

E. 家庭财务保障方面

【解析】家庭财务现状分析主要包括以下几个方面：①流动性方面，涉及的指标(比率)包括流动性资产比率和紧急准备金月数；②信用和债务管理方面，涉及的指标包括收入负债率、资产负债率、偿付比率、融资比率和自用贷款成数等；③收支结余方面，涉及的指标包括家庭生活支出比率、理财支出比率、自由储蓄率、净储蓄率等；④投资和资产配置方面，涉及的指标包括投资性资产比率，可配置投资性资产比率、资产负债结构、资产配置状况、融资率、风险属性等；⑤家庭财务保障方面，涉及的指标包括收入结构分析、理财支出比率等。

4. 一般而言，在下列的支出项中，调整比较灵活，弹性较大的支出项有(　　)。[2015 年 10 月真题]

A. 私家车支出　　B. 养老支出　　C. 休闲旅游支出　　D. 子女教育支出

E. 保费支出

【解析】A 项，私家车的价格范围较大，换车的时间长短也在客户掌控当中，所以这项支出的弹性也较大，是主要的调整内容；C 项，休闲旅游支出弹性较大，每年的休闲旅游支出预算可高可低，也可以在具体的计划预算中灵活安排。

5. 某理财师对于单项规划的范围不是很明确，按照科学的理财方案制定标准，单项理财规划可以包括(　　)。

A. 家庭收支和债务管理　　　　　　　B. 财富传承规划

C. 投资规划　　　　　　　　　　　　D. 财富保障规划

E. 税务规划

【解析】单项理财规划，只是涉及客户某一方面的理财需求，根据这一理财目标提供的有针对性的分析结论和建议。单项理财规划，可以包括下列一项或几项内容：①家庭收支和债务管理；②教育投资规划；③居住规划；④养老规划；⑤税务规划；⑥旅游规划；⑦财富保障规划；⑧投资规划；⑨财富传承规划，等等。

2ABCDE　3ABCDE　4AC　5ABCDE

6. 根据理财规划服务包含的内容范围，理财规划服务可以分为(　　)。

A. 综合理财规划　　B. “一对多”理财规划

C. 单项理财规划　　D. “一对一”理财规划

E. 整体理财计划

【解析】理财规划服务是指理财师运用系统的方法和工具，在明确客户理财目标的基础上，分析客户需求、提出具体解决方案并付诸行动的过程。根据理财规划服务包含的内容范围，理财规划服务可以分为综合理财规划和单项理财规划。

7. 下列属于家庭资产负债表中投资性资产的内容的有(　　)。

A. 活期存款　　B. 定期存款

C. 养老金个人账户　　D. 自用住房

E. 住房公积金

【解析】普通家庭的资产一般分为三类：自用性资产、投资性资产和流动性资产。其中，投资性资产可分为可配置投资性资产和不可配置投资性资产。前者包括流动性相对较强的证券类投资、储蓄或房地产等资产；后者包括流动性较差、一时无法变现的投资性资产，如未上市公司或合伙企业的股权、保单现金价值、住房公积金和个人养老金账户余额等。A 项，活期存款属于流动性资产；D 项，自用住房属于自用性资产。

8. 下列属于综合理财规划服务的主要内容的有(　　)。

A. 了解和分析家庭财务状况　　B. 评估理财目标

C. 选择理财目标　　D. 执行理财规划方案

E. 确立理财目标

【解析】综合理财规划服务的核心服务内容包括：①了解和分析家庭财务状况；②评估、选择和确立理财目标；③制订综合理财规划方案；④执行理财规划方案。

9. 客户家庭财务状况信息的内容主要包括以下哪几个方面？(　　)

A. 收入信息　　B. 支出信息　　C. 资产信息　　D. 负债信息

E. 投资账户信息

【解析】客户家庭财务状况信息的内容，主要包括以下几个方面：①资产信息(包括储蓄、投资账户、保单信息等)；②负债信息；③收入信息(包括收入来源)；④支出信息；⑤其他相关的家庭、财务信息。

10. 在信息收集过程中，下列属于比较好的信息来源的有(　　)。

A. 金融机构账户对账单　　B. 工资表

C. 报税表　　D. 贷款合同

E. 投资确认书

【解析】在信息收集过程中，比较好的信息来源包括：金融机构账户对账单、工资单或完税证明、投资或贷款合同或确认书等。

11. 下列信用和债务管理指标的计算公式正确的是(　　)。

A. 收入负债率 = 年本息摊还额/税后总收入

6AC　7BCE　8ABCDE　9ABCDE　10ABCDE　11AC

B. 收入负债率 = 年本息摊还额/税前总收入

C. 偿付比率 = 净资产/总资产

D. 融资比率 = 投资负债/总资产

E. 偿付比率 = 总资产/净资产

【解析】信用和债务管理方面涉及的指标包括：收入负债率(年本息摊还额/税后总收入)、资产负债率(总负债/总资产)、偿付比率(净资产/总资产)、融资比率(投资负债/投资性资产)、自用贷款成数(自用资产负债/自用性资产)等。

12. 下列指标中，属于收支结余方面涉及的指标的有( )。

A. 家庭生活支出比率　　B. 净储蓄率

C. 理财支出比率　　D. 融资比率

E. 偿付比率

【解析】收支结余方面涉及的指标包括：家庭生活支出比率(消费性支出/税后总收入)、理财支出比率(理财性支出/税后总收入)、自由储蓄率(自由储蓄额/税后总收入)、净储蓄率(净储蓄额/税后总收入)等。DE 两项属于信用和债务管理方面涉及的指标。

13. 在家庭财务现状分析中，对于涉及到的不同指标的说法正确的有( )。

A. 收入负债率反映了客户家庭的还贷能力

B. 资产负债率宜在 30% ~60% 之间

C. 偿付比率反映的是还债能力的高低

D. 一般融资比率以不高于 40% 为标准

E. 净储蓄一般不低于家庭可支配收入(税后收入)的 25% 为宜

【解析】B 项，根据经验法则，资产负债率宜在 20% ~50% 之间。资产负债率越高，说明财务负担也就越大，如果收入不稳定或收入中断，流动性风险较大；D 项，一般融资比率以不高于 50% 为标准，根据经济环境和投资环境酌情减少。

14. 下列指标中，属于家庭财务保障涉及的指标的有( )。

A. 收入结构分析　B. 资产负债率　C. 偿付比率　D. 融资比率

E. 理财支出比率

【解析】家庭财务保障涉及的指标包括：收入结构分析、理财支出比率等。BCD 三项属于信用和债务管理指标。

15. 全生涯财务状况模拟仿真包含( )。

A. 现金流量分析　　B. 投资性资产额度模拟分析

C. 家庭总收入分析　　D. 未来收入模拟分析

E. 投资意向分析

【解析】全生涯财务状况模拟仿真包含了现金流量分析和投资性资产额度模拟分析两个部分，是检验客户是否达成其理财目标的重要分析手段，也是能比较全面地展示客户未来历年收入支出情况、现金流状况和投资性资产(理财财富)净值的变化状况的一种分析工具。

12ABC　13ACE　14AE　15AB

16. 全生涯模拟仿真的制作过程包括的步骤有(　　)。

A. 设置模拟环境

B. 列出未来不同阶段的各项收入、支出

C. 计算历年的净现金流

D. 计算客户要达成人生目标现金流所需投资报酬率

E. 计算历年的可配置投资性资产额度

【解析】全生涯模拟仿真的制作过程包括了以下几个步骤：①设置模拟环境，如假设收支增长率、退休年龄、终老年龄等。②数字来自家庭财务报表，如资产负债表、收支储蓄表等，列出未来不同阶段(历年)的各项收入、支出；计算期初可投资的生息资产即期初理财准备。③计算历年的净现金流。④计算客户要达成人生目标现金流所需投资报酬率，并评估该报酬率是否合理。如果太高或者太保守，需要调整。⑤计算历年的可配置投资性资产额度，观察是否出现理财财富为负的情况。如果出现负数，需要调整。

17. 理财师应在服务过程中和客户一起进行沟通并调整相应的理财目标，其中，对主要收入项的调整内容可以是(　　)。

A. 退休年龄　　B. 子女教育规划　　C. 预期收入　　D. 不固定收入

E. 固定收入

【解析】收入项里主要包括退休年龄、预期收入以及不固定收入的调整：①退休年龄，一些客户希望能早退休，但其实际的财务负担不允许其早退休，那么退休年龄的调整就顺理成章。②预期收入，对未来的收入预期，收入增长率是其中一个比较重要的调整项；同时，如果客户的收入不稳定的话(如企业主或者是以销售佣金为主的职业)，可通过调整收入来进行敏感性分析，观察在不同收入情况下的家庭财务状况和理财目标达成情况有何变化。③不固定收入，如非上市公司的股权变现收入、遗产和馈赠的现金、赎回投资获得的资本利得等，都可以做相应的调整或敏感性分析。

18. 下列属于理财规划服务所能提供的合理规划内容的有(　　)。

A. 对每年各项支出制定合理的预算和增长率

B. 当收支发生偏离的时候及时调整

C. 当投资结果发生偏离的时候及时调整

D. 努力工作以保证收入的稳定和增长

E. 制订完善的家庭财富保障计划，应对各种潜在风险

【解析】合理规划包括了以下几个方面的内容：①对每年各项支出制定合理的预算和增长率；②当收支发生偏离的时候及时调整；③关注投资性资产的投资组合的表现以满足投资报酬率的要求；④当投资结果发生偏离的时候及时调整；⑤努力工作以保证收入的稳定和增长，当收入发生变化时，适时调整理财目标；⑥制订完善的家庭财富保障计划，应对各种潜在风险。

19. 下列具体面临的风险中，属于信用风险的有(　　)。

A. 家具等家庭财产的损失可能

16ABCDE　17ACD　18ABCDE　19BD

B. 朋友间借贷可能产生的无法收回借出去的资金的风险
C. 由于意外或疾病导致医疗费用的大幅度增加的风险
D. 特殊“投资”渠道产生的无法收回借出去的资金的风险
E. 因意外或疾病造成家庭成员失去从事原来的工作的能力(伤残)

【解析】A项，房屋、私家车、家具等家庭财产的损失可能属于财产风险；CE两项属于由人身风险而导致的财务风险。

20. 在保险产品的配置问题上，理财师应遵循的原则是(　　)。
A. 保障优先
B. 争取利润最大化
C. 合理运用客户保险预算
D. 宁多勿缺
E. 保险额度尽可能小

【解析】在保险产品的配置问题上，理财师具体应注意以下几个原则：①先依照客户的保障需求做好人寿保险规划，考虑客户的预算能力来配置险种；②发生概率虽小但后果严重的风险应优先考虑；③应以“保障优先”的原则来制定家庭财富保障规划，优先配置保障型险种；④保费预算不充足时，尽量不要减少客户所需的保额。

21. 风险管理效益的大小，取决于是否能以最小成本获得最大保障，同时在实务中还要考虑风险管理和整体目标是否一致，是否具有(　　)。
A. 可行性
B. 可操作性
C. 有效性
D. 普遍性
E. 简便性

【解析】风险管理效益的大小，取决于是否能以最小成本获得最大保障，同时在实务中还要考虑风险管理和整体目标是否一致，是否可行，即可操作性和有效性。

22. 下列对商业保险和团体保险的说法，不正确的有(　　)。
A. 如果客户是一名事业有成的企业主，个人所得税的平均税率高于企业所得税，那么可以考虑通过商业保险为自己做一部分的保障
B. 对家庭而言，团体保险应当作为主要的保障手段
C. 工作单位有变动，或者事业有变化，原有的团体保险的保障仍旧有效
D. 如果客户年龄已大，或者有了某些慢性疾病的话，商业保险的核保就会相对复杂，甚至有被拒保的可能性，并且保费也会较高
E. 有的团体保险包括了寿险、重大疾病险、意外险和医疗险，甚至企业员工的配偶也可以加入到团体保险中来

【解析】AB两项，如果客户是一名事业有成的企业主，个人所得税的平均税率高于企业所得税，那么可以考虑通过团体保险为自己做一部分的保障。虽然这部分的保费支出对企业而言是无法税前扣除的，但是团险保费相对较低廉，个人也无须就这部分利益交纳个人所得税。当然，对家庭而言，商业保险应当作为主要的保障手段。C项，一旦工作单位有变动，或者事业有变化，如创业或失业，原有的团体保险的保障就不复存在，这是团体保险的局限性之一。

23. 理财师的服务是“持续”的且服务方式是多样的，下列选项中属于理财规划服务的内容

20AC　21ABC　22ABC　23ACDE

的是(　　)。

A. 定期的投资市场分析报告　　B. 每天向客户汇报情况

C. 定期投资、理财刊物、文章　　D. 不定期解读市场事件的快报

E. 年度或半年度理财规划会议

【解析】B项，理财规划跟踪服务不只是一年一次的例行公事式的面谈；事实上，理财师并不需要频繁地接触客户、向客户汇报情况，但是从确保理财规划方案的如期执行和维护与客户的关系角度来说，理财师需要定期联系客户(电话或面谈)。

24. 理财师在为客户制定家庭财务保障规划时，在为客户提供保险产品的建议之前，应该完成的工作有(　　)。[2020年10月真题]

A. 预测保险投资收益　　B. 测算保障需求额度

C. 评估风险管理效果　　D. 风险评估

E. 风险识别

【解析】没有财务保障的理财规划是没有根基的，潜在的风险可能使目标和精心准备的规划化为泡影。理财师为客户制定家庭财务保障规划包括以下五个步骤：风险识别、风险评估、测算客户保障需求额度、保险产品建议、评估风险管理效果。

三、综合案例(根据每题的具体要求作答)

2018年初，理财经理小邵认识了客户李先生。李先生现年50岁，以50%的出资控股某公司。受益于经济的繁荣，前些年公司一直快速发展，李先生积累了大量财富，但近年因为公司业务有所下滑，李先生开始担心投资风险，正寻求新的财富管理方式。其妻陆女士48岁，协助李先生打理公司，担任销售部经理并持股10%。该公司净资产5000万元，其余40%的股份由公司8名核心员工持有。两人育有一儿一女，儿子现年22岁，女儿现年18岁，分别在美国和英国攻读硕士和本科课程，均无继承家庭公司的计划，且均有留在国外发展的考虑，李先生和陆女士双方的父母都健在，李先生还有3个兄弟和1个妹妹，从事的工作均与李先生公司无关。

为了支持公司的发展，夫妻二人将公司经营的大部分收益投入公司的发展中，每月李先生领取5万元税后工资，陆女士领取2万元税后工资。目前家庭有30万元活期存款以备不时之需。除此之外从未进行过任何投资。夫妻二人早年购买了3处房产，目前价值30000万元，除了一处自住外，其余两处均空置。夫妻共有2辆小汽车，家庭无负债，除子女教育支出外，每年家庭日常开支60万元。

夫妇二人除去社会养老统筹外，并无其他有效风险保障。

理财目标：

(1)规避家庭面临风险，建立风险保障体系

(2)分散投资，提高收益水平

(3)准备充足养老金

(4)将资产以合理的方式传承给子女

假设条件：

(1)国外留学年费用为每人40万元人民币

24BCDE

(2)年投资收益率为4%，通胀率为3%

请根据该案例的背景信息，回答下列问题。

(1)2018年6月，理财经理小邵所在的机构代销了某战略配售基金，下列关于战略配售基金的说法，错误的是(　　)。

A. 基金合同生效后的前三年为封闭运作期，在封闭运作期内，基金不办理赎回业务。在受限开放期内，本基金可以接受基金份额的申购申请，但不接受基金份额的赎回申请

B. 战略配售基金仅面向个人投资者公开发售

C. 封闭运作期届满后的基金管理费为1.5%/年

D. 战略配售基金主要以战略配售方式投资优质创新企业的股票或存托凭证(CDR)

【解析】B项，战略配售基金除了向个人投资者公开发售，还可以向机构投资者发售。

(2)李先生就《关于规范金融机构资产管理业务的指导意见》中提到的资产管理产品应当实行净值管理一事咨询理财经理小邵，他对于产品单位净值的解释，正确的是(　　)。

A. 指产品资产总值减去产品负债后的价值

B. 指产品资产总值乘以产品负债后的价值再除以产品份额总数

C. 指产品资产总值减去产品负债后的价值再除以产品份额总数

D. 指产品资产总值除以产品份额总数

【解析】资产总值是指全部资产的价值总和，从资产中扣除所有负债即是资产净值。资产净值除以产品份额总数，就是产品单位净值。

(3)根据《关于规范金融机构资产管理业务的指导意见》，李先生可以通过(　　)购买基金管理公司发行的资产管理产品。

A. 李先生本人　　B. 陆女士

C. 理财经理小邵所在的金融机构　　D. 李先生公司

【解析】根据《关于规范金融机构资产管理业务的指导意见》，资产管理业务作为金融业务，属于特许经营行业，必须纳入金融监管。非金融机构不得发行、销售资产管理产品，国家另有规定的除外。金融机构代理销售其他金融机构发行的资产管理产品，应当符合金融监督管理部门规定的资质条件。未经金融监督管理部门许可，任何非金融机构和个人不得代理销售资产管理产品。

(4)理财经理小邵与李先生交流中得知他的公司尚未建立企业年金制度，因此向李先生简要介绍了企业年金的情况，下列内容中小邵介绍有误的是(　　)。

A. 企业年金是指企业及其职工在依法参加基本养老保险的基础上，自主建立的补充养老保险制度

B. 企业年金所需费用由企业承担，或由企业和职工个人共同缴纳

C. 企业年金基金投资运营收益并入企业账户

D. 职工或者退休人员死亡后，其企业年金个人账户余额可以继承

【解析】C项，企业年金基金投资运营收益，按净收益率计入企业年金个人账户。

---

(1)B　(2)C　(3)C　(4)C

(5)由于李先生和陆女士持有公司股份比例较高，且家庭成员中无一人有能力、意愿接替李先生夫妻的工作，如果李先生夫妻出现意外将会导致公司经营瘫痪。出于公司经营安全的考虑，理财经理小邵建议李先生通过购买保险的方式解决公司持续经营的问题，下列保险产品中最适合的险种是(　　)。

A. 最后生存者寿险　　B. 万能保险

C. 意外险　　D. 联合寿险

【解析】人身意外伤害保险是指被保险人因遭受意外伤害，而导致身体残疾、死亡或保险合同约定的其他事故时，保险公司按照合同约定的残疾给付比例支付残疾保险金、或者按规定的保险金额支付身故保险金、或其他事故的保验金额支付保险金的一种人身保险产品。人身意外伤害保险是专门针对意外伤害事件承担保险责任的保险产品。

(6)理财经理小邵根据李先生家庭情况拟定了几份保险方案，下列方案中最适合李先生家的是(　　)。

A. 李先生父母购买重疾险，李先生夫妻购买医疗险和意外伤害险，李先生子女购买重疾险

B. 李先生父母购买医疗险，李先生夫妻购买重疾险和医疗收入补充险，李先生子女购买养老金险

C. 李先生父母购买养老金险，李先生夫妻购买子女教育险和意外伤害险，李先生子女购买医疗险和意外伤害险

D. 李先生父母购买意外伤害险，李先生夫妻购买重疾险和医疗收入补充险，李先生子女购买定期寿险

【解析】老年人的建议保险组合为意外伤害险 + 意外医疗保险，中年人建议保险组合为重疾险 + 住院险 + 津贴型保险，年轻人建议保险组合为意外险 + 定期寿险 + 住院医疗险。

(7)如果陆女士为李先生购买了一份重疾险并指定其子为受益人后，夫妻两人因琐事导致离婚，则(　　)。

A. 保单应属于陆女士个人所有

B. 李先生无法作为保单的被保险人

C. 保单的现金价值归属夫妻二人共同所有

D. 其子女均需改为受益人

【解析】该重疾险是在二人婚内购买的，因此保单不应该属于陆女士个人所有，保单的现金价值应该属于夫妻二人所有。李先生在保单继续有效时可以作为保单的被保险人，子女无需均改为受益人。

(8)如果李先生以陆女士作为被保险人在 A、B 两家寿险公司分别购买了终身寿险 100 万元和 150 万元，陆女士在合同生效后一年就因突发事故导致身故。则下列说法中正确的是(　　)。

A. 若合同受益人选为法定受益人，则李先生、他们的子女、他们的双方父母均可以作为受益人获取保险赔偿金

---

(5)C　(6)D　(7)C　(8)B

B. 若合同受益人选为李先生是唯一收益人，则他们的子女无法获得保险赔偿金

C. 根据孰高原则，陆女士的保险赔偿金应为 150 万元

D. 保险公司可以退还保费，并宣布解除保险合同，以避免承担赔偿责任

【解析】A 项，李先生的父母不属于第一顺序继承人；C 项，在人身保险业务惯例中，一般对重复保险没有限制；D 项，保险公司应承担给付保险金的责任，不能退还保费解除保险合同。

(9)在与李先生讨论家族财富传承问题时，理财经理小邵说起了家族信托业务，他的下列说法中错误的是(　　)。

A. 家族信托的财产只能是金融资产，不能是房产

B. 家族信托的受益人数没有法律限制

C. 家族信托可以聘请不同的投资顾问打理信托内的各类财产

D. 个人也可以单独成为家族信托的受托人

【解析】家族信托中可持有的财产没有限制，只要该信托财产的所有权能够被转移即可。可持有的资产可以是房产、保单、股票、家族企业的股权、基金、版权和专利等。

(10)如果李先生和太太一起出行时突发生意外，陆女士和李先生先后去世且没有留下任何遗嘱，则下列人物中无法直接获得陆女士遗产的是(　　)。

A. 李先生他本人　B. 他们的子女　C. 陆女士的父亲　D. 李先生的母亲

【解析】陆女士没有留下任何遗嘱，因此遗产按照法定继承办理。A 项，“陆女士和李先生先后去世”可知李先生于陆女士之后死亡，因此可以获利陆女士的遗产；BC 两项均为第一顺序继承人；D 项，李先生的母亲即陆女士的婆婆不属于陆女士的法定继承人，不能直接获得陆女士遗产。

(11)李先生家庭处在生命周期的哪一时期，应当如何配置资产？(　　)

A. 形成期，在保持流动性前提下配置高收益类金融资产

B. 衰老期，积累资产逐年增加，养老护理和资金传承是该阶段的核心目标

C. 成熟期，以资产安全为重点，保持资产稳定收益回报，进一步增加固定收益资产的比重

D. 成长期，进一步提升资产安全性，将 80% 以上资产投资于储蓄及固定收益类理财产品，同时购买长期护理类保险

【解析】根据生命周期理论，人的一生被大致划分为四个时期：形成期、成长期、成熟期和衰老期。成熟期的特征是：从子女经济独立到夫妻双方退休。养老金的筹措是该阶段的主要目标，家庭收入处于巅峰期，支出降低，财富积累加快。因此，该阶段建议以资产安全为重点，保持资产稳定收益回报，进一步增加固定收益类资产的比重，减少持有高风险资产。

(12)李先生认为自己的公司业务发展存在潜在风险，下列指标中能够较好反映出李先生判断的是(　　)。

A. 该公司的应收账款周转次数由 2 次上升 3 次

---

(9)A　(10)D　(11)C　(12)D

B. 该公司的流动比率由 0.9 上升到 1

C. 该公司的净资产利润率由 10% 上升到 15%

D. 该公司的资产负债率由 60% 上升到 95%

【解析】资产负债率 = 负债总额/资产总额，资产负债率越高，说明财务负担也就越大，流动性风险较大，公司业务发展存在潜在风险。

(13) 出于企业长期发展的考虑，李先生听取了理财经理小邵关于股权激励方面的介绍，下列关于股权激励的说法中错误的是(　　)。

A. 股权激励包括：股票期权、员工持股计划和管理层分红等形式

B. 股权激励会让企业的创始人很快失去企业的管理权，但仍将享受企业的分红

C. 因为没有转让权益的公开市场与定价机制，中小企业的股权转让一般只能在内部(优先)转让

D. 股权激励是通过经营者获得公司股权，让企业经营者得到一定经济权利，使他们能够以股东的身份参与企业决策、分享利润、承担风险，从而勤勉尽责地为公司的长期发展服务

【解析】上市公司全部有效的股权激励计划所涉及的标的股票总数累计不得超过公司股本总额的 10%。股权激励不会使企业的创始人很快失去企业的管理权。

(14) 因为子女在外留学，李先生有每年用人民币换美元为子女交学费的需要。假设 2018 年初人民币兑美元即期汇率为 6.2，1 年后的人民币兑美元远期汇率为 6.5，1 年期人民币理财产品的收益率为 5%，1 年期美元理财产品的收益率为 2%。则理财经理小邵应该建议(　　)。

A. 现在不做任何事情，2 年后直接兑换美元

B. 一半的资金购买人民币理财，到期后换美元，另一半换美元并购买美元理财产品

C. 立即兑换美元并购买美元理财产品

D. 购买人民币理财产品，产品到期后再换美元

【解析】人民币理财产品相对于美元理财产品的收益不足以弥补汇率损失，所以应兑换美元并购买美元理财产品。

---

(13) B　(14) C

第十一章　理财规划书制作的标准和流程

一、单选题(下列选项中只有一项最符合题目要求，请将正确选项的代码填入括号内)

1．下列关于理财规划书的描述，错误的是(　　)。[2017 年 10 月真题]

A．可帮助理财规划师做好工作，与客户无关

B．理财规划书需使用专业术语，但同时也要理财师能用通俗的文字做些介绍和解释

C．理财规划书必须逻辑分明

D．理财规划书所包含的信息数据、分析结论和形式应前后一致

【解析】A 项，理财规划书的内容和客户息息相关，因为理财规划书的内容是直接针对客户及其家庭财务问题的，经验证明很多人都有阅读的兴趣。

2．理财规划书的法律声明文件中，对于理财顾问所给予的相关建议可能涉及的风险的声明中，没有涉及到的风险种类是(　　)。[2019 年 6 月真题]

A．流动性风险　　B．市场风险　　C．信用风险　　D．合规风险

【解析】机构理财顾问所给予的相关建议，有可能涉及以下风险：①流动性风险，虽然机构已建议投资者拨备一部分资金作为家庭紧急备用金，但如果投资者有紧急需求且金额不够，有可能导致流动性风险；②市场风险，证券市场资产价格有可能在短期内异常波动，即投资组合有可能出现亏损的情况；③信用风险，有些产品可能出现信用风险，如固定收益类信托产品出现无法兑付的情况等。

3．客户寻找理财师服务的动因中，家庭状况的改变不包括(　　)。

A．结婚、离婚　　B．迁居移民　　C．丧偶　　D．离职或临近退休

【解析】从长期实践经验来看，激发客户寻找理财师服务的动因往往是客户自身的情况变化，如资产状况发生改变，由于证券市场的低迷，导致个人投资资产的严重缩水，重要资产的购买或出售、接受馈赠或遗产等；或者是因为家庭状况发生改变，如结婚、离婚、丧偶、迁居移民等；或是事业上的变化，如失业、创业、离职或临近退休等。

4．在(　　)的方式下，理财规划服务才能体现其实用性。

A．为客户制定子女教育金规划

B．分析和规划客户当前比较关心的家庭财务决定

C．为客户制定换购房的规划

D．为客户制定退休规划

【解析】理财规划服务不只是按制作理财规划书的标准程序，逐个地为客户制定所谓的子女教育金规划、退休规划、换购房规划等，而是针对客户比较明确的、当前比较关心的家庭财务决策，进行分析和规划，并且着重强调这些家庭财务决策对家庭整体财务状况、现在以及未来的其他理财目标的影响。这样才能体现理财规划服务的实用性。

1A　2D　3D　4B

5. 理财规划书的主要结构不包括(　　)。

A. 开场白　　B. 主要内容　　C. 其他内容　　D. 结尾

【解析】一份专业理财规划书一般由以下几方面的内容构成：①开场白；②主要内容；③其他内容。

6. 客户家庭基本信息不包括(　　)。

A. 家庭主要成员的姓名、出生年月日

B. 居住地址、联系方式，包括邮箱地址、联系电话

C. 理财重点以及中期、长期理财目标

D. 资产负债结构

【解析】客户家庭基本信息包括：①家庭主要成员的姓名、出生年月日；②子女的年龄阶段；③居住地址、联系方式，包括邮箱地址、联系电话；④寻求理财规划服务的直接原因；⑤目前比较关心的理财重点以及中期、长期理财目标。

7. 在理财规划书的制作过程中，理财目标的评估和分析这部分的内容不包括(　　)。

A. 全生涯模拟仿真的原理介绍

B. 模拟环境的设置

C. 理财重点以及中、长期理财目标

D. 分析结果的阐述和理财师基于分析结果的初步建议

【解析】C 项，理财重点以及中、长期理财目标属于客户家庭基本信息的内容。

8. 下列不属于全生涯模拟仿真中的模拟环境设置的是(　　)。

A. 各类假设　　B. 主要收支的基数

C. 可配置投资性资产的额度　　D. 客户的成长环境

【解析】为了整个理财规划书的紧凑性，通常会把全生涯模拟仿真表放在附录中。模拟环境的设置包括了各类假设、主要收支的基数以及可配置投资性资产的额度。

9. 在理财规划服务中，通常是以(　　)的时点作为“规划元年”的开始。

A. 理财规划开始制订　　B. 理财规划正式实施

C. 理财规划书制作完成　　D. 理财师与客户正式建立合作关系

【解析】“现阶段”主要是指未来一年，在理财规划服务中，通常是以理财规划正式实施的时点作为“规划元年”的开始。现阶段的各项支出预算就是指在理财规划正式实施后一年内的主要支出预算。

10. 理财规划书中的投资规划建议不包括(　　)。

A. 理财产品教育

B. 对未来不同阶段的投资预期报酬率的设定

C. 对现阶段的资产配置的建议

D. 对现阶段的产品配置的建议

【解析】理财规划书中的投资规划建议包括了以下三个方面的内容：①投资理念教育；②对未来不同阶段的投资预期报酬率的设定；③对现阶段的资产配置和产品配置的

5D　6D　7C　8D　9B　10A

建议。

二、多选题(下列选项中有两项或两项以上符合题目要求，请将符合题目要求选项的代码填入括号内)

1. 海外发达国家的理财从业人员要向客户进行利益披露的内容包括(　　)。[2017 年 6 月真题]

A. 其他额外奖励　　B. 由产品提供方支付的佣金的披露

C. 服务费用　　D. 理财师的薪酬结构

E. 理财师的日常支出

【解析】利益披露是理财师增加服务透明度、获得客户进一步信任的有效手段。利益披露包括但不限于以下几个方面的内容：①服务费用的披露；②由产品提供方如基金公司或保险公司支付的佣金的披露；③其他的额外奖励的披露；④理财师的薪酬结构。

2. 在理财规划服务中，涉及的大量相关信息包括(　　)。

A. 客户的家庭信息　　B. 客户的财务信息

C. 理财师对财务信息的整理和分析　　D. 理财师对家庭信息的整理和分析

E. 财商教育

【解析】在理财规划服务中，理财师会接触大量信息，包括客户基本家庭信息和财务信息；也包含理财师对这些信息的整理和分析，为客户提供的专业分析结果和建议；有时还包含投资者教育的内容。

3. 一份标准专业理财规划书应具备的主要特点有(　　)。

A. 通俗性　　B. 一致性　　C. 可读性　　D. 实用性

E. 完整性

【解析】一份标准专业理财规划书应具备的主要特点有：①可读性；②实用性；③完整性；④逻辑性；⑤一致性；⑥专业性。

4. 理财规划书的实用性是指(　　)。

A. 方案中的建议、策略具有可操作性

B. 客户能够理解理财规划书的内容

C. 理财规划书能够吸引大量客户

D. 方案中的建议、策略能够取得预期的效果

E. 方案中的建议、策略可能带来高额收益

【解析】理财规划书的实用性，简单来说就是方案中的建议、策略既具有可操作性，又能取得预期的效果。

5. 激发客户寻找理财师服务的动因主要包括(　　)。

A. 个人投资资产的严重缩水　　B. 重要资产的购买

C. 重要资产的出售　　D. 接受馈赠或遗产

E. 离职或临近退休

【解析】从长期实践经验来看，激发客户寻找理财师服务的动因往往是客户自身的情况变

1ABCD　2ABCDE　3BCDE　4AD　5ABCDE

化，如资产状况发生改变，由于证券市场的低迷，导致个人投资资产的严重缩水，重要资产的购买或出售、接受馈赠或遗产等；或者是因为家庭状况发生改变，如结婚、离婚、丧偶、迁居移民等；或是事业上的变化，如失业、创业、离职或临近退休等。

6. 理财师需在理财规划书上具体地披露进行全生涯模拟仿真的各种假设条件、理由，这些假设条件包括(　　)。

A. 客户的收入增长率变化　　B. 价格上涨因素及其影响

C. 假设客户的退休年龄　　D. 可配置投资性资产的变化

E. 假设客户的预寿年龄

【解析】理财师需在理财规划书上具体地披露进行全生涯模拟仿真的各种假设条件、理由，这些假设条件包括以下几个：①客户的收入增长率变化；②价格上涨因素及其影响，包括学费增长率、通货膨胀率、各类预算增长率等；③假设客户的退休年龄；④可配置投资性资产的变化；⑤假设客户的预寿年龄；⑥各项收支基数的确定。

7. 在向客户提供了保险建议后，理财师当为客户进行风险管理效果评估。下列属于效果评估的内容的是(　　)。

A. 风险覆盖评估　　B. 资产收益评估

C. 可行性评估　　D. 部分性评估

E. 整体性评估

【解析】在向客户提供了保险建议后，理财师当为客户进行风险管理效果评估。这个部分的内容包括三个方面：风险覆盖评估、可行性评估、整体性评估。

8. 资产配置包括的具体步骤有(　　)。

A. 明确风险资产组合中包括哪几类不同收益形式的资产类别

B. 利用历史数据分析各类资产的期望值、标准差以及相关系数

C. 确定风险资产组合的有效边界

D. 结合无风险资产和风险资产组合，选择能满足收益目标的最优风险组合

E. 根据投资者实现人生不同阶段所需要的投资报酬率，在有效前沿上找到最优投资组合

【解析】资产配置包括以下具体步骤：①明确风险资产组合中包括哪几类不同收益形式的资产类别，如债券、股票、不动产、其他等；②利用历史数据分析各类资产的期望值、标准差以及相关系数，确定风险资产组合的有效边界；③结合无风险资产和风险资产组合，选择能满足收益目标的最优风险组合；④根据投资者实现人生不同阶段所需要的投资报酬率，在有效前沿上找到最优投资组合。

9. 对理财师的介绍，主要包括(　　)。

A. 工作经验　　B. 婚姻状况　　C. 专业特长　　D. 学历背景

E. 曾获得的荣誉

【解析】对理财师的介绍，主要包含了以下五个方面的内容：①工作经验；②专业认证和金融产品销售资格；③专业特长；④学历背景；⑤曾获得的荣誉。

6ABCDE　7ACE　8ABCDE　9ACDE

10. 一份持续理财规划服务协议的内容应包括(　　)。

A. 各方当事人的名称，或者姓名和住所

B. 服务的内容

C. 服务费用的披露

D. 合约的期限

E. 履行的地点和方式

【解析】根据我国《民法典》合同编相关规定，一份持续理财规划服务协议应包括以下内容：①当事人的姓名或者名称和住所；②服务的内容(包括理财师及其所属金融服务机构对客户的承诺)；③服务费用的披露；④合约的期限；⑤履行的地点和方式；⑥违约责任；⑦解决争议的方法。

11. 理财规划书的最后部分是“附录”，主要包括(　　)。

A. 所推荐金融产品的具体信息

B. 全生涯模拟仿真表

C. “定期投资市场分析报告样本”

D. “不定期解读市场事件的快报”

E. 其他相关信息

【解析】理财规划书的最后部分是“附录”，附录的内容主要是为了理财规划书的紧凑性而置放在最后的信息，主要包括但不限于以下内容：①所推荐金融产品的具体信息；②全生涯模拟仿真表；③持续理财规划服务中的“定期投资市场分析报告样本”“不定期解读市场事件的快报”等；④其他相关信息。

12. 一份专业的理财规划方案起码在下列事项(　　)上保持一致。

A. 规划书的内容和客户提供的相关信息保持一致

B. 规划书所提供的建议和对客户财务状况的分析、评估保持一致

C. 规划书的内容和双方在沟通过程中达成的共识保持一致

D. 规划书所提供的投资建议和客户的风险属性保持一致

E. 理财师和客户双方就承担的义务、责任，风险和费用分配保持一致

【解析】理财规划书的内容，包括信息数据、分析结论和形式应前后一致，有针对性地对客户的财务状况、理财目标等提出专业建议。一份专业的理财规划方案起码在下列事项(不仅限于这几方面)上保持一致：①规划书的内容和客户提供的相关信息保持一致；②规划书所提供的建议和对客户财务状况的分析、评估保持一致；③规划书的内容和双方在沟通过程中达成的共识保持一致；④规划书所提供的投资建议和客户的风险属性保持一致；⑤理财师和客户双方就承担的义务、责任，风险和费用分配保持一致。

13. 制作综合理财规划方案书面报告是理财师必要的技能。一份可读、实用、完整、专业的综合理财方案报告能够帮助客户了解财务现状和未来以及如何达成未来的理财目标和愿望。理财规划书的主要内容包括(　　)。

A. 客户家庭基本信息以及寻求专业理财规划服务的目的

B. 家庭财务状况分析和诊断

C. 理财目标的评估和调整

10ABCDE　11ABCDE　12ABCDE　13ABCD

D．明确人生不同阶段的理财目标

E．客户的隐私信息

【解析】理财规划书的主要内容包括以下 5 个方面：①客户家庭基本信息以及寻求专业理财规划服务的目的；②家庭财务状况分析和诊断；③理财目标的评估和调整（初步全生涯模拟仿真结果）；④明确人生不同阶段的理财目标（全生涯模拟仿真结果）；⑤综合理财规划建议（包括家庭财务保障规划和投资规划）。